Alex Feuerherdt | Florian Markl **Die Israel-Boykottbewegung**

ALEX FEUERHERDT | FLORIAN MARKL

DIE ISRAEL-BOYKOTTBEWEGUNG

ALTER HASS IN NEUEM GEWAND

HENTRICH & HENTRICH

Für Karl Pfeifer
In Erinnerung an Rudi Gelbard (1930-2018)

Inhalt

Frank Müller-Rosentritt

Geleitwort

Antisemitismus ist wie ein Chamäleon. Darauf verweist bereits der Titel dieses wichtigen Buches. Alex Feuerherdt und Florian Markl unternehmen den Versuch, die Problematik der BDS-Bewegung auf innovative Weise und ganzheitlich systematisch darzustellen. „Alter Hass in neuem Gewand", das erinnert nicht grundlos an ein Gleichnis, das Jesus erzählt und als „Alter Wein in neuen Schläuchen" bekannt ist. Denn wer sich mit der Judenfeindschaft beschäftigt, kommt ziemlich schnell zu der Erkenntnis, dass sie ihren Ursprung auch in der christlichen Religion findet und Europa stark geprägt hat. Als das Ordnungssystem der Religion in Europa durch das der Wissenschaft abgelöst wurde, veränderte sich auch der Antisemitismus, ohne dabei seine bisherige Ausdrucksform obsolet zu machen. Während der religiös begründete Antijudaismus fortwirkte, entstand ein pseudowissenschaftlicher, biologistischer Antisemitismus.

Nach der Shoah, einem Verbrechen ohne jede Möglichkeit des Vergleichs ob seiner Ausmaße und Durchführung, entwickelten sich wiederum neue Ausdrucksformen, die bis heute schreckliche Dimensionen annehmen: der sekundäre Antisemitismus bzw. die Vergangenheitsabwehr und der antizionistische Antisemitismus. Und eben diese letzte Form der Judenfeindschaft ist es, die wir bei BDS immer wieder erleben. Dabei habe ich mich persönlich stets für Differenzierung und Sachlichkeit in dieser Debatte stark gemacht. So kam es auch dazu, dass der Bundestag im Jahr 2019 nicht die gesamte BDS-Bewegung verurteilt hat, sondern sich gezielt gegen den Antisemitismus innerhalb der Bewegung aussprach. Feuerherdt und Markl legen an dieser Stelle ein Kompendium über die Bewegung vor, das Anlass zu einer Reflexion gibt.

Viel ist bereits an unterschiedlichen Stellen zu Vorgehen und Auftreten von BDS-nahen Organisationen gesprochen und geschrieben worden. Diese Organisationen haben immer wieder Aufmerksamkeit auf sich gezogen, weil sie zum Teil mit erschreckenden und unethischen Vorgehensweisen agiert haben. So brüllten Anhänger der Bewegung im Jahr 2017 eine Shoah-Überlebende nieder, die an der Berliner Humboldt-Universität einen Vortrag hielt. Die Frau, die heute in Israel lebt, erlebte eine posttraumatische Bestätigung dessen, warum der Staat Israel heute notwendig ist.

Gerade in der BDS-Bewegung manifestiert sich, was heute eigentlich als Binsenweisheit gelten sollte: Antisemitismus ist ein gesamtgesellschaftliches Problem. Denn diese Bewegung ist keine rechtsextreme Bewegung des Hasses, sondern eine bürgerlich-linke Bewegung des guten Gewissens. Das schließt zweifelsohne nicht aus, dass sich auch rechtsextreme Aktivistinnen und Aktivisten von der Idee angezogen fühlen können, Menschen und Produkte des einzigen jüdischen Staates zu boykottieren. So ungern es auch gehört wird: In seiner kategorischen Ablehnung all dessen, was als israelisch gilt, wird eben nicht an den Boykott der Produkte des ehemaligen Apartheid-Regimes Südafrika angeschlossen, sondern an ein historisches Vorbild aus Deutschland. Ginge es den Boykotteuren um konkrete Handlungen, dann würden sie nicht pauschal jeden Angehörigen dieses Staates vorverurteilen. Allzu häufig trifft der Boykott auch jene, die sich für einen nachhaltigen Frieden einsetzen und konkret daran arbeiten.

In der Tat bietet der in Deutschland erregt diskutierte postkoloniale Theoretiker Achille Mbembe hierfür ein sehr treffendes Beispiel. Mbembe, der unter anderem von Vertretern der Bundesregierung in höchsten Tönen gelobt wurde, sorgte im Winter 2018 dafür, dass die israelische Psychologin Shifra Sagy von der Konferenz „Anerkennung, Wiedergutmachung, Versöhnung: Licht und Schatten historischer Traumata“ an einer südafrikanischen Universität ausgeladen wurde. Sagy ist nicht irgendeine Professorin an der Ben-Gurion-Universität. Die Psychologin arbeitet zu Friedenserziehung in Projekten, die gemeinsam mit israelischen und palästinensischen Jugendlichen durchgeführt werden. Statt also einen Weg zum Frieden zu ebnen, für den ein wichtiger Teil natürlich der Dialog ist, perpetuiert der Wille zum Boykott den Status quo. BDS ist kein Friedensprojekt, es ist ein Friedenshindernis.

Es sind diejenigen, die sich vermeintlich für die Menschenrechte einsetzen, die mit ihrem Verhalten massiv ihrem eigentlichen Fürsorgeobjekt schaden. Gesprochen wird von der Besatzung, doch gemeint ist keinesfalls die israelische Präsenz in den 1967 eroberten Gebieten, sondern die jüdische Präsenz in ganz Cis-Jordanien bzw. dem ehemaligen britischen Mandatsgebiet Palästina. So nährt diese vermeintliche Friedensinitiative die vergebliche Hoffnung vieler palästinensischer Flüchtlinge auf eine Rückkehr in das israelische Kernland, die einem Ende des jüdischen Staates gleichkommen würde. Feuerherdt und Markl zeigen mit ihrer wichtigen Studie, dass es sich genau hierbei um das Ziel der Bewegung handelt. Der Deutsche Bundestag hat im Jahr 2019 in einer bei diesem Thema nie zuvor da gewesenen Einigkeit erklärt, dass er keine Bestrebungen akzeptieren wird, die zur Vernichtung Israels, des einzigen jüdischen Staates, beitragen. Dass die Forderung danach, Angehörige wie auch Produkte dieses Staates zu boykottieren, ein Teil dieses Bestrebens ist, unterstrich die Resolution in aller Deutlichkeit.

Literatur, die detailliert wie auch pointiert aufzeigt, warum BDS eine Gefahr für jüdisches Leben weltweit darstellt, ist bislang rar gesät. Das ist der wichtige und notwendige Beitrag, den Alex Feuerherdt und Florian Markl mit ihrer schriftlichen Auseinandersetzung leisten. Sie sorgen dafür, dass sich auch Menschen, die hinsichtlich BDS bisher nur teilweise und allzu oft verkürzte oder beschönigte Einblicke erhalten haben, sich zum ersten Mal ein ganzheitliches Bild dieser Bewegung machen können. Es ist klar, dass dieses Buch Gegenrede erzeugen wird. Die Verteidigerinnen und Verteidiger der BDS-Bewegung sind nicht gerade wortkarg, was ob des häufig reklamierten Umstands eines vermeintlichen Kritiktabus an Israel, das sie regelmäßig ihren Äußerungen voranstellen und damit dieses Fantasiekonstrukt überhaupt erst errichten, verwundern mag.

Doch sollte es Widerspruch geben, dann ist das gut und hilfreich, denn es sorgt dafür, dass der Diskurs um BDS endlich die Aufmerksamkeit erhält, die ihm gebührt. Denn gerade in Deutschland sollte man eine besondere Sensibilität gegenüber Boykottaufrufen und Vernichtungsdrohungen gegenüber Jüdinnen und Juden haben. Theodor W. Adorno schrieb es in seinem aufrüttelnden Essay „Erziehung nach Auschwitz": „Die Forderung, daß Auschwitz nicht noch einmal sei, ist die allererste an Erziehung. Sie geht so sehr jeglicher anderen voran, daß ich weder glaube, sie begründen zu müssen noch zu sollen. Ich kann nicht verstehen, dass man mit ihr bis heute so wenig sich abgegeben hat. Sie zu begründen hätte etwas Ungeheuerliches angesichts des Ungeheuerlichen, das sich zutrug. [...] Man spricht vom drohenden Rückfall in die Barbarei. Aber er droht nicht, sondern Auschwitz war er; Barbarei besteht fort, solange die Bedingungen, die jenen Rückfall zeitigten, wesentlich fortdauern. Das ist das ganze Grauen."

Frank Müller-Rosentritt ist Bundestagsabgeordneter der FDP. Vor allem seiner Initiative ist es zu verdanken, dass die erwähnte Bundestagsresolution zur BDS-Bewegung, auf die in Kapitel 6 näher eingegangen wird, zustande gekommen ist.

Kapitel 1:

Einleitung

Die Argumentationsweise und die Methoden der Israel-Boykottbewegung sind antisemitisch, stellte der Deutsche Bundestag 2019 fest. Einer, der es wissen sollte, immerhin war er jahrelang der Leiter des einzigen Zentrums für Antisemitismusforschung in Deutschland, ist anderer Meinung. Die von einer Bewegung getragene Kampagne, deren Ziel es ist, aus Israel einen internationalen Paria-Staat zu machen, sei ihrer Intention nach „nicht judenfeindlich" und wolle bloß „ohne Gewalt mit ökonomischen Mitteln eine Änderung der israelischen Politik in den besetzten palästinensischen Gebieten herbeiführen". Dass der Bundestag das ganz anders sieht, führt er auf „Willfährigkeit gegenüber politischem Druck" sowie „Unsicherheit, Ratlosigkeit und Unkenntnis" zurück.[1]

Unkenntnis ist, hier muss man Wolfang Benz recht geben, in der öffentlichen Debatte über die BDS-Kampagne tatsächlich weit verbreitet. Wie das vorliegende Buch zeigen wird, liegt er abgesehen davon mit seiner Charakterisierung der Israel-Boykottbewegung aber gründlich daneben.

Das Kürzel BDS steht für *Boykott, Desinvestitionen*[2] *und Sanktionen*, also die Mittel, mit denen die Kampagne Israel unter Druck setzen will, bis es deren zentrale Forderungen erfüllt. Ihren Selbstdarstellungen zufolge, die Benz einfach unkritisch wiedergibt, soll die Israel-Boykottbewegung 2005 als Reaktion auf einen Aufruf der „palästinensischen Zivilgesellschaft" entstanden sein, bloß für die Einhaltung der Menschenrechte der Palästinenser eintreten, gewaltfrei sein und mit Antisemitismus nichts zu tun haben.

So gut wie nichts davon trifft zu. Die Berufung auf die palästinensische Zivilgesellschaft soll die tatsächlichen Wurzeln der Boykottbewegung vernebeln; BDS geht es weder um Menschenrechte noch um die

Lebensumstände der Palästinenser, sondern um die Verdammung und Delegitimierung Israels. Und BDS vertritt alten Hass in neuem Gewand: In der BDS-Propaganda wird Israel als „kollektiver Jude der Nationen" auf grotesk verzerrte Art und Weise diffamiert, ausgesondert und völlig anders behandelt als alle anderen Länder der Welt. „Boykottiert Israel!" lautet der Schlachtruf einer antisemitischen Kampagne, die entgegen ihrer Selbstdarstellung in Wahrheit auf nichts anderes abzielt als auf die Beseitigung Israels als jüdischer Staat.

In den folgenden Kapiteln werden wir dieses zugegebenermaßen harsche Urteil begründen, indem wir uns mit der Geschichte und Gegenwart der BDS-Bewegung auseinandersetzen. Bei dieser Bewegung handelt es sich nicht um eine zentral geführte Organisation, sondern um ein „relativ lose koordiniertes Netzwerk aus verschiedenen nationalen, regionalen und lokalen Komitees und Gruppen, die sich BDS anschließen können, ohne dafür einen Antrag stellen zu müssen", wie der Historiker und Politikwissenschaftler Floris Biskamp es formuliert hat.[3] Es gibt also keine formale Mitgliedschaft. Vielmehr genügt es, wenn die Gruppen mitmachen, indem sie sich zu den Zielen von BDS bekennen und entsprechend handeln.

Kapitel 2 wirft einen Blick zurück auf einen beinahe in Vergessenheit geratenen Vorläufer der zeitgenössischen Boykottbewegung: den jahrzehntelangen Wirtschaftskrieg, mit dem die Arabische Liga versuchte, die ökonomische Basis des 1948 gegründeten jüdischen Staates zu zerstören. Gezielt setzten die arabischen Staaten ihr eigenes wirtschaftliches Gewicht ein, um Israel, aber auch jüdische Unternehmen und Personen weltweit zu diskriminieren und all jene zu boykottieren, die dabei nicht mitmachen wollten.

Kapitel 3 widmet sich der unmittelbaren Vorgeschichte – und dem wirklichen Geburtsort – der BDS-Bewegung: Im September 2001 wurde eine große Konferenz von Nichtregierungsorganisationen, die parallel zur dritten „Weltkonferenz gegen Rassismus" der Vereinten Nationen im südafrikanischen Durban stattfand, von israelfeindlichen Organisationen und Aktivisten gekapert und in ein Festival des Israelhasses und des teils offenen Antisemitismus umgewandelt. In der Abschlusserklärung dieser NGO-Konferenz wurde unter anderem ein umfassender internationaler Boykott Israels gefordert. Im Anschluss daran unternahmen israelfeindliche Akademiker in Großbritannien und den USA erste Versuche, Boykottmaßnahmen gegen Israel auf den Weg zu bringen – Jahre bevor die BDS-Bewegung offiziell ins Leben gerufen wurde.

In Kapitel 4 beschäftigen wir uns mit dem BDS-Gründungsaufruf aus dem Jahre 2005. Anhand einer Analyse ihrer drei Hauptforderungen zeigen wir, warum die Behauptung, die Boykottkampagne wolle lediglich eine Änderung der Politik Israels gegenüber den Palästinensern im Westjordanland und dem Gazastreifen bewirken, schlicht unhaltbar ist: Zwei der drei zentralen Forderungen beziehen sich überhaupt nicht auf die „besetzten Gebiete", sondern auf das israelische Kernland, die dritte tut das zumindest implizit auch – und alle drei laufen in letzter Konsequenz auf die Beseitigung Israels hinaus.

Wir zeigen darüber hinaus, warum es im besten Fall Augenwischerei ist, den BDS-Aufruf als Dokument der „palästinensischen Zivilgesellschaft" darzustellen, und dass es mit der stets betonten Gewaltfreiheit einer Bewegung nicht weit her sein kann, wenn in ihrer Mutterorganisation Gruppen wie die Hamas, der Palästinensische Islamische Dschihad und die Volksfront für die Befreiung Palästinas vertreten sind, die allesamt von der EU aus guten Gründen als Terrororganisationen eingestuft werden.

In Kapitel 5 widmen wir uns der hitzig debattierten Frage, ob die BDS-Kampagne antisemitisch ist oder nicht. Unsere Antwort darauf lautet eindeutig: ja. Wir begründen sie auf zwei Ebenen: einerseits entlang gängiger Definitionen von israelbezogenem Antisemitismus, die in den vergangenen Jahren erarbeitet wurden, andererseits aber viel grundlegender anhand von dem, was die BDS-Kampagne ausmacht: Sie ist ein fundamentaler Angriff nicht bloß auf den Staat Israel, sondern auch auf eines der wichtigsten Symbole zeitgenössischen jüdischen Lebens – und dafür gibt es einen Begriff.

Bei BDS handelt es sich um eine internationale Kampagne, deren Stellenwert und Bedeutung in verschiedenen Ländern sehr unterschiedlich ist. In Kapitel 6 sehen wir uns ihre Aktivitäten in Großbritannien und in den USA an, wo die Boykottkampagne vor allem im akademischen Bereich lautstark auf sich aufmerksam macht, aber auch zunehmend Gegenwind bekommt. Des Weiteren befassen wir uns mit der Situation in Deutschland und Österreich, wo die Bedeutung der BDS-Bewegung bisher äußerst überschaubar geblieben ist, und einigen anderen europäischen Ländern.

In Kapitel 7 sehen wir uns schließlich an, ob und inwiefern man von der BDS-Kampagne nach den mittlerweile 15 Jahren ihres Bestehens als einer Erfolgsgeschichte sprechen kann. Auf wirtschaftlichem Gebiet, was ja ihr erklärter Schwerpunkt ist, sind die Auswirkungen der Agitation der Boykotteure marginal und haben der Integration Israels in den Weltmarkt praktisch keinen Schaden zufügen können. Relativ erfolgreich war BDS eher auf anderen Gebieten, allen voran im Kunst-, Kultursowie im akademischen Bereich. Aber auch dort bleibt ihr Agieren nicht unwidersprochen.

Bedeutung erlangt die Boykottbewegung aber, wenn man sie im Zusammenhang mit anderen Kampagnen zur Delegitimierung Israels betrachtet, wie sie unablässig von etlichen UN-Einrichtungen, zahlreichen internationalen sowie Nichtregierungsorganisationen und anderen Akteuren betrieben werden.[4] Wie die EU trotz ihrer offiziellen Distanzierung mit BDS-Gruppen kooperiert bzw. in ihrer Politik Positionen von solchen Gruppen aufgreift, etwa wenn sie selbst eine Art von „Boykott light" initiiert, auch darauf wird in Kapitel 7 eingegangen. Es sind unter anderem genau diese Verflechtungen, die erklären, warum wir uns überhaupt so ausführlich mit der BDS-Kampagne beschäftigen, die im deutschsprachigen Raum sonst kaum so viel Aufmerksamkeit verdient hätte.

Dazu kommt, dass im Zuge der Antisemitismusdebatten im Sommer 2020, die sich an der Kritik an der Israelfeindlichkeit des postkolonialen Theoretikers Achille Mbembe entzündet haben, deutlich wurde, wie weit verbreitet die Unkenntnis über die Israel-Boykotteure und deren tatsächliche Ziele immer noch ist.

Wir hoffen, dass Sie am Ende des Buches wissen, warum Wolfgang Benz recht hat, wenn er sagt, dass die BDS-Bewegung „unfair, blödsinnig, dumm und falsch“[5] ist, aber völlig falsch liegt, wenn er meint, sie gegen den Vorwurf des Antisemitismus in Schutz nehmen zu müssen.

***

Alle Übersetzungen aus dem Englischen wurden von den Autoren selbst vorgenommen. Die in den Zitaten angegeben Links zu Internetseiten sind auf dem Stand vom 1. September 2020.

***

Die Autoren danken Erwin Javor, dem Gründer und Leiter des in Wien ansässigen Nahost-Thinktanks *Mena-Watch*, der uns die Arbeit an diesem Buch ermöglicht hat, und den Organisationen, die den Druck des Buches finanziell unterstützt haben: dem *Jungen Forum der Deutsch-Israelischen Gesellschaft* sowie den Fakultätsvertretungen Human- und Sozialwissenschaften sowie GEWI der Universität Wien.

Kapitel 2:

Der Israel-Boykott der Arabischen Liga

Die Absicht, Israel einem umfassenden Boykott zu unterwerfen, ist alles andere als neu. Als die BDS-Bewegung in den frühen 2000er Jahren ihren Anfang nahm, existierte ein solcher Versuch des ökonomischen Aushungerns des jüdischen Staates in Form des Israel-Boykotts der Arabischen Liga bereits seit rund 60 Jahren – er ist mit Abstand der am längsten andauernde Wirtschaftsboykott der jüngeren Geschichte.

Längst wird er nicht mehr so scharf umgesetzt wie früher, nur wenige arabische Länder befolgen ihn noch wirklich. Und auch wenn seine nachteiligen Effekte stets schwer zu bemessen waren, so ist der Boykott insofern offensichtlich gescheitert, als er die wirtschaftliche Entwicklung Israels zu einem fortgeschrittenen Land und einer höchst innovativen „Start-up-Nation" nicht verhindern konnte.[6] Das sollte aber nicht darüber hinwegtäuschen, dass er Jahrzehnte lang nicht nur für Israel, sondern wegen seiner besonderen Charakteristik auch für andere Länder ein Problem darstellte, die selbst keine Partei im arabisch-israelischen Konflikt waren.

Der Boykott vor dem Boykott

Begonnen hatte der arabische Boykott Israels im Grunde schon, bevor der Staat überhaupt existierte. Bereits im August 1922 rief der fünfte Arabische Kongress in Nablus dazu auf, jüdische Waren zu boykottieren und Landverkäufe an Juden zu verbieten. Ähnliche Forderungen wurden in den Folgejahren immer wieder formuliert, bis hin zum arabischen Aufstand in den Jahren 1936 bis 1939, der von einem umfassenden Wirtschaftsboykott gegen die Juden im damaligen Mandatsgebiet Palästina begleitet und vom Mufti von Jerusalem angeführt wurde, dem fanatischen Antisemiten und späteren Nazi-Kollaborateur Amin el-Husseini.[7]

Schon in den Jahren britischer Oberhoheit über Palästina zeigte sich ein Merkmal, das auch den späteren Israel-Boykott der Arabischen Liga charakterisieren sollte: Zwar wurde von arabischer Seite gelegentlich betont, die Maßnahmen seien nicht gegen Juden an sich, sondern nur gegen „Zionisten" gerichtet, doch die Praxis überführte solche Beteuerungen stets der Lüge. So hieß es in einem Boykottaufruf, der in Jerusalem von arabischen Studenten unter der Schirmherrschaft des Obersten Islamischen Rats veröffentlicht wurde:

> „Wenn Du dir Sorgen um das Leben Deines Landes und um Deine Zukunft machst, halte Dich vom Juden fern, der Dich und Deine unschuldigen arabischen Brüder mit Waffen tötet, die er mit Geld erwirbt, mit dem Du seine Waren gekauft hast [...]. Halte Dir vor Augen: Wenn Du etwas von einem Juden kaufst, arbeitest Du selbst mit Deinen eigenen Händen an der Auslöschung Deines Lebens und Deines Landes, verrätst Dein Vaterland und Deine Religion. [...] Oh Araber! Erinnere Dich, dass der Jude seit Anbeginn der Zeiten Dein und Deiner Vorfahren größter Feind ist."[8]

Die arabische Führung in Palästina, allen voran der bereits erwähnte Mufti von Jerusalem, war darum bemüht, ihren Kampf gegen die Juden von einer lokalen Auseinandersetzung zu einer pan-islamischen bzw. pan-arabischen Sache zu machen. Um die islamische Welt zu mobilisieren, veranstaltete el-Husseini im Dezember 1931 in Jerusalem einen Islamischen Weltkongress, an dem 130 Delegierte aus 22 muslimischen Staaten teilnahmen und auf dem u.a gefordert wurde, sämtliche wirtschaftlichen Kontakte zu den Juden Palästinas abzubrechen.[9]

Und um die arabischen Länder verstärkt in den Konflikt zu involvieren, organisierte der Mufti einen pan-arabischen Kongress, der vom 8. bis 10. September 1937 im syrischen Bludan stattfand und an dem über 400 Delegierte aus Syrien, dem Mandatsgebiet Palästina, dem Libanon, (Trans-)Jordanien, dem Irak, Ägypten und Saudi-Arabien teilnahmen. Dem britischen Konsul in Damaskus, Gilbert MacKereths, zufolge war die Tagung eine „Manifestation der Judeophobie".[10] Dazu trug nicht zuletzt eine dort verteilte Broschüre namens „Islam und Judentum“ bei, in der gezeigt werden sollte, dass die Juden seit den Zeiten des Propheten Mohammed die Todfeinde des Islam seien.[11] In den Abschlussresolutionen des Kongresses fand sich u.a erneut die Forderung nach einem Boykott aller jüdischen Güter und Unternehmen, der als „nationale Pflicht jedes Arabers“ bezeichnet wurde.[12]

Die Bilanz dieser Boykottaufrufe fällt gemischt aus. Auf der einen Seite kauften zumindest in den turbulenten Jahren des arabischen Aufstands von 1936 bis 1939 tatsächlich nur wenige Araber im Mandatsgebiet Palästina bei Juden ein. Viele scheinen den Boykottforderungen Folge geleistet zu haben; wer das nicht freiwillig tat, wurde mit Nachdruck – und teilweise mit Gewalt – dazu ermahnt. Mit der Niederschlagung des Aufstands durch die britische Mandatsmacht und vor allem mit dem Beginn des Zweiten Weltkriegs kamen die Boykottaktivitäten andererseits aber de facto zum Erliegen, und die arabischen Nachbarländer wurden zu den wichtigsten Abnehmern von in Palästina produzierten Waren.[13]

Auftritt der Arabischen Liga

Mit dem Kriegsende 1945 nahm der wirtschaftliche Kampf gegen den Jischuw, die jüdische Gemeinschaft in Palästina, aber wieder Fahrt auf. Und ein neuer Akteur betrat die Bühne: Mit der Unterzeichnung ihres Gründungspaktes wurde im März 1945 die „Liga der Arabischen Staaten“ gegründet. Mit dabei waren Ägypten, der Irak, der Libanon, Saudi-Arabien, Syrien, (Trans-)Jordanien und der Jemen.[14]

Der Krieg und die Ermordung des Großteils der europäischen Juden hatten an der Haltung der arabischen Staaten gegenüber der „nationalen Heimstätte“ der Juden, die der berühmten Balfour-Deklaration von 1917 zufolge in Palästina geschaffen werden sollte, nicht das Geringste geändert. Die neu gegründete Arabische Liga schloss daher mit einer ihrer ersten Maßnahmen an die Versuche aus der Zwischenkriegszeit an, mit wirtschaftlichem Druck gegen den Jischuw vorzugehen. Beim Ratstreffen der Liga am 2. Dezember 1945 wurde beschlossen, dass sämtliche „jüdischen“ Produkte und von Juden hergestellten Güter „in arabischen Ländern als unerwünscht gelten“. Alle arabischen „Institutionen, Organisationen, Händler, Kommissionäre und Individuen" wurden dazu aufgefordert, sich zu weigern, mit „zionistischen" Waren und Erzeugnissen zu handeln oder sie zu konsumieren.[15] Der arabische Boykott, der am 1. Januar 1946 in Kraft trat, begann also damit, dass „jüdisch" und „zionistisch" als beliebig austauschbare Bezeichnungen verwendet wurden – und das sollte sich in den Jahrzehnten danach kaum ändern.

Um den Boykott institutionell in die Wege zu leiten, gründete die Arabische Liga im Februar 1946 das Zentrale Boykottkomitee und das Zentrale Boykottbüro, das zuerst in Kairo ansässig war, 1949 aber nach Damaskus übersiedelte, wo es sich bis heute befindet. In den Mitgliedsländern der Arabischen Liga wurden nationale Boykottbüros eingerichtet, von denen jedes einen Verbindungsbeamten in das Zentrale Büro entsandte. Zweimal im Jahr wurden Treffen durchgeführt, um die ergriffenen Maßnahmen zu koordinieren und über neue Fälle von Firmen und Individuen zu diskutieren, die auf die Schwarzen Listen der zu Boykottierenden kommen sollten. Die auf diese Weise getroffenen Entscheidungen gingen sodann in Form von Empfehlungen an die einzelnen Mitgliedsstaaten, die für die Umsetzung der Entscheidungen zuständig waren.

Wie sich in den folgenden Jahrzehnten zeigen sollte, hatte diese Konstruktion zur Folge, dass das Zentrale Boykottbüro nach außen hin zwar mit großem Selbstbewusstsein auftrat und sich in seinen kaum verhohlenen Drohungen gegenüber ins Visier genommenen Unternehmen stets als mächtiger Repräsentant der Arabischen Liga in Szene setzte, in gewisser Weise aber ein Papiertiger war: Es war zur Umsetzung des Boykotts voll und ganz auf die Mitgliedsstaaten angewiesen, die sich an seine Empfehlungen halten konnten, aber nicht mussten – und das oft auch nicht taten, wenn andere Überlegungen für sie mehr Gewicht hatten als die strenge Einhaltung des Wirtschaftskriegs gegen Israel.

So konnte es durchaus geschehen, dass ein Unternehmen in einem Land auf der Schwarzen Liste stand, in einem anderen Land, in dem bestimmte Interessen einer entsprechenden Listung entgegenstanden, aber nicht. Umgekehrt konnte es passieren, dass Firmen oder einzelne

Personen beispielsweise in Ägypten wieder von der Schwarzen Liste gestrichen wurden, während sie in Syrien oder im Irak weiter boykottiert wurden. Das war einer der Gründe, weshalb die Umsetzung des Boykotts von einem großen Maß an Uneinheitlichkeit geprägt war.

Ursprünglich diente aus Sicht der Arabischen Liga jegliche wirtschaftliche Aktivität von „Juden" oder „Zionisten" nur einem politischen Ziel: der Errichtung eines jüdischen Staates in Palästina. Der umfassende arabische Boykott sollte ein Mittel sein, genau das zu verhindern, indem er die ökonomische Grundlage dieses Staatsgründungsprojekts untergraben sollte. Beginnend mit der Empfehlung der Vereinten Nationen vom 29. November 1947, das Mandatsgebiet Palästina in einen jüdischen und einen arabischen Staat zu teilen, zeichnete sich allerdings immer klarer ab, dass diesem Weg kein Erfolg beschieden sein würde.[16] Der arabische Kampf verlagerte sich von der wirtschaftlichen Ebene auf die Schlachtfelder des israelischen Unabhängigkeitskrieges, der zunächst die Form eines Bürgerkrieges zwischen Arabern und Juden in Palästina annahm, bevor nach der israelischen Staatsausrufung am 14. Mai 1948 die arabischen Staaten mit ihren regulären Armeen einmarschierten, mit der erklärten Absicht, der jüdischen Staatlichkeit ein schnelles Ende zu bereiten.

Was als rascher Feldzug mit triumphalem Ausgang gedacht war, entwickelte sich aus arabischer Sicht binnen nicht einmal eines Jahres zu einem veritablen Debakel. Mit den Waffenstillstandsabkommen vom Frühjahr 1949 ging der Krieg zu Ende, und Israel hatte sich behaupten können.

Für die Arabische Liga bedeutete die Niederlage ein Zurück zum Anfang. Der militärische Versuch zur Beseitigung Israels war gescheitert, aber daraus folgte keineswegs, die Existenz dieses Staates zu akzeptieren. Vielmehr griffen die arabischen Staaten wieder auf das Mittel eines umfassenden Boykotts zurück, dieses Mal in der Absicht, den jungen Staat wirtschaftlich zu vernichten. Denn genau darum ging es, wie der spätere UN-Generalsekretär Boutros Boutros-Ghali bestätige: Nach der militärischen Niederlage, so schrieb er im Rückblick, intensivierten die arabischen Staaten den Boykott, „der darauf ausgerichtet war, die Ziele zu verwirklichen, die mit dem militärischen Feldzug nicht erreicht werden konnten".[17]

Befürworter des Boykotts beriefen sich oftmals darauf, dass dieser eine rein defensive Maßnahme und völlig legitim sei, um – herbeifantasierten – israelischen Expansionsgelüsten entgegenzuwirken. So erklärte einmal der Präsident der Union der Handels-, Industrie- und Landwirtschaftskammern der arabischen Staaten: „Die Araber sind sich sicher, dass der aggressive zionistische Staat vorhat, auf Kosten arabischen Landes weiter zu expandieren und mehr Araber zu Flüchtlingen zu machen. Die Araber sind entschlossen, dieses aggressive Vorhaben zu durchkreuzen. [...] Sie unternehmen daher nicht mehr als den Versuch, Israel die wirtschaftliche Macht zu versagen, die es in die Lage versetzen würde, Fortschritte bei der Verwirklichung seines krankhaften Traums von Herrschaft zu machen."[18] Demgegenüber stellte Boutros-Ghali klar: „Die Sichtweise der Arabischen Liga besteht darin, dass der Boykott den wirtschaftlichen Kollaps des Staates Israel herbeiführen und deutlich machen wird, dass dieser inmitten einer feindlichen Welt wirtschaftlich nicht überlebensfähig sei."[19]

Dreierlei Boykott

Vor der Gründung Israels hatte sich der Wirtschaftskrieg auf die arabischen Staaten selbst beschränkt, die ihre ökonomischen Beziehungen zu „Zionisten" abbrechen und keine „jüdischen" Güter aus Palästina importieren sollten. Mit der Neuauflage des Boykotts nach dem israelischen Unabhängigkeitskrieg gingen dessen deutliche Ausweitung und Verschärfung einher: Nunmehr ging es nicht mehr bloß um die arabischen Staaten (primärer Boykott), sondern auch um Akteure aus Drittstaaten, deren wirtschaftliche Aktivitäten aus Sicht der Arabischen Liga dazu beitrugen, Israels ökonomische oder militärische Stärke zu fördern (sekundärer Boykott).

Nicht immer war klar, nach welchen Kriterien Firmen auf die Schwarzen Listen gesetzt wurden. Laut einem von der Union der Handels-, Industrie-

und Landwirtschaftskammern der arabischen Staaten 1959 veröffentlichen Kriterienkatalog sollten auf jeden Fall alle Firmen und deren Ableger aus Drittstaaten betroffen sein, die Niederlassungen in Israel unterhielten; die Montagewerke in Israel betrieben; deren Büros für wirtschaftliche Aktivitäten im Nahen Osten in Israel angesiedelt waren; die israelischen Firmen Patente, Trademarks und Copyrights zur Verfügung stellten; die Anteile an israelischen Unternehmen sowie öffentlichen und privaten Organisationen hielten bzw. erwarben; und die israelischen Unternehmen technische Dienstleistungen boten.[20] Darüber hinaus drohte auf die Schwarzen Listen zu kommen, wer als Importeur israelischer Waren tätig oder an der Erschließung und Ausbeutung von Bodenschätzen und anderen natürlichen Ressourcen in Israel beteiligt war.[21]

Theoretisch waren wirtschaftliche Kontakte zu Israel und zu Israelis nicht an sich untersagt. Sofern etwa Güter in Israel verkauft wurden, die nicht direkt oder indirekt militärische Verwendung finden konnten oder die israelische Wirtschaftskraft stärkten, waren solche Aktivitäten zum Teil sogar erwünscht, weil beim Kauf von Waren aus Drittstaaten aus Sicht der Arabischen Liga israelische Kaufkraft aus dem Land floss. Praktisch wurden aber immer wieder auch Firmen boykottiert, denen nicht ernsthaft der Vorwurf gemacht werden konnte, zur Stärkung der israelischen Wirtschaft oder des Militärs beizutragen, sondern die einfach nur Geschäfte in Israel machten.

Zum sekundären Boykott gehörte auch die langjährige Teilblockade des Suezkanals. In einem klaren Bruch seiner internationalen Verpflichtungen schloss Ägypten den Suezkanal nicht nur für israelische und andere Schiffe, die Güter aus oder nach Israel brachten, sondern ebenso für solche, die in der Vergangenheit auch nur israelische Häfen angelaufen hatten. Schiffe aus Drittländern wurden durchsucht, im Fall von Verstößen wurden die Ladungen beschlagnahmt und die Schiffe auf eine Schwarze Liste gesetzt – bis 1955 enthielt diese bereits über 100 Schiffe, darunter solche aus den Vereinigten Staaten, England, den Niederlanden, der Schweiz, Griechenland und Italien.[22] Obwohl der UN-Sicherheitsrat diese Teilblockade des Kanals in einer Resolution 1951 eindeutig verurteilte, wurde sie von Ägypten (von einer kurzen Phase nach dem Suezkrieg von 1956 abgesehen) bis 1975 aufrecht erhalten.[23]

Von Boykotten im arabischen Raum betroffen waren darüber hinaus auch Fluglinien, die Ziele in Israel auf ihrem Flugplan hatten. Wäre der Arabischen Liga eine wirklich weitgehende Unterbindung des Schiffs- und Flugverkehrs nach Israel gelungen, hätte das dem von allen Seiten von Feinden umgebenen und rohstoffarmen Land enorme Probleme bereitet.

Zum primären und sekundären Boykott gesellte sich allerdings noch ein dritter: Ein tertiärer Boykott drohte Firmen, die selbst überhaupt keine wirtschaftlichen Beziehungen zu Israel hatten, aber mit anderen Firmen oder Personen zusammenarbeiteten, die sich auf arabischen Boykottlisten befanden. So konnte beispielsweise ein amerikanischer Autohersteller auf die Schwarzen Listen geraten, wenn er Autoreifen von einer britischen Firma bezog, die ihrerseits auch Geschäfte mit Israel unterhielt und deshalb boykottiert wurde.

Der Israel-Boykott der Arabischen Liga unterschied sich in mehrerlei Hinsicht von den zahlreichen anderen Fällen weltweit, in denen ökomische Sanktionen oder Boykotte über Staaten verhängt wurden.[24] Das betraf zum einen den geographischen Geltungsbereich der Maßnahmen. Der primäre Boykott Israels durch die Arabische Liga war deren eigene Angelegenheit. Jeder Staat der Welt kann entscheiden, mit wem und wohin er wirtschaftliche Kontakte unterhalten will oder nicht. Das war bei den sekundären und tertiären Boykottmaßnahmen grundlegend anders, denn von ihnen waren Akteure aus Drittstaaten betroffen, die genötigt wurden, sich selbst und potenzielle Kooperationspartner quasi zu Agenten des arabischen Wirtschaftskrieges gegen Israel zu machen, sofern sie auch mit der arabischen Welt Geschäfte machen wollten. Ins Visier genommen wurden wohlgemerkt nicht Drittstaaten selbst, sondern private Unternehmen und Personen aus diesen Staaten. Damit gingen diese Maßnahmen weit über sonstige internationale Boykotte und Sanktionsregime hinaus, und sie waren es, die ab den 1970er Jahren – sehr verspätet – einen Backlash in Form von Anti-Boykottgesetzgebungen in mehreren westlichen Ländern hervorriefen.

Zum anderen unterschied sich der Israel-Boykott der Arabischen Liga von anderen ähnlichen Fällen auch hinsichtlich seiner Absicht: Er zielte nicht darauf ab, im betroffenen Land Änderungen zu bewirken, wie das beim Boykott gegen das Apartheidregime in Südafrika der Fall war. Sein Zweck war vielmehr nicht weniger als die Zerstörung des boykottierten Staates.

Ob ökonomische Boykotte, wie manchmal argumentiert wird, Verstöße gegen das in Artikel 2 (4) der UN-Charta verankerte Aggressionsverbot darstellen, wurde unter Völkerrechtlern kontrovers diskutiert. Vor allem die Länder des Ostblocks und der sogenannten Dritten Welt, ironischerweise aber auch die arabischen Staaten traten meist dafür ein, dass unter Artikel 2 (4) auch „ökonomische Aggression" subsumiert werden müsse.[25] Demgegenüber waren es vor allem westliche Staaten, die unter Berufung auf den wörtlichen Text der Charta eine enge Definition des Begriffs der Aggression vertraten, unter der nur die „Androhung oder Anwendung von Gewalt" zu fassen sei.[26] Größere Einigkeit scheint darüber zu bestehen, dass Boykotte gegen Artikel 2 (3) der UN-Charta verstoßen, der alle Mitglieder dazu anhält, Streitigkeiten mit „friedlichen Mitteln" beizulegen.[27] Laut Artikel 33 der Charta zählen dazu Verhandlungen, Schiedssprüche, Vergleiche, internationale gerichtliche Entscheidungen und „andere friedliche Mittel eigener Wahl" – mit Sicherheit aber nicht umfassende Boykotte wie jener durch die Arabische Liga.[28]

In den Details völkerrechtlicher Debatten drohte freilich das Wesentliche aus dem Blick zu geraten: Die Staaten der Arabischen Liga, allesamt Mitglieder der Vereinten Nationen, führten gemeinsam und unter Indienstnahme von Unternehmen und Personen aus anderen Staaten einen Wirtschaftskrieg mit dem Ziel, das UN-Mitgliedsland Israel zu zerstören – und das stand auf jeden Fall in eklatantem Widerspruch zum Geist und zu den Grundsätzen der UN-Charta. Trotzdem wurde ihr Verhalten von den Vereinten Nationen nicht verurteilt. Das stellte schon die Sowjetunion sicher, die mit ihrem Vetorecht im Sicherheitsrat jede Anprangerung der arabischen Staaten verhindern konnte.

Akteure des Boykotts

Wichtigster Akteur bei der Umsetzung des Boykotts war das Zentrale Boykottbüro in Damaskus, das von 1963 bis 1979, also in der Hochphase des Boykotts, vom Mohammed Mahmud Mahgoub geleitet wurde, einem ehemaligen ägyptischen General. Ihm unterstanden rund 20 Mitarbeiter, von denen manche Diplomatenstatus genossen.

Das Zentrale Boykottbüro recherchierte konkrete Fälle, kommunizierte mit ins Visier genommenen Unternehmen und bereitete die Boykottvorschläge vor, die zweimal im Jahr auf Generalkonferenzen des Boykottapparats diskutiert und beschlossen wurden, um sie sodann dem Rat der Arabischen Liga vorzulegen und von diesem absegnen zu lassen.

Wie bereits erwähnt, gab es in jedem Land nationale Boykottbüros, die Informationen über Fälle sammelten, die Verbindung des Boykottapparats zu den jeweiligen nationalen Regierungen darstellten und diese dazu bringen sollten, die von der Liga beschlossenen Boykottempfehlungen umzusetzen. In den meisten Botschaften arabischer Länder in Drittstaaten waren Verbindungsbeamte tätig, die dem Zentralen Boykottbüro unterstanden und für dieses Informationen zusammentrugen und andere Dienste verrichteten.[29]

Neben diesen Kernkomponenten des Boykottapparats waren aber auch noch weitere Akteure an der Umsetzung der Maßnahmen beteiligt. Außer den einflussreichen staatlichen Unternehmen in der arabischen Welt – der private Sektor spielte in den arabischen Staaten nur eine untergeordnete Rolle – gehörten dazu nicht-arabische islamische Staaten wie Malaysia und Pakistan, pro-arabische Staaten wie Uganda und Indien, die sich dem Boykott ganz oder teilweise anschlossen, sowie bilaterale Handelskammern.

Nachdem die Vereinten Nationen in den 1970er Jahren eine scharf anti-israelische Wende vollzogen hatten,[30] machten sich auch etliche UNO-Unterorganisationen in ihrer alltäglichen Praxis zu Organen der Durchsetzung des Boykotts. So verlangte etwa die Ernährungs- und Landwirtschaftsorganisation (FAO) von amerikanischen Lieferanten den Nachweis, dass mit deren Flugzeugen keine israelischen Güter transportiert und von ihnen keine israelischen Flughäfen angeflogen werden. Andere UN-Organisationen lehnten bei Auftragsvergaben Angebote aus Israel grundsätzlich ab, selbst wenn diese die günstigsten oder besten gewesen wären.[31]

Mit Rücksicht auf ihre wirtschaftlichen Interessen und unter der Drohung, auf Schwarze Listen gesetzt zu werden, machten sich schließlich auch Unternehmen und Firmen zu Handlangern des Boykotts, indem sie Aktivitäten in Israel einstellten oder gar nicht erst aufnahmen und indem sie sicherstellten, dass ihre Kooperationspartner nicht in Israel tätig waren. Erst mit den Anti-Boykott-Gesetzgebungen der späten 1970er Jahre unternahmen westliche Staaten Schritte, um diese oft unfreiwillige Beteiligung am Wirtschaftskrieg gegen Israel zu unterbinden.

Wie sah die Praxis aus?

Im Laufe der Jahre entstand ein typischer Modus Operandi bei der Durchführung von Boykottmaßnahmen, auch wenn davon in der Praxis immer wieder abgewichen wurde: Ein ins Visier genommenes Unternehmen wurde erst einmal geprüft, d. h. es wurden Informationen zusammengetragen, um von der Arabischen Liga inkriminierte wirtschaftliche Kontakte zu Israel zu belegen. Sodann wandte sich das Zentrale Boykottbüro mit einem Brief an das betroffene Unternehmen.

Wie ein solcher Brief typischerweise aussah, lässt sich am Fall einer texanischen Firma aus dem Jahr 1964 veranschaulichen. Er begann mit der Feststellung, dass dem Zentralen Boykottbüro verlässliche Informationen darüber vorlägen, dass die Firma Frauenkleider aus Israel importierte. „Wir glauben", so war in dem Schreiben weiter zu lesen,

> „dass es in unserem gemeinsamen Interesse ist, Sie auf das Faktum aufmerksam zu machen, dass die arabischen Staaten sich noch immer im Kriegszustand mit Israel befinden, das sich einen geliebten Teil unseres arabischen Heimatlandes einverleibt und dessen Bewohner vertrieben und all ihres Eigentums beraubt hat, ohne sich an irgendeine der Resolutionen der Vereinten Nationen zu halten. Die arabi-

schen Staaten befolgen deswegen ein strenges Boykottregelwerk gegen Israel – als Maßnahme unserer Selbstverteidigung und im Hinblick auf die Wahrung unserer Rechte und der vitalen Interessen der Araber in Palästina.“

Zu diesem Regelwerk gehöre, dass Araber keine Geschäfte mit jemandem machen dürfen, der dazu beitrage, „die israelische Wirtschaft oder die israelische Fähigkeit zur Kriegsführung zu fördern“. Aus diesem Grund wurde die texanische Firma aufgefordert, folgende Fragen zu beantworten:

„1. Haben Sie eine Niederlassung, ein Büro oder eine Vertretung in Israel?

2. Agieren sie als Generalvertreter israelischer Unternehmen oder importieren Sie israelische Produkte, insbesondere Frauenkleider?

3. Haben Sie jemals Anteile an israelischen Unternehmen oder Firmen besessen?

4. Ist Ihre Firma oder einer ihrer Direktoren Mitglied einer bilateralen Handelskammer mit israelischer Beteiligung?“

Sollte eine dieser Fragen mit Ja beantwortet werden, müsse die Firma drei Dokumente vorlegen: eine Kopie des Vertrages über die Zusammenarbeit mit den israelischen Partnern, einen Beweis dafür, dass diese Zusammenarbeit beendet worden sei, und ein Versprechen, „niemals wieder ein israelisches Unternehmen zu vertreten oder seine Produkte zu importieren“.

Nicht unüblich war, dass dem Brief des Boykottbüros ein recht detaillierter Fragebogen beigelegt war, in dem das betroffene Unternehmen ausführlich Rechenschaft über seine geschäftlichen Aktivitäten ablegen musste. Ebenso weit verbreitet war, dass von Firmen, die Güter in die arabische Welt exportieren wollten, die Vorlage sogenannter negativer Herkunftszertifikate verlangt wurde, die bescheinigen mussten, dass kein Bestandteil des Produkts israelischer Herkunft war.

Den Abschluss des Briefes bildete eine etwas bizarre Passage. Das bedrohte Unternehmen sollte verstehen, dass die Fragen „im Interesse Ihrer Firma“ gestellt worden seien. Auf keinen Fall sollten die Adressierten der „Irreführung durch zionistische Propaganda“ Glauben schenken und das Schreiben als einen Versuch verstehen, „Druck auf Sie auszuüben oder sich in die internen Angelegenheiten ihrer Firma einzumischen“. Obwohl selbstverständlich genau das der Zweck des Briefes war, setzte das Boykottbüro fort: „Im Gegenteil, daran denkt der Boykottapparat nicht im Geringsten.“ Man wolle lediglich sicherstellen, dass der Handel mit der Firma von arabischer Seite nicht gestoppt wird, ohne ihr die „faire Gelegenheit“ gegeben zu haben, sich zu erklären. Sollte die Firma allerdings den Wünschen des Boykottbüros innerhalb der festgesetzten Frist – üblicherweise handelte es sich um drei Monate – nicht nachkommen, so wäre der Boykottapparat „mit großem Bedauern zu der Empfehlung gezwungen, jegliche Transaktion mit Ihrer Firma zu verbieten“.[32]

Das Zentrale Boykottbüro wollte seine Drohung also keinesfalls als Druckausübung verstanden wissen; wer sie als solche aufnahm, habe sich von „zionistischer Propaganda“ in die Irre führen lassen. In Mafiafilmen nennt man so etwas ein Angebot, das man nicht ablehnen kann. Nach dem Erhalt eines derartigen Briefes war es an dem Unternehmen, eine Entscheidung zu treffen: Es konnte die Forderungen ignorieren bzw. die geforderten Dokumente und Absichtserklärungen für die Zukunft nicht beibringen; beides wurde als Verstoß gegen die Boykottregeln betrachtet und konnte zur Folge haben, dass sich das Unternehmen auf den Schwarzen Listen der arabischen Staaten wiederfand. Oder es konnte mit dem Boykottbüro kooperieren, sich den Regeln unterwerfen und sich damit zum Beteiligten am arabischen Wirtschaftskrieg gegen Israel machen.

American Express, *Coca-Cola* und andere

Welche Optionen den Unternehmen tatsächlich offenstanden, hing nicht zuletzt von ihrer Größe ab. Der arabische Boykott wurde einmal treffend mit einem Spinnennetz verglichen, durch dessen Maschen kleine Tiere durchschlüpfen und vor dem große Tiere keine Angst zu haben brauchen, weil sie es einfach zerreißen können. Nur Tiere einer bestimmten Größenordnung, die weder zu klein noch zu groß sind, drohen im Netz hängenzubleiben und gefressen zu werden.

Auf den arabischen Boykott umgelegt bedeutet das, dass kleine Unternehmen mit geringer wirtschaftlicher Bedeutung oft unterhalb des Radars der arabischen Staaten agieren konnten und nicht ins Visier genommen wurden, während gegenüber großen Konzernen den eigenen wirtschaftlichen Interessen der arabischen Staaten oft Vorrang vor der strikten Durchsetzung des Boykotts eingeräumt wurde. Unternehmen mittlerer Größe aber waren es, denen der Boykott die meisten Probleme bereiten konnte und die deshalb häufig geschäftliche Beziehungen zu Israel einstellten oder gar nicht erst aufnahmen. Nur selten wurde das offiziell damit begründet, dass man arabischen Drohungen nachgegeben habe. In aller Regel wurden andere Gründe vorgeschoben, die die Befolgung des Boykotts gewissermaßen „unschuldig" erscheinen lassen sollten.

So etwa im Fall von *American Express*, das im März 1956 die Entscheidung bekanntgab, seine Reisescheckoperationen in Israel einzustellen. Offiziell wurden dafür wirtschaftliche Gründe angeführt: Infolge der Spannungen im Nahen Osten sei der Tourismus in Israel stark zurückgegangen, das Reisescheckbusiness habe sich einfach nicht mehr gelohnt. Die israelische Regierung wies im Gegenzug darauf hin, dass die Tourismusbranche tatsächlich im Wachsen begriffen war und *American Express* selbst deshalb seine Tätigkeiten in Israel erst ein Jahr zuvor ausgeweitet hatte. Die Entscheidung zum Rückzug aus Israel wurde in den USA als schändliches Einknicken vor arabischen Boykottdrohungen gewertet. Um den dadurch entstanden Imageschaden bei seiner amerikanischen Kundschaft wettzumachen, revidierte *American Express* zwei Jahre später seine Entscheidung und kehrte nach Israel zurück. Weil die arabischen Staaten das Operieren der Firma in ihren Ländern auf keinen Fall gefährden wollten, drückten deren Boykottbüros alle Augen zu – und *American Express* war fortan sowohl in Israel als auch in der arabischen Welt tätig.[33]

Für öffentliches Aufsehen sorgte im April 1966 die Entscheidung von *Coca-Cola*, kein Franchise-Unternehmen in Israel zuzulassen, obwohl eine israelische Partnerfirma zur Verfügung gestanden hätte. Auch in diesem Fall wurden wirtschaftliche Gründe angeführt: Der israelische Markt sei zu klein, die Kapitalbasis des potenziellen israelischen Partners sei nicht ausreichend usw. Da *Coca-Cola* aber auch ein Franchise-Unternehmen in Zypern mit seinen nur rund 250.000 Einwohnern und seinem im Vergleich zu Israel wesentlich kleineren Verbrauch an Softdrinks betrieben und sich auch in Irland engagiert hatte, wo es der Partnerfirma sogar Kapital zuschießen hatte müssen, geriet der Konzern rasch in den Verdacht, in Wahrheit nur einem arabischen Boykott zuvorkommen und seine 29 lizensierten Niederlassungen in arabischen Ländern nicht gefährden zu wollen. Als Reaktion darauf riefen, angeführt von der *Anti Defamation League,* zahlreiche jüdische Organisationen und Einrichtungen in den USA zu einem Boykott von *Coca-Cola*-Produkten auf. Binnen einer Woche soll der Konzern mehrere Millionen Dollar eingebüßt haben. Mit der Macht amerikanischer Konsumenten konfrontiert, revidierte er seine Entscheidung und erteilte einer Firma mit amerikanisch-israelischen Investoren die Lizenz zur Flaschenabfüllung in Israel.

Das rief wiederum den arabischen Boykottapparat auf den Plan. Am 8. Mai 1966 gab das Zentrale Boykottbüro in Damaskus *Coca-Cola* drei Monate Zeit, um seine Beziehungen zu Israel „klarzustellen“, und drohte andernfalls mit der zwangsweisen Schließung aller *Coca-Cola*-Niederlassungen in der arabischen Welt; im November wurde *Coca-Cola* in sämtlichen arabischen Staaten auf die Schwarzen Listen gesetzt.

Nach dem Friedensschluss mit Israel war Ägypten das erste arabische Land, das ab 1979 seinen Markt wieder für Produkte des Konzerns öffnete. In der übrigen arabischen Welt dauerte es bis Ende der 1980er Jahre, bis die gemeinsame Boykottfront gegen *Coca-Cola* – gegen den anhaltenden Widerstand des Zentralen Boykottbüros – zu bröckeln begann.[34] *Coca-Colas* Hauptrivale *Pepsi* wurde übrigens erst 1992 auf dem israelischen Markt aktiv, nachdem der Beginn des israelisch-palästinensischen Friedensprozesses eine deutliche Lockerung der Boykottmaßnahmen vieler arabischer Staaten zur Folge hatte. Bis dahin war *Pepsi* zwar in der arabischen Welt, nicht aber in Israel vertreten. Offiziell soll das selbstverständlich nichts mit arabischen Boykottdrohungen zu tun gehabt haben.[35]

Bei *American Express* und *Coca-Cola* stieß die Bereitschaft, sich dem arabischen Boykott zu fügen, gewissermaßen auf einen Gegenboykott amerikanischer Kunden, der die Konzerne zum Überdenken ihrer Haltung führte – mit unterschiedlichen Ergebnissen: *American Express* konnte sowohl in Israel als auch in den arabischen Staaten tätig bleiben, *Coca-Cola* wurde für Jahrzehnte von den arabischen Märkten ausgeschlossen. Unterschiedliche Konsequenzen konnte es aber auch innerhalb ein und desselben Konzerns geben, wie der Fall der *Ford Company* zeigte.

Auf demselben Treffen im November 1966, bei dem der Boykott *Coca-Colas* beschlossen wurde, wurde auch der *Ford*-Konzern auf die arabischen Schwarzen Listen gesetzt, der bis dahin Werke in Ägypten und Marokko unterhalten hatte. Anlass war die Errichtung eines Montagewerks für Lastwagen und Traktoren in Israel. Die *Ford Company* und all ihre Tochterunternehmen wurden die kommenden 18 Jahre lang boykottiert.[36] Mit einer nennenswerten Ausnahme: Auf saudischen Druck wurde die *Ford Aerospace and Communication Corporation* nicht auf die Boykottlisten gesetzt – sie lieferte Raketen für die saudi-arabische Luftabwehr.[37]

Nur wenige Firmen traten den arabischen Boykottdrohungen offensiv entgegen. Ein eindrucksvolles Beispiel war die Hotelkette *Hilton*. Als sie sich 1961 daranmachte, in Tel Aviv ein Hotel zu errichten, erhielt sie einen Brief des Generalsekretärs des amerikanisch-arabischen Handels- und Industrieverbandes, in dem gedroht wurde:

> „Sollte Hilton Hotels an seinem Vertrag mit Israel festhalten, wird das den Verlust Ihrer Besitztümer in Kairo und das Ende jeglicher Pläne bedeuten, die Sie für Tunis, Bagdad, Jerusalem oder anderswo in der arabischen Welt haben."

Darüber hinaus werde es „unglücklicherweise keine arabischen Besucher, darunter die saudische Königsfamilie, ägyptische Businessleute und generell Besucherströme von Menschen aus der arabischen Welt, für Ihre großen Hotels in New York City und an anderen Orten in Ihrem Land mehr geben".

Daran angeschlossen war eine weitergehende Warnung mit den Folgen des tertiären Boykotts: „Auch könnten die Möglichkeiten amerikanischer Firmen beeinträchtigt werden, weiterhin wichtige Geschäfte in Ihren bekannten Einrichtungen zu tätigen." Der Verfasser des Briefes habe alles ihm Mögliche getan, um dem Unternehmen nachteilige Folgen zu ersparen, und erwirken können, dass das arabische Boykottkomitee vor dem 1. Januar 1962 keine weiteren Schritte einleiten werden. Aber *Hilton Hotels* müsse sich fragen, ob eine ökonomische Verbindung zu Israel wirklich den „schweren Verlust" wert sei, den das Unternehmen in der arabischen Welt und in den Vereinigten Staaten unweigerlich zu erleiden haben werde.[38]

Im Gegensatz zu vielen anderen war Hotelkettenbesitzer Conrad Hilton nicht bereit, sich dem arabischen Druck zu fügen, und widersprach den Drohungen in seinem Antwortbrief auf recht grundsätzliche Weise: Was das Boykottkomitee vorbringe,

> „widerspricht den Prinzipien, nach denen wir leben und die uns am wichtigsten sind. Ich spreche von den Prinzipien des Amerikanismus, wie sie von unseren Gründervätern festgehalten wurden, und für die Amerika seit seiner Gründung steht. Ich spreche auch von dem Grundsatz, dem die Hilton Hotels Corporation weltweit folgt: Hotels zu schaffen, damit Menschen aus allen Nationen der Welt friedlich zusammenkommen können. Wir glauben, dass wir durch das Reisen zu dem Ziel beitragen, das alle Amerikaner erstreben – Weltfrieden".

Als Amerikaner betrachte er Juden und Araber gleichermaßen als Freunde und hoffe, dass alle eines Tages friedlich zusammenleben können. Dann ging Hilton konkret auf die Drohungen ein: „Es gab in Israel keine Drohungen, als wir unser Hotel in Kairo eröffnet haben. Unser Unternehmen findet es schockierend, dass das Komitee im Falle unseres Vertrages mit dem israelischen Volk zu Boykottdrohungen greift."[39]

Die Hotelkette hielt an ihren Plänen in Tel Aviv fest, einige Jahre später kam auch noch ein Hotel in Jerusalem dazu. Auf Druck Ägyptens, das

das *Hilton* in Kairo auf keinen Fall missen und den Tourismus im eigenen Land fördern wollte, wurde das Zentrale Boykottbüro nie gegen *Hilton Hotels* aktiv – irgendwie brachte das Boykottkomitees eine Begründung zustande, der zufolge ein *Hilton* in Tel Aviv der israelischen Wirtschaft nicht etwa nützen, sondern vielmehr Schaden zufügen würde.[40]

Dass in weiterer Folge mehrere arabische Gipfeltreffen in Hotels von *Hilton* abgehalten wurden, sei nur am Rande erwähnt. Der entschiedene Widerstand Conrad Hiltons gegen die Boykottdrohungen und das darauffolgende Einknicken der arabischen Seite blieben in der Branche jedenfalls nicht unbemerkt: Bald eröffneten auch die Ketten *Sheraton*, *Ramada* und *Hyatt* Hotels in Israel.

Der arabische Boykott wies sowohl zwischen verschiedenen Wirtschaftsbranchen als auch zwischen Ländern teils große Unterschiede auf. Dass die Ölindustrie unter den besonders betroffenen Wirtschaftszweigen war, dürfte kaum überraschen: Die wichtige Stellung der arabischen ölproduzierenden Staaten ermöglichte es ihnen, enormen Druck auf westliche Ölkonzerne auszuüben, wirtschaftliche Unternehmungen in Israel zu beenden. So zogen sich im Juli 1957 *Shell Oil* sowie *British Petroleum*, die bis dahin gemeinsam die Ölraffinerie in Haifa betrieben hatten, aus Israel zurück. Auch namhafte amerikanische Firmen wie *Standard Oil of New Jersey* und *Texaco* kappten ihre Wirtschaftsbeziehungen zum jüdischen Staat.[41]

Im Flugwesen fiel das Ergebnis arabischer Boykottdrohungen gemischt aus. Wichtige Fluglinien wie *British Overseas Airways Corporation* (einer der Vorläufer der späteren *British Airways*), *Japan Airlines*, *Iberia* und *Qantas* unterhielten keine Beziehungen zu Israel. Andere Flugunternehmen, darunter die *Swissair*, *Olympic Airways*, *KLM*, *Lufthansa* und *Austria Airlines* nahmen die Flüge nach Tel Aviv trotz großen arabischen Drucks nicht aus ihrem Programm.[42]

Eine Analyse der Jahre 1954 bis 1968 kam zu dem Ergebnis, dass der Handelssektor mit 21,1 Prozent den größten Anteil aller boykottierten Unternehmen ausmachte, gefolgt von Mischkonzernen, die nicht einer einzelnen Sparte zugeordnet werden konnten (15,4 Prozent), und elektrotechnischen Unternehmen (14,5 Prozent).[43]

Skurriles und unterschiedlich betroffene Länder

Unter den Ländern, die sich am meisten dem arabischen Boykott Israels beugten, sticht besonders Japan hervor. Die israelisch-japanischen Wirtschaftsbeziehungen waren nie besonders gut, der arabische Druck sorgte aber dafür, dass sie noch schlechter wurden. Zahlreiche japanische Konzerne vermieden jeden Kontakt mit Israel, darunter so bekannte Firmen wie *Mitsubishi, Toyota, Datsun, Honda, Nissan, Suzuki, Yamaha* und *Nippon Electric*. Andere Unternehmen befolgten den Boykott offiziell, suchten und fanden aber alternative Wege, um trotzdem Produkte nach Israel zu exportieren.[44] Dennoch landeten auch zahlreiche japanische Firmen auf arabischen Schwarzen Listen, so etwa *Sony*, das 1973 nicht auf Anfragen des Zentralen Boykottbüros reagierte und deswegen im Jahr darauf boykottiert wurde.[45] Im Jahr 1976 waren rund 150 japanische Firmen gelistet, darunter so bekannte wie *Hitachi* und die Fotounternehmen *Fuji* und *Minolta*.[46]

Einen interessanten Sonderfall stellte Deutschland dar. Die arabischen Staaten protestierten vehement gegen das im September 1952 geschlossene Luxemburger Abkommen, in dem sich die Bundesrepublik u.a. dazu verpflichtete, Restitutionszahlungen in der Höhe von rund drei Milliarden Mark an Israel zu leisten, mit denen der jüdische Staat deutsche Waren und Dienstleistungen erwerben konnte. Die arabischen Staaten betrachteten das als einen Beitrag zur Stärkung Israels und drohten im November 1952 mit einem umfassenden Boykott Deutschlands. Das gleiche Szenario wiederholte sich im Jahre 1965, als Westdeutschland und Israel offiziell diplomatische Beziehungen aufnahmen.[47]

Dass die angedrohten umfassenden Sanktionen letztlich nicht umgesetzt wurden, hatte zwei wesentliche Gründe. Erstens kaufte sich Deutschland gewissermaßen mittels umfangreicher Handelsbeziehungen zu den arabischen Staaten, mit Wirtschaftshilfen, technischen Unterstützungsleistungen sowie deutschem Personal von den Boykottdrohungen frei. Unter den Deutschen, die in den Nahen Osten gingen, befanden sich auch etliche Nazis, die nahezu bruchlos von der NS-Vernichtungspolitik gegen die europäischen Juden auf die Unterstützung des arabischen Krieges gegen Israel umsattelten. Manche, wie Johann von Leers (alias Omar Amin von Leers), setzten im Dienste arabischer Staaten die antisemitische Hetzpropaganda fort, die sie zuvor bereits im Nationalsozialismus betrieben hatten. Andere betätigten sich als Ausbildner für arabische Streitkräfte oder waren mit ihrer technischen Expertise beim Aufbau der Rüstungsindustrie behilflich.

Zweitens begriffen die arabischen Staaten, dass sie sich mit dem Kappen wirtschaftlicher Beziehungen zu Westdeutschland ins eigene Fleisch schneiden würden. Der Umfang des deutschen Handels mit der arabischen Welt war „für die Bundesrepublik unerheblich [...], während die Araber (besonders als Öllieferanten) vom deutschen Wirtschaftsaufschwung nur profitieren konnten".[48] Wie so oft wurde die strenge Umsetzung der Boykottpolitik letztlich den eigenen wirtschaftlichen Interessen untergeordnet.

Das soll freilich nicht heißen, dass sich über die Jahrzehnte nicht auch Hunderte deutsche Unternehmen auf den arabischen Boykottlisten wiederfanden. Eine solche Liste, die 1975 in den Besitz der Kölner Bundesstelle für Außenhandelsinformation gelangte, verzeichnete 211 deutsche Firmen[49], eine Quelle aus den frühen 1980er Jahren sprach von rund 220 deutschen Firmen und Institutionen, die sich auf Boykottlisten Saudi-Arabiens, Kuwaits und des Libanon befanden.[50] Einige Unternehmen nahmen offenbar viel Geld in die Hand, um einer Listung zu entgehen, wie der *Spiegel* 2007 am Beispiel von Millionenzahlungen berichtete, die der Konzern *Siemens* geleistet haben soll, um das Zentrale Boykottbüro in Damaskus milde zu stimmen.[51]

Die deutsche Bundesregierung lehnte einerseits Boykotte prinzipiell ab, weil sie die internationalen ökonomischen Beziehungen beeinträchtigten. Sie widersetzte sich andererseits aber dem Ruf nach einer Antiboykottgesetzgebung noch lange, nachdem andere europäische Staaten entsprechende Maßnahmen bereits ergriffen hatten. Betroffene Unternehmen, so erklärte die Regierung 1975 im Zuge einer Anfragebeantwortung im Bundestag, müssten selbst entscheiden, wie sie auf Boykottdrohungen reagierten.[52] In der Praxis legte sich die Regierung aber sehr wohl für einzelne Unternehmen ins Zeug, wenn diesen mit Boykott gedroht wurde, wie etwa im Fall des *Volkswagen*-Konzerns, der ins Visier der Boykotteure geriet, nachdem er einer israelischen Firma die Lizenz für den Bau von Wankelmotoren erteilt hatte.

Klar ist, dass zahlreiche Unternehmen den arabischen Drohungen Folge leisteten, indem sie sich aus Israel zurückzogen oder gar nicht erst wirtschaftliche Kontakte dorthin aufnahmen. Die Bundesregierung sowie deutsche Handelskammern authentifizierten ab 1966 zwar keine negativen Herkunftszertifikate und Boykott-Fragebogenbeantwortungen mehr, aber es sollte bis zum Juli 1992 dauern, ehe Deutschland ein Antiboykottgesetz verabschiedete. Wie israelische Zeitungen vermuteten, handelte es sich dabei auch um eine Reaktion darauf, dass die deutsche Beteiligung an der Aufrüstung des Irak vor dem Golfkrieg von 1991 bekannt wurde, während Israelis mit Gasmasken in Bunkern Schutz vor irakischen Raketen hatten suchen müssen, die dank deutscher Unterstützung vom Irak mit Giftgas hätten bestückt sein können.[53]

Eine Gesamtbilanz darüber, wie viele Unternehmen in wie vielen Ländern im Laufe der Jahrzehnte vom arabischen Israel-Boykott betroffen waren, liegt nicht vor. Die Boykottlisten der arabischen Staaten waren keine öffentliche Angelegenheit, wer in sie aufgenommen oder daraus wieder entfernt wurde, war ein alles andere als transparenter Vorgang. Tatsächlich erfuhren viele Firmen erst durch Zufall, dass sie sich auf einer der Listen befanden, darunter auch Unternehmen, die weder in Israel noch in der arabischen Welt tätig waren und denen völlig schleierhaft war, weshalb sie ins Visier der Boykotteure geraten waren.

Sofern Zahlen vorliegen, handelt es sich eher um einzelne Schnappschüsse. Im Jahr 1964 sollen sich 164 amerikanische und weitere 500 Unternehmen aus anderen Ländern auf den Schwarzen Listen befunden haben.[54] Eine saudi-arabische Liste von 1970, die Jahre später in der *New York Times* veröffentlicht wurde, beinhaltete die Namen von über 1.500 amerikanischen Firmen, Organisationen, Individuen und Markennamen.[55] Eine Untersuchung aus demselben Jahr kam zu dem Ergebnis, dass bis 1968 insgesamt 2.686 Firmen aus 60 Ländern zum einen oder anderen Zeitpunkt in den Boykottlisten zu finden waren.[56] Eine sieben Jahre später veröffentlichte Studie kam auf eine ähnliche Zahl von betroffenen Ländern (69), aber mit 6.376 auf eine wesentlich größere Zahl an Firmen und Organisationen.[57]

Dieser rapide Zuwachs war das Ergebnis der gesteigerten Boykottaktivitäten infolge der Ölkrise, die während des Jom-Kippur-Krieges 1973 von den arabischen Ölexporteuren vom Zaun gebrochenen wurde, und des enormen Reichtums, der in den Jahren danach dank der gestiegenen Ölpreise in die arabischen Kassen gespült wurde.[58] „Die Petrodollars – die Dollars, die von den Ölkäufern an die ölproduzierenden Nationen gezahlt wurden – machten die Araber zu den größten Geldausgebern der Welt und Handel mit ihnen enorm attraktiv. [...] Ihr neuer Reichtum ermöglichte es den Arabern, großen Druck auf Unternehmen weltweit auszuüben, die auf Geschäfte mit dem arabischen Nahen Osten hofften und davor gewarnt wurden, dass sie sich das abschminken könnten, wenn sie in Israel investieren oder mit Israel Geschäfte machen."[59] Je mehr westliche Firmen am großen arabischen Kuchen naschen wollten, desto mehr von ihnen gerieten ins Visier des Boykottapparats.

Die arabischen Boykottlisten beschränkten sich zu dieser Zeit freilich längst nicht mehr nur auf Unternehmen und Wirtschaftstreibende, denen ihre Kontakte zu Israel zum Vorwurf gemacht wurden. Sie beinhalteten vielmehr auch eine Vielzahl von Personen, die in irgendeiner Weise „zionistischer" Sympathien oder der Unterstützung Israels verdächtigt wurden.

Eine Aufzählung der Schauspieler und anderen Künstler etwa, die beim Boykottapparat in Ungnade gefallen waren, liest sich wie ein *Who's Who* der damaligen Kulturszene. Unter ihnen waren Louis Armstrong, Harry Belafonte, Mick Jagger, Elton John, Sammy Davis Jr., Kirk Douglas, Danny Kaye, Jerry Lewis, Sophia Loren, Paul McCartney, Roger Moore, Yehudi Menuhin, Arthur Miller, Marilyn Monroe, Paul Newman, Paul Simon, Frank Sinatra, Barbra Streisand, Raquel Welch und Elizabeth Taylor. Dazu kamen zahlreiche Filme sowie die größten amerikanischen Filmstudios, die Religionsgemeinschaft der Bahai, die Zeugen Jehovas, der Freimaurerorden und viele mehr.[60]

Manche der Einträge waren schlicht skurril. 1974 etwa erhielt ein in Polen lebendes ehemaliges Mitglied der antifaschistischen Widerstandsgruppe „Rote Kapelle" die Erlaubnis, nach Israel auszuwandern. Durch Medienberichte auf den Fall aufmerksam gemacht, landete die „Rote Kapelle" prompt auf einer der arabischen Schwarzen Listen: Offenbar hatte man angenommen, dass es sich um eine Musikgruppe handeln müsse, die in Israel auftreten wollte.[61]

Gelegentlich wurde der Boykott einfach als Mittel benutzt, um offene Rechnungen zu begleichen. So landeten Mitte der 1970er Jahre mehrere französische Weinanbaugebiete auf den Boykottlisten. Araber hatten offenbar versucht, sich dort einzukaufen, waren von den Weinbauern und -händlern aber zurückgewiesen worden. Ein Affront, der prompt mit der Listung beantwortet wurde – was für Weinproduzenten aber sicherlich leichter zu verkraften war als für Unternehmen aus der Ölbranche.[62]

Ein auf den ersten Blick ähnlich absurder Fall rund um eine italienische Tageszeitung verweist bei genauerem Hinsehen auf einen zentralen und besonders finsteren Aspekt des arabischen Israel-Boykotts. Im Dezember 1973 veröffentlichte *La Stampa* eine bissige Satire über Muammar al-Gaddafi, die beim libyschen Diktator alles andere als gut ankam. Gaddafi forderte den Rauswurf der Autoren des Textes und drohte andernfalls mit dem Abbruch der diplomatischen Beziehungen zu Italien. Und er denunzierte *La Stampa* beim Zentralen Boykottbüro in Damaskus, weil der Chefredakteur der Zeitung, Arrigo Levi, ein „Zionist" sei, „der gegen die Araber arbeitet".[63]

Der aus einer jüdischen Familie in Modena stammende Levi hatte den Zweiten Weltkrieg im Exil in Argentinien überlebt. 1947 hatte er als Freiwilliger auf der Seite Israels im israelischen Unabhängigkeitskrieg gekämpft. Das Zentrale Boykottbüro wandte sich nun an den Eigentümer von *La Stampa*, den Konzern *Fiat*. Wenn Levi und die beiden Autoren der Satire nicht gefeuert würden, müsste die Stellung Fiats in der arabischen Welt überdacht werden, hieß es.[64]

Dieser offenkundige Versuch eines Eingriffs in die Pressefreiheit in Italien durch Gaddafi und den arabischen Boykottapparat stieß auf vehementen Widerspruch und wurde von den Medien des Landes und der Politik einhellig zurückgewiesen. Und auch *Fiat*-Chef Giovanni Agnelli gab dem arabischen Erpressungsversuch nicht nach.

Die Affäre ging drei Jahre später damit zu Ende, dass sich Gaddafi mittels der *Libyan Arab Foreign Bank* für 415 Millionen Dollar und eines Kredits über zusätzliche 104 Millionen bei *Fiat* einkaufte und damit nach der Agnelli-Familie (30 Prozent) zum zweitgrößten Einzel-Aktionär (anfänglich 10 Prozent, später auf rund 15 Prozent erhöht) des Konzerns wurde.[65] „Wir liebten Petrodollar", sagte Konzernchef Agnelli später. „Jedermann brauchte Petrodollar."[66]

Arrigo Levi nahm nach dem *Fiat*-Einstieg Libyens Abschied von *La Stampa*. Die Affäre hatte sich anfänglich nicht um ihn gedreht, aber er geriet in dem Moment in ihr Zentrum, als sich das Zentrale Boykottbüro einschaltete. Das Ziel der Intervention war klar: Wenn *Fiat* weiter Geschäfte mit der arabischen Welt machen wollte, müsse sich der Konzern seines jüdischen Mitarbeiters entledigen.

Ein antisemitischer Boykott

Der arabische Boykott Israels war in der Praxis sehr oft antisemitisch, und das wurde allen gegensätzlichen Beteuerungen zum Trotz immer wieder auch einigermaßen offen ausgesprochen. Neben den vergleichsweise allgemein gehaltenen Standardbriefen und sonstigen Interventionen des Zentralen Boykottbüros gab es auch Schreiben, in denen nicht lange um den heißen Brei herumgeredet wurde.

Das saudi-arabische Boykottbüro forderte etwa ein britisches Grammophon-Unternehmen dazu auf, ein Statement zu unterzeichnen, das mit den Worten begann: „Wir erklären hiermit feierlich, dass das Unternehmen kein jüdisches Unternehmen ist, nicht von Juden oder Zionisten kontrolliert wird und keine Beziehungen zu Israel hat."[67] Ein niederländisches Unternehmen sollte folgende Fragen beantworten:

„1. Haben Sie in Ihrer Firma jüdische Angestellte, und wenn ja, wie viele und welche Positionen bekleiden sie?

2. Befinden sich unter den Mitgliedern Ihres Verwaltungsrates Juden?

3. Ist einer Ihrer Manager oder Filialleiter Jude, und wenn ja, geben Sie bitte den Namen der Abteilung an, die von dem Mann geleitet wird.
4. Ist einer der Zeichnungsbevollmächtigten Ihrer Firma Jude?
5. Wie viele jüdische Arbeiter sind in Ihren Fabriken und Büros beschäftigt?"[68]

Die Boykottbüros forderten von Unternehmen Namenslisten von Beschäftigten und Mitgliedern der Aufsichts- und Führungsorgane, in denen dann nach „jüdischen" Namen gesucht wurde. Wurden „verdächtig" klingende Namen gefunden, konnte an das Unternehmen die Aufforderung ergehen, den Nachweis zu erbringen, dass es sich bei diesen Personen um Nichtjuden handelt.[69] Die amerikanischen Filmstudios *Metro-Goldwyn-Mayer, Columbia, Universal* und *Paramount* wurden in Briefen aus Syrien, Jordanien und dem Libanon aufgefordert, Auskunft über die Zahl ihrer jüdischen Angestellten sowie darüber zu geben, ob ihre Führungskräfte christlich oder jüdisch sind.[70]

Bevor ausländischen Firmen, die Arbeiter nach Saudi-Arabien entsandten, die notwendigen Visa ausgestellt bekamen, mussten sie beweisen, dass keine Juden darunter waren. Das konnte unter Vorlage von dreierlei Dokumenten geschehen: Taufurkunden ihrer Mitarbeiter, Heiratsurkunden, die eine kirchliche Hochzeit belegten, oder Briefen kirchlicher Gemeinden, die die Mitgliedschaft der Betroffenen bestätigten.[71]

Saudi-Arabien war keineswegs das einzige arabische Land, das so offen antisemitische Praktiken anwendete. Aus Syrien sind ebenso Fälle bekannt, in denen Taufurkunden von ausländischen Arbeitskräften vorgelegt werden mussten. Ägypten und Jordanien durchsuchten Namenslisten von Firmen nach verdächtigen, jüdisch klingenden Namen. Und Ausschreibungen aus Katar enthielten den expliziten Hinweis, dass Unternehmen, die im Besitz von Juden waren, sich gar nicht erst um Aufträge zu bewerben brauchten.[72] Jordanien forderte von einem amerikanischen Exporteur Bestätigungen ein, dass in dessen Direktorium niemand jüdischen Glaubens ist.[73]

Als ein britisches Unternehmen für Geschäfte in Kuwait um ein Visum für einen Mitarbeiter bat, wurde dieser aufgefordert, sein Religionsbekenntnis anzugeben. Eine Nachfrage bei der kuwaitischen Botschaft in London führte zu folgendem Wortwechsel darüber, ob es ein Problem sei, dass der Mann Jude sei:

„*Botschaft*: Er ist jüdisch?

Fragesteller: Ja.

Botschaft: Das kommt nicht in Frage.

Fragesteller: Auch wenn er kein Zionist, sondern nur Jude ist?

Botschaft: Das ist sein Problem."

Und wenn die Firma stattdessen einen nicht-jüdischen Mitarbeiter nach Kuwait schicken würde? „Solange die Person nicht jüdisch ist, kann sie ein Visum bekommen."[74]

In der Praxis bedeutete all dies, dass Unternehmen aus Drittstaaten, wollten sie Geschäfte in und mit der arabischen Welt machen, selbst aktiv Juden diskriminieren mussten, indem sie sie nicht beschäftigten, bei Beförderungen übergingen, nicht in Aufsichtsorgane beriefen usw. Lange Jahre haben sie genau das stillschweigend auch getan – bis diese schändlichen Vorgänge durch eine Reihe von Skandalen einer breiteren Öffentlichkeit bekannt wurden und in der Politik das Bewusstsein für die Notwendigkeit geschaffen wurde, der arabischen Einmischung in innere Angelegenheiten auf gesetzlichem Wege Einhalt zu gebieten – und der Verletzung der Bürgerrechte der eigenen Landsleute nicht weiter zuzusehen.

Der erste größere dieser Skandale war die sogenannte Mancroft-Affäre. Im Dezember 1963 zwang die britische *Norwich Union Insurance Society* auf arabischen Druck einen ihrer Präsidenten, Lord Stormont Mancroft, aus dem Präsidium der Gesellschaft auszuscheiden. Der Jude und ehemalige konservative Politiker Mancroft war auch in führender Position in einem anderen Unternehmen tätig, dessen Geschäftsführer ein prominenter jüdischer Unterstützer Israels war. Grund genug für den arabischen Boykottapparat, in einem klassischen Fall tertiären Boykotts der *Norwich Union*, die selbst kaum Geschäfte im Nahen Osten tätigte, aber der Versicherer einiger Reedereien war, die auf Hafenanlagen im arabischen Raum angewiesen waren, mit ernsten Konsequenzen zu drohen, sollte sie sich nicht von Mancroft trennen.

Die *Times* kommentierte die Vorgänge knapp: „Es ist schlimm, dass solcher Druck ausgeübt wurde, und es ist unglaublich, dass ihm nicht widerstanden wurde."[75] Und auch der *Guardian*, eine alles andere als israelfreundliche Zeitung, fand klare Worte: „Die Direktoren der Norwich Union meinen aufrichtig, sie seien keine Antisemiten. Darauf gibt es eine einfache Antwort. Antisemitismus liegt nicht nur vor, wenn Juden zu Tode geprügelt oder auf den Straßen beschimpft werden, sondern er umfasst jede Art der Diskriminierung von Juden."[76]

Norwich Union erntete einen Sturm der Entrüstung und verlor zahlreiche Kunden, die ihre Verträge mit der Versicherungsgesellschaft kündigten. Daraufhin vollzog sie eine Kehrtwende und lud Mancroft ein, in ihr Direktorium zurückzukehren, was dieser aber in einem Brief „mit Bedauern" ablehnte – nach allem, was vorgefallen war, sei eine „korrekte Arbeitsbeziehung" nicht mehr möglich.[77] Die Affäre war damit noch nicht zu Ende: Ein halbes Jahr später erklärte Lord Mancroft, nicht wie vorgesehen die Präsidentschaft der Londoner Handelskammer zu übernehmen. Erneuter arabischer Druck hatte die Kammer veranlasst, ihm einen Rückzug nachdrücklich nahezulegen.[78]

Die Bilanz der Mancroft-Affäre war ernüchternd: Die öffentliche Empörung über die schändliche Behandlung Lord Mancrofts war zwar groß, letztlich setzten sich die arabischen Boykotteure aber durch – ermöglicht nicht zuletzt durch britische Unternehmen und Institutionen, die kaum mehr als ein paar vagen Drohungen bedurften, um sich selbst zu Ausführenden antisemitischer Diskriminierung zu machen. Die Affäre vermittelte der arabischen Seite jedenfalls nicht den Eindruck, in Sachen Boykottdrohungen einen Gang herunterschalten zu müssen.

Anti-Boykottgesetzgebungen und ein Abschluss ohne offizielles Ende

Ganz im Gegenteil: Der dank hoher Ölpreise zunehmende Reichtum arabischer Staaten machte sich in immer mehr Sparten der Wirtschaft bemerkbar und erreichte schließlich auch das internationale Bankengeschäft, wo arabische Bankhäuser zunehmend Druck ausübten, um jüdisch geführte Banken wie die Pariser *Lazard Frères & Cie*, die Londoner *S. G. Warburg* und verschiedene Zweige der *Rothschild Bank* aus internationalen Kreditkonsortien herauszudrängen.

Bis zum Jahr 1975 war die arabische Wirtschaftsmacht so groß geworden, dass Sir Cyril Kleinwort von *Kleinwort Benson* zu Protokoll gab, es wäre „selbstmörderisch" für den Finanzstandort London, sich den arabischen Forderungen zu widersetzen, weil die Araber sonst nach Zürich oder anderswohin abwandern würden. Notwendig, so Kleinwort, sei vielmehr eine Politik der „offenen Türen".[79] Dass damit jüdisch geführten Banken eben jene Türen vor der Nase zugeschlagen wurden, ließ er unerwähnt, aber es lag durchaus im geschäftlichen Interesse so mancher Bank, die den arabischen Boykott als Vorteil im Wettstreit mit jüdischen Konkurrenten zu nutzen suchten.

Die Skandalisierung der wenig vornehmen, vor allem aber unstrittig antisemitischen Geschäftspraktiken im Bankenwesen gilt allgemein als der sprichwörtliche Tropfen, der das Fass zum Überlaufen brachte. Angestoßen durch Kampagnen jüdischer Organisationen in den USA wurde den Auswirkungen des arabischen Boykotts in den USA verstärkte Aufmerksamkeit zuteil, am laufenden Band wurden weitere Beispiele dafür bekannt, wie US-Unternehmen und selbst staatliche Organisationen in Befolgung des Boykotts jüdische Amerikaner diskriminierten.[80] Zusammengenommen führte all das in den Jahren 1975 bis 1977

> „zu einer Reihe administrativer Maßnahmen der Ford-Regierung [...], um dem schädlichen Einfluss des arabischen Boykotts auf amerikanischem Boden entgegenzuwirken; zu Untersuchungen von sechs Kongressausschüssen zu Bestandteilen des arabischen Boykotts; zu gesetzgeberischen Maßnahmen von 22 Bundesstaaten, um verschiedene Formen boykottkonformen Verhaltens zu verbieten; zur Einbringung von über zwanzig Gesetzentwürfen im US-Kongress zur Bekämpfung des Boykotts; zur Aufwertung der Boykottfrage zu einem Schlüsselelement im Präsidentschaftswahlkampf von 1976;

und schließlich zu gesetzgeberischen Maßnahmen auf Bundesebene im Jahr 1977, um die Unterwerfung unter den Boykott zu verbieten."[81] Die Antiboykottgesetzgebung, die gegen vehementen Widerstand vor allem der Ölindustrie umgesetzt wurde, bestand formell in einer Reihe von Novellierungen des US-Exportverwaltungsgesetzes. Schon seit 1965 waren amerikanische Unternehmen dazu verpflichtet worden, boykottbezogene Zuschriften zu melden. (Allein im Zeitraum von Oktober 1976 bis September 1977 wurden dem US-Handelsministerium 153.815 derartige Anfragen gemeldet.[82]) Jetzt wurden ihnen sämtliche Schritte verboten, die den sekundären oder tertiären Boykottmaßnahmen nachkamen oder diese förderten.

Den Boykotteuren durften u. a. keine Auskünfte über Nationalitäten oder Glaubensbekenntnisse von Beschäftigten sowie über Geschäftsbeziehungen zu einem boykottierten Land mehr erteilt werden, wie sie etwa in den arabischen Boykottfragebögen oft eingefordert wurden. Verboten wurde darüber hinaus das Ausstellen von negativen Herkunftszertifikaten oder von Akkreditiven, die Boykottanforderungen enthielten. Bei Verstößen gegen die Bestimmungen drohten Geld- und sogar Gefängnisstrafen.[83] Zur Überwachung der Einhaltung der Regelungen wurde das im Handelsministerium angesiedelte – und bis heute existierende – *Office of Anti-Boycott Compliance* eingerichtet.[84]

Mit den Maßnahmen von 1977 wurden die USA zum Vorreiter im Widerstand gegen den arabischen Israel-Boykott. Andere westliche Staaten (wie Kanada, Großbritannien und die Niederlande) folgten nur zögerlich. Eine Studie des US-Kongresses von 1979 ortete zwar in mehreren europäischen Staaten gewisse Sympathien für eine Antiboykottgesetzgebung, doch überwog die Angst vor einer Verschlechterung der Beziehungen zu den arabischen Staaten, sollten gesetzliche Maßnahmen gegen den Boykott ergriffen werden. Die Studie konstatierte eine weitgehende Bereitschaft, den arabischen Forderungen nachzugeben.

Bis in die 1990er Jahre drängten Wirtschaftstreibende darauf, dass Maßnahmen gegen den Boykott, wenn überhaupt, dann auf multilateraler Ebene, wie im Rahmen der Europäischen Wirtschaftsgemeinschaft, ergriffen werden sollten, um nicht einzelnen Staaten Wettbewerbsnachteile zu bereiten.[85] Frankreich beschloss zwar auch 1977 ein vergleichsweise scharfes Gesetzespaket, setzte dieses aber jahrelang nicht um. Deutschland erließ, wie bereits erwähnt, erst 1992 gesetzliche Maßnahmen gegen den Boykott.

Zu diesem Zeitpunkt hatten sich die Rahmenbedingungen freilich schon grundlegend verändert. Nach dem ägyptisch-israelischen Frieden 1979 war das bevölkerungsreichste arabische Land aus der Boykottfront ausgeschert. Damit wurden die Straße von Tiran an der Südspitze der Sinaihalbinsel sowie der wichtige Suezkanal für den Schiffsverkehr von und nach Israel ungehindert passierbar und der arabische Boykott massiv geschwächt. „Die Arabische Liga", bemerkte ein ägyptischer Diplomat, „ist ohne Ägypten nicht mehr die Arabische Liga".[86]

Und mit dem israelisch-palästinensischen Friedensprozess ab Anfang der 1990er Jahre begann die Mauer des anti-israelischen Boykotts auch im Großteil der übrigen arabischen Welt zu zerbröseln. Nach der Unterzeichnung des sogenannten Oslo-Abkommens erklärten die Mitglieder des Golfkooperationsrats (Bahrain, Kuwait, Oman, Saudi-Arabien, Katar und die Vereinigten Arabischen Emirate) im September 1994, ihre sekundären und tertiären Boykottmaßnahmen zu beenden. (Andere Länder wie Algerien, Marokko und Tunesien hatten sich schon davor nicht daran beteiligt.) Nach dem Friedensvertrag im selben Jahr stieg auch Jordanien aus dem Boykott aus.

Diese Lockerungen des Boykotts, die maßgeblich dazu beitrugen, dass zahlreiche Firmen in den 1990er Jahren zum ersten Mal auf den israelischen Markt strömten, überdauerten auch die Rückschläge und das praktische Zum-Erliegen-Kommen des israelisch-palästinensischen Friedensprozesses.

Der primäre Boykott Israels wird heute nur noch von Syrien und dem Libanon aktiv betrieben. Mit Ausnahme von Ägypten, Jordanien und neuerdings den Vereinigten Arabischen Emiraten und Bahrain haben die übrigen arabischen Staaten Israel nach wie vor nicht anerkannt, doch unterhalb der offiziellen Ebene gab es in den vergangenen Jahren eine deutliche Verbesserung der israelisch-arabischen Beziehungen. Der Boykott der Arabischen Liga existiert offiziell zwar noch, gehört in der Realität aber weitgehend der Vergangenheit an.

Eine Bilanz des fast ein Dreivierteljahrhundert andauernden Israel-Boykotts der Arabischen Liga ist ungeheuer schwer zu ziehen. Auf der einen Seite bereitete er Israel ohne Zweifel Probleme und beeinträchtigte die wirtschaftliche Entwicklung des Landes, insofern er sowohl Ein- wie Ausfuhren verhinderte oder zumindest mit zusätzlichen Kosten versah. Auf der anderen Seite konnte er die insgesamt beachtliche Entwicklung Israels nicht verhindern und beförderte die Kreativität und Innovationsfähigkeiten des jüdischen Staates, der gezwungen war, die teilweise Isolation durch die Entwicklung eigener Kapazitäten zu kompensieren.

Den geringsten Anteil an möglichen nachteiligen Wirkungen auf Israel hatte der primäre Boykott: Die wirtschaftlichen Beziehungen des jüdischen Staates zu seiner arabischen Nachbarschaft waren nie gut und konnten daher auch nicht sonderlich Schaden nehmen.[87]

Die Auswirkungen des sekundären und tertiären Boykotts fielen mit Sicherheit deutlicher aus, sind aber kaum zu bemessen. „Es ist schwer auszumachen, welche Unternehmen dem israelischen Markt aus legitimen wirtschaftlichen Gründen fernblieben, die nichts mit dem Boykottdruck zu tun hatten. Noch schwieriger ist abzuschätzen, welche Unternehmen den jüdischen Staat wegen des Boykotts ganz mieden."[88] Vorhandene Schätzungen über die wirtschaftlichen Gesamtkosten des Boykotts variieren erheblich, wobei israelische Forscher dessen Effekte tendenziell niedriger ansetzen, während arabische Studien das Gegenteil tun.[89]

Sicher ist nur, dass der Boykott sein zumindest ursprüngliches Ziel – die ökonomische Strangulation des jüdischen Staates – eindeutig verfehlt hat. Einerseits gelang es den arabischen Staaten nicht einmal, den primären Boykott konsequent durchzusetzen, also den Handel Israels mit der arabischen Welt zu unterbinden. Die geöffneten Brücken nach Jordanien nach dem Sechstagekrieg und der sogenannte „good fence" zum Libanon bei Metulla fungierten genauso als Tore für den Handel wie der Ausstieg Ägyptens aus dem Boykott nach 1979. Darüber hinaus wurden immer wieder auch andere Mittel und Wege gefunden, um Geschäfte mit den Nachbarn aufrecht zu erhalten, wie beispielsweise über Strohfirmen auf Zypern oder in europäischen Ländern. Untersuchungen zufolge sollen bis zu zehn Prozent der israelischen Exporte letztlich ihren Weg in arabische Länder gefunden haben.[90]

Andererseits war der arabische Boykottapparat, wie bereits angemerkt, uneinheitlich, höchst intransparent und notorisch korruptionsanfällig. Niemand konnte wirklich nachvollziehen, wann, warum und wo Firmen auf Schwarzen Listen landeten oder wieder von diesen gestrichen wurden. In Drittstaaten entstand ein regelrechter Geschäftszweig, in dem zwielichtige Gestalten reich wurden, die sich westlichen Unternehmen, die von einem Boykott bedroht waren, als „Vermittler" andienten – gegen entsprechendes Entgelt selbstverständlich.

So wurde der amerikanischer Reifenhersteller *General Tire & Rubber* zu Beginn der 1970er Jahre vom Vertreter einer libanesisch-saudischen Firma kontaktiert, die sich ihrer guten Kontakte zu den Boykottstellen rühmte und in Aussicht stellte, die Listung des Unternehmens genauso rückgängig machen zu können, wie ihr das laut einer vorgelegten Werbebroschüre schon bei etlichen anderen Firmen gelungen sei. 50.000 Dollar flossen im Vorhinein, 100.000 weitere Dollar wurden als Erfolgsprämie vereinbart. Als *General Tire & Rubber* tatsächlich von einer Schwarzen Liste gestrichen wurde, floss auch dieses Geld, obwohl gar nicht klar war, ob die Dienste der arabischen Vermittler überhaupt etwas damit zu tun hatten.[91] Laut den Nachforschungen einer amerikanischen Beraterfirma kostete es Mitte der 1970er Jahre zwischen 25.000 und 40.000 Dollar an Bestechungsgeldern, um ein Unternehmen von den Schwarzen Listen zu bekommen – vorausgesetzt, dessen Geschäftsbeziehungen zu Israel waren nicht zu offensichtlich.[92]

Nicht alle Firmen waren bereit, sich an dieser Form der Korruption zu beteiligen. So gab ein Vertreter des Saatgutherstellers *Monsanto*, der seit 1966 boykottiert wurde, zu Protokoll: „Es gab keinen Mangel an Vertretern, die an uns herangetreten sind und uns angeboten haben, uns für ein Honorar von der Liste zu bekommen. Wir haben uns entschieden, dass wir kein Bakschisch zahlen werden."[93]

Derartige Schmiergeldzahlungen waren nicht die einzige Form der mit dem Boykott verbundenen Korruption. Üblich wurde im Laufe der Zeit auch eine Praxis, die man, auf respektablere Weise ausgedrückt, als eine Art von Gegengeschäft bezeichnen könnte. Nachdem einem Unternehmen klar gemacht wurde, dass seine Geschäftsbeziehungen zu Israel unweigerlich zu seiner Aufnahme auf die Schwarzen Listen führen werde, wurde ihm ein Ausweg angeboten: Wenn es in einem arabischen Land Investitionen vornehmen würde, die mindestens genauso groß wären wie die in Israel, könnte man vielleicht ...

Der arabische Israel-Boykott krankte zu guter Letzt auch daran, dass den einzelnen Staaten ihre jeweils eigenen Interessen deutlich wichtiger waren als die vermeintlich geschlossene Haltung der arabischen Welt und der gemeinsame Kampf gegen Israel. Wenn ein Land aus welchem Grund auch immer die Leistungen eines Unternehmens für unverzichtbar hielt, dann ignorierte es großzügig dessen Kontakte zu Israel und kümmerte sich wenig um die Boykottempfehlungen des Zentralen Boykottbüros in Damaskus.

Das galt nicht zuletzt für Firmen aus der Rüstungsindustrie, auf deren Produkte man nicht verzichten wollte, bloß weil sie vielleicht auch mit Israel kooperierten. So konnte es kommen, dass ein Importeur von israelischen Frauenkleidern in die USA auf den arabischen Boykottlisten landete, ein Rüstungsbetrieb, der mit seinen Gütern auch direkt an der militärischen Stärkung Israels beteiligt war, aber nicht.

Der Israel-Boykott der arabischen Staaten ist heute weitgehend Geschichte. Aber die Vorstellung, den jüdischen Staat durch umfassende Sanktionen in die Knie zwingen zu können, hat dessen Tod überlebt und in der BDS-Bewegung eine neue Verkörperung gefunden. Der damit verbundene Antisemitismus mag von ihr nicht mehr so offen ausgedrückt werden, wie das früher gang und gäbe war. Am antisemitischen Charakter der Bewegung ändert das aber wenig.

Kapitel 3:

Die Vorgeschichte von BDS

Die Israel-Boykotteure sind erstaunlich wortkarg darüber, dass sie mit ihrer Kampagne im Grunde nur in die Fußstapfen der jahrzehntelang von den arabischen Staaten versuchten Blockade Israels treten. Statt dieses historische Erbe anzuerkennen, behaupten sie viel lieber, mit ihren Aktivitäten nur einem Aufruf aus dem Jahr 2005 zu folgen, in dem die „palästinensische Zivilgesellschaft" einen Boykott, Desinvestitionen und Sanktionen gegen Israel gefordert habe.

Auf diesen Aufruf gehen wir im nächsten Kapitel genauer ein. Hier wollen wir neben dem historischen Israel-Boykott der arabischen Staaten noch auf eine andere, viel unmittelbarere Wurzel hinweisen, die BDS aus nachvollziehbaren Gründen nicht an die große Glocke hängen will: Aus propagandistischer Sicht klingt es allemal besser, sich hinter der „palästinensischen Zivilgesellschaft" zu verstecken, als einzugestehen, dass man dem Weg folgt, den das antisemitische Islamisten-Regime im Iran, andere islamische Staaten sowie eine Vielzahl israelfeindlicher Nichtregierungsorganisationen im Jahr 2001 vorgegeben haben.

Eine „Weltkonferenz gegen Rassismus"

Omar Barghouti, einer der zentralen palästinensischen BDS-Aktivisten, schreibt in seinem Buch über die Wurzeln der Bewegung: „In einem historischen Moment kollektiven Bewusstseins und mit einem annähernd ein ganzes Jahrhundert währenden Kampf gegen den zionistischen Siedlerkolonialismus als Erfahrung rief die palästinensische Zivilgesellschaft in ihrer überwältigenden Mehrheit zu Boykott, Desinvestment und Sanktionen [...] gegen Israel auf."[94] Er ließ unerwähnt, dass der Ursprung von BDS weniger auf das das Jahr 2005 als vielmehr auf 2001 zurückgeht – und man den Blick nicht gen Ramallah, sondern Richtung Teheran und ins südafrikanische Durban richten muss.

Im Spätsommer 2001 fand die von den Vereinten Nationen organisierte „World Conference against Racism, Racial Discrimination, Xenophobia and Related Intolerance“ statt. Es sollte nach den Genfer Konferenzen von 1978 und 1983 die dritte Veranstaltung dieser Art sein. Die ersten beiden hatten mit dem Kampf gegen das rassistische Apartheid-Regime in Südafrika ein alles beherrschendes Thema, auch wenn schon auf ihnen versucht wurde, Israel als vermeintlich rassistischen Unrechtsstaat an den Pranger zu stellen. Nicht zuletzt um die Überwindung der Apartheid zu würdigen, wurde für die dritte Weltkonferenz gegen Rassismus mit Durban ein Austragungsort in Südafrika gewählt.

Die Konferenz wurde unter die Schirmherrschaft der ehemaligen irischen Präsidentin und damaligen UN-Hochkommissarin für Menschenrechte, Mary Robinson, gestellt. Zur inhaltlichen Vorbereitung sollten vier Regionalkonferenzen sowie zwei Treffen in Genf dienen, auf denen gemäß der entsprechenden Resolution der UN-Generalversammlung ein breites Themenfeld bearbeitet werden sollte.[95]

Vorbereitung der Weltkonferenz

Die ersten drei regionalen Vorbereitungstreffen verliefen weitgehend unspektakulär. Der damalige amerikanische Kongressabgeordnete Tom Lantos, dem eine der eindrücklichsten Schilderungen des Durban-Debakels zu verdanken ist, beschrieb den Verlauf folgendermaßen: „In Straßburg, Santiago und Dakar demonstrierten die teilnehmenden Regierungen, Nichtregierungsorganisationen (NGOs) und Experten ihre Bereitschaft, regionalen Erscheinungsformen des zeitgenössischen Rassismus entgegenzutreten sowie praktische Lösung zu entwickeln und umzusetzen.“[96]

Eine überaus aktive Rolle nahm dabei Mary Robinson ein, die Regierungen und zivilgesellschaftliche Organisationen mit den jeweiligen Ausprägungen und Folgen von Rassismus und Fremdenfeindlichkeit konfrontierte. In Straßburg warnte sie vor den Folgen der Schaffung einer „Festung Europa“ durch immer restriktivere Einwanderungspolitik, in Santiago de Chile prangerte sie den Rassismus gegenüber indigenen Völkern, Einwanderern und Amerikanern afrikanischer Herkunft an, im senegalesischen Dakar thematisierte sie nach wie vor existierende Formen von Sklaverei, den Menschenhandel und die Diskriminierung von HIV-Infizierten.

Die Dokumente, die auf diesen Vorbereitungstreffen erstellt wurden, sprachen eine Vielzahl von Themen an, „von den Folgen der Sklaverei bis zur Dringlichkeit des Kampfes gegen den global wiedererwachenden Antisemitismus".[97] Insbesondere die europäischen und lateinamerikanischen Regionalkonferenzen hätten Lantos zufolge darüber hinaus konkrete Schritte vorgeschlagen, um zu verhindern, dass erneut eine „Weltkonferenz gegen Rassismus" von hasserfüllter Agitation gegen Israel in Besitz genommen werde, und verurteilten in ihren Dokumenten ausdrücklich den Antisemitismus.

Doch dann kam das Treffen in Teheran. Als ob es auf dem ganzen Kontinent keinen geeigneteren Ort gegeben hätte, fand die vorbereitende asiatische Regionalkonferenz ausgerechnet in der Hauptstadt des islamistischen Regimes im Iran statt, das aus seiner Absicht, Israel zu vernichten, kein Geheimnis macht und zu diesem Zwecke u.a. Terrororganisationen wie die libanesische Hisbollah sowie die palästinensischen Gruppierungen Hamas und Islamischer Dschihad unterstützt – die damals, im Winter 2000/2001, im Zuge der sogenannten zweiten Intifada gerade vordringlich damit beschäftigt waren, israelische Busse, Märkte oder Restaurants in die Luft zu jagen, um möglichst viele Juden zu töten.

Schon vor dem Treffen in Teheran, das vom 19. bis 21. Februar 2001 über die Bühne ging, hatte sich abgezeichnet, dass es hier nicht mehr um den Kampf gegen Rassismus, sondern vielmehr um die Dämonisierung und Delegitimierung Israels gehen würde. Im August 2000 erfuhr das *Simon Wiesenthal Center*, dass Israelis und jüdische NGOs von der Vorbereitungskonferenz ausgeschlossen würden. Ein Appell an Mary Robinson, das Treffen deshalb in einer anderen asiatischen Stadt abzuhalten, wurde von dieser zurückgewiesen. Letztlich wurden zwar Visa an Mitarbeiterinnen und Mitarbeiter jüdischer Organisationen ausgestellt, doch änderte das nichts an ihrem De-facto-Ausschluss, da ihnen die zeitgerechte Reise nach Teheran verunmöglicht wurde. Ebenso abwesend bleiben mussten die Vertreter kurdischer NGOs und der Bahai – vergeblich bemühte sich Robinson bei den iranischen Behörden um die Erteilung von Einreisegenehmigungen.

Während Robinson hier zumindest Versuche unternahm, der offenen Diskriminierung bestimmter ethnischer und religiöser Gruppierungen durch das iranische Regime entgegenzutreten, blieb sie in einem anderen Fall untätig: Entgegen ihren Versicherungen, dass Israel als Beobachter bei der Konferenz anwesend sein könne, unternahm sie nichts, um dies auch sicherzustellen. Und damit ja nichts den antisemitischen Konsens in Teheran stören würde, wurde mit Australien und Neuseeland auch noch zwei als zu israelfreundlich geltenden Mitgliedern der Asiengruppe die Teilnahme an dem Treffen versagt. „Offenkundig betrieben die iranischen Behörden großen Aufwand, um die Beteiligung jedes Staates zu verhindern, der ihre Bemühungen zur Isolierung Israels gefährden könnte. Leider versäumte die Führung der Vereinten Nationen, ihnen entgegenzutreten.“[98] Das UN-Mitglied Israel und seine möglichen Unterstützer blieben in Teheran somit von der Vorbereitung der „Weltkonferenz gegen Rassismus“ ausgeschlossen, weil die vom Hass auf den jüdischen Staat getriebene Haltung des iranischen Regimes von den Vereinten Nationen einfach stillschweigend akzeptiert wurde.

Still blieb in Teheran vorerst auch Mary Robinson. Hatte sie bei den vorangegangenen Regionalkonferenzen noch je spezifische Probleme deutlich angesprochen, so schwieg sie nun, anstatt offensichtliche Missstände vom grassierenden Antisemitismus über die Unterdrückung religiöser Minderheiten und die sklavenartigen Arbeitsbedingungen von Gastarbeitern in arabischen Ländern bis hin zur Stellung der Frauen in islamischen Gesellschaften zu thematisieren. In Teheran wurde deutlich, wie die arabischen respektive islamischen Staaten die Konferenz in Durban zu einer Propagandawaffe gegen Israel umzufunktionieren gedachten. Das dort ausgearbeitete Papier beinhaltete eine grundsätzliche Diffamierung Israels. Mary Robinson hatte für diese Hetze allerdings keine Worte der Kritik übrig, sondern lobte die Teilnehmer zum Abschluss der Konferenz stattdessen für ihre „Einigkeit“ und den „produktiven Dialog der Zivilisationen". Auf die anti-israelische Hetze in der Teheraner Erklärung angesprochen, erklärte sie, diese „reflektiere" die Situation in den „besetzten palästinensischen Gebieten" – was nichts anderes als eine Rationalisierung und Legitimierung antisemitischen Hasses darstellte.

Als die Vorbereitung der „Weltkonferenz gegen Rassismus" schließlich im Juni 2001 in Genf abgeschlossen und aus den Papieren der Vorbereitungstreffen der Entwurf für eine abschließende Deklaration hervorgehen sollte, bestanden die Mitglieder der *Organisation der Islamischen Konferenz* (OIC), des einflussreichsten politischen Blocks bei den Vereinten Nationen[99], auf einer Übernahme der in Teheran beschlossenen israelfeindlichen Passagen. Von der „ethnischen Säuberung" der arabischen Bevölkerung „Palästinas" war ebenso die Rede wie von „Gesetzen, die auf rassistischer Diskriminierung" beruhten, und einer „neuen Art der Apartheid" Israels, die ein „Verbrechen gegen die Menschheit" darstelle.[100]

Und sie bemühten sich, jede Bezugnahme auf den Holocaust und den Antisemitismus ad absurdum zu führen: Wann immer vom Holocaust die Rede war, forderten sie einerseits die Verwendung des Mehrzahlwortes „Holocausts", womit der systematische Massenmord an den europäischen Juden relativiert wurde, und verlangten, dass jedes Mal der Zusatz „und die ethnische Säuberung der arabischen Bevölkerung im historischen Palästina" hinzugefügt wird. Wann immer der Antisemitismus erwähnt wurde, forderten OIC-Mitglieder den zusätzlichen Verweis auf die „rassistischen Praktiken des Zionismus" bzw. die „zionistischen Praktiken gegen Semitismus" – wie Lantos bemerkt, ein durchsichtiger und seitdem immer populärer gewordener Versuch, den Begriff des Antisemitismus seiner Bedeutung zu berauben.[101]

Alle Versuche, vor allem seitens der Vereinigten Staaten, die hetzerischen Formulierungen und die Konzentration auf die Dämonisierung Israels aus dem Deklarationsentwurf zu entfernen, blieben fruchtlos. Ein sich möglicherweise abzeichnender Kompromiss wurde von Mary Robinson hintertrieben, als sie nach einem Treffen mit Vertretern der OIC von den „historischen Wunden des Antisemitismus und des Holocaust auf der einen, und [...] den angesammelten Wunden von Vertreibung und militärischer Besatzung auf der anderen Seite" sprach – kein Wunder, dass die Israelfeinde sich von ihr bestärkt fühlten und sich fortan jedem Kompromiss verweigerten. „Es war mir klar", beschreibt Tom Lantos das Agieren der UN-Menschenrechtskommissarin, „dass Frau Robinsons Intervention bei den Genfer Gesprächen den Todesstoß für die Bemühungen bedeutete, die Konferenz vor dem Scheitern zu retten. Während die Konferenz in Teheran auf einen Irrweg geriet, entgleiste sie in Genf endgültig."[102]

Debakel in Durban

Die „Weltkonferenz gegen Rassismus" war damit zu einer Farce verkommen, noch ehe sie begonnen hatte. Die USA schickten in Voraussicht auf das sich abzeichnende beschämende Schauspiel nur eine Delegation niederen Ranges nach Südafrika. Das Treffen der UN-Mitgliedsstaaten endete mit einem Eklat, als die israelischen und amerikanischen Delegationen als Zeichen des Protests gegen die dort vertretenen israelfeindlichen Inhalte abzogen. US-Außenminister Colin Powell verurteilte die „hasserfüllte Sprache", die sich gegen nur ein Land der Welt richtete.[103] Tom Lantos kritisierte, dass die Konferenz „von arabischen und islamischen Extremisten gekapert" worden sei.

Auf südafrikanische Initiative wurden manche der extremsten antiisraelischen Passagen aus dem Abschlussdokument entfernt, dafür enthielt dieses die von Mary Robinson gewünschte Anerkennung des „Schicksals des palästinensischen Volkes unter Besatzung". Gestrichen wurden dagegen auch Passagen, in denen die Rolle politischer Führer im Kampf gegen Antisemitismus betont und Maßnahmen gegen die Holocaustleugnung sowie die Förderung der Lehre über den Holocaust gefordert wurden.

War schon die intergouvernementale UN-Antirassismus-Konferenz von kaum gebremstem Hass auf den jüdischen Staat geprägt, so verblasste dieser angesichts dessen, was sich auf der parallel dazu veranstalteten Versammlung von Nichtregierungsorganisationen abspielte: offen zur Schau gestellter Antisemitismus, der bis zur Verteilung der „Protokolle der Weisen von Zion" durch Palästina-Solidaritätsgruppen reichte. Der Holocaust-Überlebende Tom Lantos, der 1928 als Kind einer jüdischen Familie in Budapest geboren worden und 1944 zweimal aus deutschen Zwangsarbeitslagern geflohen war, beschrieb, was sich rund um die NGO-Konferenz in Durban abspielte, folgendermaßen: Obwohl das Treffen eine breite Plattform für mehrere Tausend Mitglieder zivilgesellschaftlicher Gruppen aus aller Welt sein sollte,

> „wurde es schnell von palästinensischen und fundamentalistischen arabischen Gruppen geprägt. Jeden Tag organisierten diese Gruppen anti-israelische und antisemitische Demonstrationen [...], die Tausende Teilnehmer anzogen. Auf einem vielfach verbreiteten Flugblatt war ein Foto von Hitler zu sehen, neben dem die Frage zu lesen war: ‚Was, wenn er gewonnen hätte?' Die Antwort: ‚Dann gäbe es KEIN Israel ...' [...] Für mich, der ich den Horror des Holocaust aus erster Hand erlebt habe, war das der übelste Hass auf Juden, den ich seit der Nazi-Zeit gesehen habe."[104]

Ein Mitarbeiter einer europäischen Antirassismus-Gruppierung, der an der NGO-Konferenz teilnahm, schilderte seine Eindrücke so: „Juden wurden aktiv diskriminiert, niedergebrüllt, Panels zum Thema Antisemitismus wurden von Mitgliedern der palästinensischen Fraktion überfallen, und Menschen, die gegen all das protestierten, wurden als ‚Zionistenschweine' und ‚Jewlovers' gebrandmarkt." Eine Demonstration der NGOs, auf der per Sprechchor unter anderem „Tötet alle Juden" gefordert wurde, endete ausgerechnet „beim Jüdischen Club von Durban, was ein weiteres Zeichen dafür war, dass die Veranstalter nicht nur den Staat Israel als Feind betrachteten, sondern alle jüdischen Menschen. Der jüdische Club war einige Stunden zuvor evakuiert worden; die südafrikanische Polizei hatte das Gebäude mit Bereitschaftspolizisten und gepanzerten Fahrzeugen abgeriegelt. Eine große Demonstration während einer ‚Weltkonferenz gegen Rassismus', die mit einem antisemitischen Aufmarsch endete ...".[105] Demonstranten trugen u.a. ein Transparent, auf dem zu lesen war: „Das Blut der Märtyrer bewässert den Baum der Revolution in Palästina."[106]

Der Menschenrechtsanwalt David Matas nahm als Vertreter von *B'nai Brith* Kanada an der NGO-Konferenz teil. Als Vertreter des Ausschusses zum Thema Antisemitismus, der seine Treffen in den erwähnten Jüdischen Club verlegen musste, nachdem eine Sitzung am eigentlichen Konferenzgelände von Israelfeinden gesprengt worden war, übermittelte Matas dem Leitungskomitee einen Abänderungsvorschlag für die abschließende Erklärung der NGO-Konferenz. Er lautete: „Wir sind besorgt über die Vorherrschaft des Antizionismus und der Versuche, den Staat Israel mittels grob unzutreffender Vorwürfe des Völkermordes, der Kriegsverbrechen, der Verbrechen gegen die Menschheit, der ethnischen Säuberung und der Apartheid zu delegitimieren, die eine virulente zeitgenössische Form des Antisemitismus darstellen" und zu Attacken auf Juden und Unterstützer jüdischer Selbstbestimmung führten.[107]

Doch auf der Sitzung, bei der über den Schlusstext der NGO-Deklaration debattiert und abgestimmt wurde, forderte der *World Council of Churches*, diese Passage zu streichen, weil sie den pro-palästinensischen Abschnitten des restlichen Textes widersprächen. Ohne weitere Diskussion wurde dieser Antrag zur Abstimmung gebracht und mit großer Mehrheit angenommen – als einziger Passus überhaupt wurde derjenige, der vom jüdischen Ausschuss über anti-israelischen Antisemitismus eingebracht worden war, aus der Schlusserklärung gestrichen. Als jüdische Teilnehmer daraufhin unter Protest den Raum verließen, wurden „Free, free Palestine"-Sprechchöre laut. Eine Teilnehmerin beschrieb die aggressive Stimmung folgendermaßen: „Ich hatte ehrlich gesagt Angst. Nie zuvor, egal ob zu Hause oder im Ausland, bin ich je mit einer Situation konfrontiert worden, in der ich das Gefühl hatte, mit meinem Körper meine jüdischen Kollegen schützen und aufpassen zu müssen, dass sie nicht physisch attackiert werden."[108]

Nur relativ wenige teilnehmende Gruppen protestierten gegen die israelfeindliche Stimmung und die offen antisemitischen Vorgänge auf der Konferenz. In einer Petition erklärten Vertreter aus Zentral- und Osteuropa, dass die Abschlusserklärung und der verabschiedete Aktionsplan „inakzeptable" Abschnitte enthielten. Insbesondere „das Kapitel über ‚Palästina' und die absichtlichen Verfälschungen, die im Abschnitt über ‚Antisemitismus' unternommen werden, sind extrem intolerant, respektlos und widersprechen dem Geist der Weltkonferenz".[109] Das *European Roma Rights Centre* schloss sich dieser Erklärung an. Seine Direktorin sagte, dass die NGO-Abschlusserklärung eine „unangemessene Sprache enthält, die genau den Hass und den Rassismus fördert, denen das Treffen in Durban entgegenwirken wollte". Der „aggressive Ausschluss der jüdischen Teilnehmer durch die Kollegen anderer NGOs und der ihn begleitende, unverhohlen intolerante antisemitische Geist, der die gesamte Konferenz geprägt hat, hat uns dazu gebracht, uns in aller Form von den bedauerlichen Ergebnissen dieses Forums zu distanzieren".[110]

Die Geburtsstunde von BDS

In der Abschlusserklärung der NGO-Konferenz wurde Israel als „rassistischer Apartheidstaat" an den Pranger gestellt, der „rassistische Verbrechen", „ethnische Säuberungen" und „Völkermord" begehe. In den Abschnitten 424 und 425 der Erklärung erging schließlich der Aufruf zum Start einer „internationalen Anti-Israel-Apartheidbewegung". Mittels einer weltweiten Kampagne solle die „Verschwörung des Schweigens" über angebliche israelische Untaten gebrochen werden, die in der Europäischen Union und den USA vorherrsche. Gefordert wurden die „komplette und totale Isolierung Israels" sowie die Verurteilung aller, die die israelische „Apartheid" unterstützten.[111]

Die NGO-Abschlusserklärung, die just in einer Zeit verabschiedet wurde, in der palästinensische Terroristen praktisch täglich blutige Selbstmordattentate in Israel verübten – und nur drei Tage vor den Anschlägen vom 11. September –, war so gespickt mit anti-israelischen Diffamierungen, dass Hochkommissarin Robinson es ablehnte, sie (wie ursprünglich geplant) der intergouvernementalen „Weltkonferenz gegen Rassismus" zur Annahme vorzulegen. Das Dokument, das genau die Sprache enthielt, die auf der von ihr als „produktiver Dialog der Zivilisationen" gelobten Vorbereitungskonferenz in Teheran auf den Weg gebracht worden war, bezeichnete sie jetzt als „inakzeptabel und verletzend".[112]

Die NGO-Konferenz in Durban war die wahre Geburtsstunde der zeitgenössischen BDS-Bewegung. Der Weg führte somit mehr oder minder direkt von Teheran nach Durban – und von dort zu dem Aufruf, auf den sich die BDS-Bewegung beruft. Zu Recht bemerken Jed Babbin und Herbert London, zwei Kritiker der Boykottbewegung: „Alles, was die Autoren der BDS-Bewegung tun mussten, war, ein paar Wörter dieser ‚Deklaration' zu verändern – um sich nicht den Vorwurf einzuheimsen, das Produkt des Durban-NGO-Forums plagiiert zu haben –, und das als Aufruf der ‚palästinensischen Zivilgesellschaft' zu verschicken."[113]

Erste Schritte

Dass nicht dieser Aufruf auf dem Jahr 2005 die Wurzel der Israel-Boykottbewegung war, sondern vielmehr die Durban-NGO-Konferenz von 2001, zeigt sich schon daran, dass bereits kurz danach die ersten Versuche zu einer Neuauflage internationaler Boykottmaßnahmen unternommen wurden. Vorreiter dabei waren vor allem britische und amerikanische Akademiker.

In den USA gab es erste – und vorerst gescheiterte – Anläufe zur Durchsetzung eines akademischen Boykotts des jüdischen Staates im Februar 2002 an der *University of California*, bald darauf gefolgt von ähnlichen Versuchen an der *Columbia University* in New York, an den Universitäten von Harvard und Princeton sowie am MIT.[114]

Und in Großbritannien forderten über 120 britische Akademiker in einem offenen Brief im April 2002 ein Moratorium der Forschungszusammenarbeit mit Israel. Ein Jahr später wurde bei der *Association of University Teachers* (AUT) die Forderung eingebracht (und ebenfalls vorerst noch abgelehnt), alle akademischen Kontakte zu israelischen Institutionen abzubrechen. Im April 2005 beschloss die AUT, die Bar-Ilan-Universität in Ramat Gan sowie die Universität von Haifa zu boykottieren.[115]

Im April 2004 wurde schließlich in Ramallah die *Palestinian Campaign for the Academic and Cultural Boycott of Israel* (PCABI) ins Leben gerufen, die, wie der auf israelfeindliche NGOs spezialisierte Forscher Gerald Steinberg schreibt, den Zweck hatte, den Israel-Boykotteuren eine palästinensische Fassade zu verschaffen.[116] Mit dabei war damals schon der spätere BDS-Aktivist Omar Barghouti.

All das geschah vor dem „offiziellen" BDS-Aufruf vom Juli 2005. Die Boykottbewegung hatte freilich gute Gründe, den Boykott als einem Wunsch der „palästinensischen Zivilgesellschaft" in die Welt zu setzen, anstatt auf dessen wahre Vorgeschichte zu rekurrieren. Einerseits konnte sie damit symbolisch besser an die Anti-Apartheid-Bewegung in Südafrika anschließen: Sei es einst der Ruf der Südafrikaner (in Wahrheit: des ANC) nach einem Boykott des rassistischen Regimes gewesen, der die Weltgemeinschaft mobilisiert habe, so folge man jetzt eben dem Aufruf der Palästinenser.

Andererseits wurde der Neustart der Boykottbewegung in Form des palästinensischen Aufrufs notwendig, weil diese sonst allzu sehr mit dem antisemitischen Hass-Festival von Durban in Verbindung gebracht worden wäre und ohne palästinensische Führung an einem hinderlichen Authentizitätsmangel gelitten hätte: „Das Remake von BDS im Jahr 2005 geschah genau wegen der giftigen Assoziation mit der Durban-Konferenz und dem eindeutigen Unvermögen, irgendwelche Erfolge zu erzielen. Die Vertreter von BDS dachten, dass die Neuverpackung zu einem Ruf der palästinensischen Zivilgesellschaft der Kampagne größere moralische Glaubwürdigkeit verschaffen würde."[117]

Wer die Kritik an der Mär von BDS und der „palästinensischen Zivilgesellschaft" nicht glaubt, dem sei der Blick auf ein kurzes Youtube-Video empfohlen: Am 25. Mai 2015 beklagte sich der antizionistische Propagandist Ilan Pappe im Rahmen einer Podiumsdiskussion über die mangelnde Einigkeit und Führungskraft der Palästinenser. Daraufhin warf die Diskussionsleiterin ein: „Na ja, die Palästinenser haben im Jahr 2005 BDS gestartet." Pappe rang sich ein „Ja, ja" ab, doch war offenkundig, dass er das nicht glaubte: „Nicht wirklich, aber ja. Für die Geschichtsbücher: Ja."

Für die Geschichtsbücher war Pappe bereit, etwas zu sagen, von dem er wusste, dass es falsch war. Doch die Moderatorin war noch nicht zufrieden: „Das ist wichtig", schob sie lachend nach, worauf Pappe antwortete: „Es stimmt nicht, aber es ist wichtig."[118] Besser kann man das Märchen von der BDS-Bewegung und der „palästinensischen Zivilgesellschaft" nicht auf den Punkt bringen.

Kapitel 4:

Der BDS-Gründungsaufruf von 2005

Anders, als sie es selbst darstellt (und als es oft unkritisch übernommen wird), ist die BDS-Bewegung also nicht das Projekt der „palästinensischen Zivilgesellschaft", und sie ist auch nicht erst am 9. Juli 2005 entstanden. Was an diesem Tag geschah, war die Veröffentlichung des offiziellen Gründungsaufrufs „zu Boykott, Investitionsentzug und Sanktionen gegen Israel", wobei diese Maßnahmen so lange aufrechterhalten werden sollen, bis der jüdische Staat „internationalem Recht und den universellen Prinzipien der Menschenrechte nachkommt". So steht es in der deutschen Fassung dieses Aufrufs, die auf der Website *bdsmovement.net* abzurufen ist.[119] Diese Seite wird von zwei palästinensischen Gruppierungen betrieben, die für die Koordination, die öffentliche Darstellung und die Inhalte der BDS-Bewegung besonders wichtig sind: zum einen vom *BDS National Committee* (BNC), einer Koalition palästinensischer Organisationen, die die Bewegung anführen; zum anderen von der *Palestinian Campaign for the Academic and Cultural Boycott of Israel* (PACBI), die zu den Gründungsmitgliedern des BNC gehört und bereits ein Jahr zuvor zu einem akademischen und kulturellen Boykott Israels aufgerufen hatte.[120]

Der Begriff „Zivilgesellschaft" hat zweifellos eine ausgesprochen positive Konnotation. Er klingt nach friedlichem, demokratischem Engagement, nach überparteilicher, unabhängiger Bürgerinitiative, nach Pluralismus, nach Graswurzelbewegung. Wenn also Organisationen einer solchen Zivilgesellschaft gemeinsam beschließen, zum Boykott und zu Sanktionen aufzurufen, dann hört sich das nach einer berechtigten, legitimen Aktivität von der Basis an. Am Ende des Aufrufs heißt es dann auch, die beteiligten „palästinensischen politischen Parteien, Gewerkschaften, Verbände, Koalitionen und Organisationen" repräsentierten „die drei integralen Bestandteile des palästinensischen Volkes: palästinensische Flüchtlinge, Palästinenser unter Besatzung und palästinensische Bürger Israels".[121]

BDS ist kein zivilgesellschaftliches Projekt

172 Organisationen und Verbände haben die Erklärung unterzeichnet, nicht nur palästinensische, sondern auch solche aus Syrien, dem Libanon, Jordanien sowie aus Europa und aus Übersee. Gleich als Erstes wird das *Council of Palestinian National and Islamic Forces in Palestine* genannt – eine Vereinigung, die kurz nach dem Beginn der zweiten durch Selbstmordattentate geprägte „Intifada" gegründet wurde, um Aktivitäten gegen Israel zu koordinieren. Ihr gehören sämtliche großen palästinensischen Parteien und Organisationen an, darunter die Terrororganisationen Hamas, Islamischer Jihad und PFLP sowie die Fatah. Dass diese einen zivilgesellschaftlichen Ansatz verkörpern und repräsentieren, lässt sich beim besten Willen nicht behaupten. Und schon ihr Mitwirken – das durch die Erwähnung an führender Stelle im Aufruf zudem hervorgehoben wird – steht im eklatanten Widerspruch zu der von BDS-Anhängern und -Verteidigern immer wieder geäußerten Behauptung, die Bewegung sei gewaltfrei.

Ohnehin können in den palästinensischen Gebieten – zumal im von der Hamas kontrollierten Gazastreifen – Vereinigungen kaum etwas legal tun, das nicht mit dem Einverständnis der dort herrschenden Kräfte geschieht. Der Terminus „Zivilgesellschaft" führt auch deshalb in die Irre. Der BDS-Aufruf ist kein bürgerschaftliches, gar oppositionelles Werk, sondern vielmehr eines, das die maßgeblichen Parteien und Organisationen in den palästinensischen Gebieten – darunter terroristische Vereinigungen, die sich dem Judenmord und der Vernichtung Israels verschrieben haben – goutieren, tragen und mitverantworten. Was darin ausgeführt wird, ist also ganz in ihrem Sinne. Dass der Aufruf und die Bewegung dennoch als Projekt „von unten" verkauft werden, geschieht vor allem mit Blick auf mögliche internationale Unterstützer, insbesondere in Europa und den USA, wo der Begriff „Zivilgesellschaft" mit etwas Grundgutem verbunden wird.

Was die BDS-Bewegung dem jüdischen Staat vorwirft

Im BDS-Aufruf werden zunächst die Vergehen und Verstöße aufgezählt, derer die Unterzeichner den jüdischen Staat bezichtigen, der „größtenteils auf Land gegründet wurde", das „zuvor von seinen palästinensischen BesitzerInnen ethnisch gesäubert" worden sei: Mauerbau, Aus- und Neubau jüdischer Siedlungen, Besatzung und Unterdrückung, rassistische Diskriminierung, anhaltende Verstöße gegen internationales Recht, koloniale und diskriminierende Politik. Wenig überraschend ist von Terror und Selbstmordattentaten auf palästinensischer Seite mit keinem Wort die Rede. Da weder „Hunderte von UN-Resolutionen" noch „internationale Interventionen und Friedensbestrebungen" es vermocht hätten, „Israel zu überzeugen oder zu zwingen, den Konventionen des humanitären Rechts Genüge zu leisten, die grundlegenden Menschenrechte anzuerkennen und die Besatzung und Unterdrückung der palästinensischen Bevölkerung zu beenden", habe man sich nun zu dieser Kampagne entschlossen.

„Inspiriert vom Kampf der Südafrikaner gegen die Apartheid und im Sinne der internationalen Solidarität, moralischen Standfestigkeit und des Widerstands gegen Ungerechtigkeit und Unterdrückung rufen wir, RepräsentantInnen der palästinensischen Zivilgesellschaft, internationale Organisationen und alle rechtschaffenen Menschen auf der ganzen Welt dazu auf, [einen] weitgreifend[en] Boykott- und Investitionsentzug gegen Israel durchzusetzen, ähnlich der Maßnahmen gegen Südafrika während der Apartheid", heißt es im Manifest weiter. An die Aufgerufenen wird appelliert, „Druck auf ihren jeweiligen Staat auszuüben, um Embargos und Sanktionen gegen Israel zu erreichen". Auch „gewissenhafte Israelis" seien eingeladen, „diesen Aufruf zu unterstützen, [um] der Gerechtigkeit und eine[s] echten Frieden[s] willen".

Die „gewaltlosen Strafmaßnahmen" müssten „so lange aufrechterhalten bleiben, bis Israel seiner Verpflichtung nachkommt, den PalästinenserInnen das unveräußerliche Recht der Selbstbestimmung zuzugestehen, und zur Gänze den Maßstäben internationalen Rechts entspricht", fährt der Text fort. Anschließend folgen die drei Kernforderungen der BDS-Bewegung. Israel müsse, so heißt es im Aufruf,

„1. die Besetzung und Kolonisation allen arabischen Landes beende[n] und die Mauer abreiß[en];
2. das Grundrecht der arabisch-palästinensischen BürgerInnen Israels auf völlige Gleichheit anerkenn[en]; und
3. die Rechte der palästinensischen Flüchtlinge, in ihre Heimat und zu ihrem Eigentum zurückzukehren, wie es in der UN-Resolution 194 vereinbart wurde, respektier[en], schütz[en] und förder[n]".

Auf diese drei Forderungen sei nun ein genauer Blick gerichtet, denn sie sind zentral für die BDS-Bewegung.

Die drei Kernforderungen der BDS-Bewegung

1. Beendigung der Besetzung und Kolonisation allen arabischen Landes sowie Abriss der Mauer:

Diese erste Forderung ist teilweise vage formuliert. Es wird offengelassen, wie viel „arabisches Land" nach Auffassung der BDS-Bewegung besetzt und kolonisiert sein soll: nur das Westjordanland? Oder doch ganz Israel? Immerhin hält ein nicht gerade kleiner Teil der Palästinenser und ihrer internationalen Unterstützer den gesamten jüdischen Staat für eine einzige illegale Siedlung, für einen Fremdkörper auf einem Gebiet, das sie als ausschließlich arabisch respektive islamisch betrachten.

Omar Barghouti, PCABI-Aktivist und das wohl bekannteste Gesicht der BDS-Bewegung auf palästinensischer Seite, als deren Sprachrohr er häufig auftritt, lehnt eine Zweistaatenlösung jedenfalls ausdrücklich ab, ebenso einen binationalen Staat von Palästinensern und Israelis. Jüdische Souveränität und einen israelischen Anspruch auf nationale Selbstbestimmung im Nahen Osten weist er kategorisch zurück.[122] Aus seiner Sicht darf es Israel also nicht geben, entsprechend sieht er das gesamte Gebiet des jüdischen Staates als arabisch und damit als besetzt und kolonisiert an. Barghouti, der Israel für einen Apartheidstaat hält und sich vehement für einen Boykott von dessen akademischen Einrichtungen ausspricht, hat übrigens ein Studium an der Universität in Tel Aviv absolviert und mit einem Doktortitel in Philosophie abgeschlossen.

Mit seinen radikalen Positionen gehört er keineswegs zu einer Minderheit im palästinensischen Teil der BDS-Bewegung. Dass es sich bei Israel um einen Apartheidstaat handeln soll, der in Gänze verschwinden muss, und dass es entsprechend nicht um die „Grenzen von 1967" geht, sondern um die israelische Staatsgründung von 1948, lässt sich unzähligen Äußerungen palästinensischer Organisationen entnehmen, die den Gründungsaufruf unterzeichnet haben. Wenn also davon die Rede ist, Israel müsse „die Besetzung und Kolonisation allen arabischen Landes beenden", denken palästinensische BDS-Aktivisten nicht nur an Jenin, Ramallah und Bethlehem, sondern auch an Tel Aviv, Haifa und ganz Jerusalem. Sie wollen keine Zwei-Staaten-Lösung, sondern vielmehr eine Kein-Staat-Israel-Lösung.

Dass der erste Teil der ersten Forderung dennoch schwammig gehalten ist, liegt daran, dass der Aufruf seine erhoffte einigende Wirkung nicht verlieren sollte: Wäre explizit nur von den „besetzten Gebieten" des Gazastreifens, aus dem Israel bereits 2005 komplett abgezogen ist, des Westjordanlands, Ostjerusalems und der Golanhöhen die Rede gewesen, so wären von wenigen Ausnahmen abgesehen all diejenigen palästinensischen Organisationen abgesprungen, für die die „Befreiung Palästinas" ganz selbstverständlich die Auslöschung Israels beinhalten muss. Wäre umgekehrt deutlicher zum Ausdruck gebracht worden, dass mit der Rede von der Besetzung „allen arabischen Landes" das Kernland Israels mitgemeint ist, hätte man einen beträchtlichen Teil jener westlichen Aktivisten und Unterstützer vergrault, um deren Gunst man bis heute buhlt – den Dummen und Naiven sollte der Glaube gelassen werden, dass es BDS nicht um die Beseitigung des jüdischen Staates, sondern im Grunde nur um Frieden und die Menschenrechte geht. Diese Unklarheit ist ein wesentliches Charakteristikum von BDS. Sie bewirkt, dass auch vergleichsweise moderate Akteure Forderungen unterstützen, die nicht bloß die Beendigung der Besatzung zum Ziel haben, sondern die Beseitigung Israels als jüdischer Staat.

Der zweite Teil der ersten Forderung dagegen ist unmissverständlich: Die „Mauer" soll abgerissen werden. Gemeint sind damit die Sperranlagen zwischen Israel und dem Westjordanland, die nur zu einem kleinen Teil aus Beton bestehen – an den Stellen nämlich, an denen zuvor palästinensische Heckenschützen regelmäßig Israelis ins Visier genommen hatten. Bei über 95 Prozent der rund 720 Kilometer langen Anlagen handelt es sich um Zäune und elektronische Überwachungsmaßnahmen. Zweifellos kann man den konkreten Verlauf dieser Grenzanlagen sowie die Härten und die Ungerechtigkeiten kritisieren, die sie für die palästinensische Bevölkerung bedeuten. Zur Wahrheit gehört allerdings auch und vor allem, dass diese Anlage rein defensiv ist und ab dem Jahr 2002 als unmittelbare Reaktion auf die Welle der Selbstmordattentate während der zweiten *Intifada* errichtet wurde. Damals kamen zahlreiche Attentäter aus dem Westjordanland nach Israel und töteten dort Hunderte israelische Zivilisten. Die Zahl der Attentate ging seit der Errichtung der Sperranlage sofort deutlich zurück.

Israel hat also ein berechtigtes Sicherheitsinteresse, und der Bau der Grenzanlage ist ein Ausdruck davon. Das aber kommt im Aufruf nicht vor, und das ist kein Zufall. Der Historiker und Politikwissenschaftler Floris Biskamp schreibt dazu auf seiner Website in einem dreiteiligen Beitrag zur BDS-Bewegung zutreffend: „Dass der Boykottaufruf den Abriss der Mauer fordert, diesen Kontext aber auslässt, ist paradigmatisch für BDS: Handlungen Israels werden grundsätzlich nicht als Reaktionen auf palästinensische oder arabische Handlungen und somit als Teil einer wechselseitigen Dynamik dargestellt, sondern als einseitige, unprovozierte und systematische Gewalt israelischer Täter_innen gegen palästinensische Opfer."[123] Diese Sichtweise, wie sie BDS vertritt, und die damit verbundene Logik ergeben sich aus der Haltung, dass Israel prinzipiell kein Existenzrecht hat und deshalb immer nur im Unrecht sein kann, egal, was es tut und lässt.

2. Anerkennung des grundlegenden Rechts der arabisch-palästinensischen Bürger Israels auf volle Gleichheit:

Anders als in der ersten Forderung geht es hier nicht um die Bevölkerung im Westjordanland, sondern um die arabischen Bürgerinnen und

Bürger im israelischen Kernland. Nun würde kein ernstzunehmender Mensch bestreiten, dass es in Israel – wie in jedem anderen Land, auch in Demokratien – Diskriminierung in der Gesellschaft und in staatlichen Einrichtungen gibt. „Ein jahrzehntelanger bewaffneter Konflikt trägt fast zwangsläufig zu ihrer Verschärfung bei", wie Floris Biskamp zu Recht festhält.[124] Aber der israelische Staat erkennt die Grundrechte seines arabisch-palästinensischen Bevölkerungsteils und dessen rechtliche Gleichheit an. Diese Gleichheit wird immer wieder hervorgehoben, das war schon in der Unabhängigkeitserklärung so.

Blickt man auf die formalen rechtlichen Einschränkungen, die arabische Bürger Israels im einzigen Staat auf dieser Welt mit jüdischer Bevölkerungsmehrheit haben, dann ergibt sich folgendes Bild: Die arabische Minderheit ist von der Wehrpflicht und von den damit verbundenen beruflichen Vorteilen ausgenommen, die sich oft aus den beim Militär geknüpften Kontakten ergeben. Das neue Nationalstaatsgesetz führt außerdem dazu, dass ihre Sprache nicht mehr den Charakter einer Amtssprache hat, was allerdings einen Ausschluss vor allem auf der symbolischen Ebene bedeutet und auf die gelebte Alltagspraxis, in der Amtsgeschäfte sehr wohl weiterhin auf Arabisch getätigt werden können, eher wenig Auswirkungen hat. Mit anderen Worten: Das von BDS geforderte Grundrecht auf Gleichheit der arabischen Bürger Israels ist formal längst anerkannt. Das Problem besteht eher darin, dass der israelische Staat die bestehende gesellschaftliche Diskriminierung nicht ernsthaft genug angeht. Das kann man aus guten Gründen kritisieren, aber man sollte dabei nicht so tun, als gäbe es keinen größeren Skandal auf dieser Welt. Hinzu kommt etwas, worauf wiederum Floris Biskamp hinweist:

> „Die Diskriminierung, die arabische Israelis erleiden müssen, sind gemessen an der Situation von nationalen Minderheiten in anderen Ländern relativ gering – und erst recht gemessen an der Situation schwarzer Südafrikaner_innen während der Apartheid. Tatsächlich gibt es kein arabisches Land, in dem arabische Bürger_innen so umfangreiche individuelle Abwehr- und demokratische Mitbestim-

mungsrechte genießen wie in Israel. Daher können die Diskriminierungen in Israel kaum eine Rechtfertigung für eine im Umfang gegenwärtig einmalige Boykottkampagne sein."[125]

Doch die zweite Kernforderung der BDS-Bewegung läuft auf eine Gleichsetzung Israels mit Südafrika während der Apartheid hinaus. Denn nicht eine konkrete Politik der israelischen Regierung ist für die BDS-Aktivisten kritikwürdig; vielmehr beruht in ihrem Weltbild der jüdische Staat an sich wie ehedem Südafrika auf einem System rassistischer Unterdrückung. Das ist der Grund, warum es im Aufruf heißt, die geforderten „Strafmaßnahmen" gegen Israel müssten so lange aufrechterhalten werden, bis das „Grundrecht der arabisch-palästinensischen BürgerInnen Israels auf völlige Gleichheit" anerkannt wird, obwohl es dieses Grundrecht längst gibt und die Forderung damit hinfällig ist. Israel soll schlicht kein jüdischer Staat sein dürfen.

Für die Propaganda der Israel-Boykottbewegung ist der Apartheidbegriff von zentraler Bedeutung.[126] Einerseits stellt er einen Bezug zur Vergangenheit her, mit dem sich die BDS-Bewegung als Erbin einer hochehrwürdigen politischen Tradition inszenieren will. In der Geschichte habe es, so ist dem BDS-Aufruf zu entnehmen, immer wieder „aufrichtige Menschen" gegeben, die es als ihre „moralische Pflicht" betrachtet hätten, gegen Unterdrückung zu kämpfen. Das habe nicht zuletzt der „Kampf gegen Apartheid in Südafrika" gezeigt, von dem sich die BDS-Aktivisten „inspiriert" sehen. Andererseits ist der gegen Israel gerichtete Apartheidvorwurf für die BDS-Propaganda von großer Relevanz, weil mit ihm nicht bloß die Kontrolle Israels über die „besetzten Gebiete" kritisiert, sondern der jüdische Staat selbst und als ganzer dämonisiert und delegitimiert wird.

Um das Vorhandensein von Apartheid zu belegen, wo es keine gibt, bedienen sich die BDS-Aktivisten verschiedener Argumentationsweisen. So behaupten sie beispielsweise, in israelischen Gesetzen wimmle es nur so von rassistisch diskriminierenden Bestimmungen. Für Omar Barghouti etwa steht fest, dass das „institutionalisierte und rechtlich festgefügte rassistische Diskriminierungssystem [...] das Verbrechen der

Apartheid“ darstellt.[127] Um diesen Vorwurf zu begründen, berufen sich die Israel-Boykotteure bevorzugt auf Behauptungen israelischer NGOs wie die in Haifa ansässige Vereinigung *Adalah*, die u. a. eine Datenbank über Dutzende angeblich diskriminierende Gesetze führt.[128] Wer die Vorwürfe im Detail überprüft, stößt auf eine haarsträubende Mischung aus falschen Behauptungen, irreführenden Darstellungen, absurden Interpretationen und grotesken Auslassungen, die alle nur dem Zweck dienen, Israel an den Pranger zu stellen.[129] Gebrandmarkt werden beispielsweise israelische Maßnahmen zur Terrorabwehr: Da der überwältigende Großteil der Anschläge von Arabern begangen wird, sind zwangsläufig vor allem sie von Handlungen zur Verhinderung von Attentaten betroffen. Für *Adalah* hat das freilich nichts mit dem Schutz von Menschenleben zu tun, die Organisation hält es vielmehr für einen Ausdruck rassistischer Unterdrückung. „Das ist“, kommentierte Sebastian Leber im *Tagesspiegel* treffend, „als würde man in Deutschland den Tatbestand Körperverletzung abschaffen wollen, weil wegen ihm mehr Männer als Frauen verurteilt werden“.[130]

Darüber hinaus verurteilt *Adalah* praktisch jedes Gesetz als diskriminierend, das sich auf Israel als jüdischen Staat bezieht. Ganz gleich, ob es sich nun um jüdische Feiertage, die Verwendung des jüdischen Kalenders, den Davidstern auf der israelischen Flagge oder um das Recht aller Juden handelt, nach Israel einzuwandern – alles wird kurzerhand zu Ausdrucksformen systematischer Unterdrückung erklärt. Schon die bloße Verwendung jüdischer Symbole soll Rassismus gegenüber Nichtjuden sein. An kein anderes Land der Welt werden derartige Maßstäbe angelegt. Würde man das tun, so müsste man sämtliche Länder, deren Flaggen religiöse Symbole beinhalten, zu Apartheidstaaten erklären: Dänemark, Finnland, Griechenland, Norwegen, Portugal, Serbien, die Slowakei, Spanien, Schweden, die Schweiz und Großbritannien sind nur einige der europäischen Länder von insgesamt 31 Staaten weltweit, deren Nationalflaggen ein Kreuz beinhalten; auf 21 Staatsfahnen prangen islamische Symbole, darunter auf denen Algeriens, Pakistans, Tunesiens und der Türkei.[131]

Die Israel-Boykotteure ficht dieser offenkundige Widerspruch jedoch nicht an. Für sie zählt nicht, ob es bei einigen Gesetzen oder Verordnungen einen Reformbedarf gibt, sondern die in aller Regel an den Haaren herbeigezogenen Beispiele sollen nur die viel grundsätzlichere Anklage untermauern, dass der Staat Israel an sich auf Apartheid basiere – und das auch gar nicht anders sein könne, solange er sich nicht vom Anspruch verabschiede, eben ein jüdischer Staat zu sein. Der bereits erwähnte BDS-Kopf Barghouti hat die Konsequenz dieses Denkens in einer Klarheit ausgesprochen, vor der sich BDS-Veröffentlichungen normalerweise drücken:

> „Ein jüdischer Staat in Palästina, in welcher Gestalt und Form auch immer, kann gar nicht anders, als den grundlegenden Rechten der eingeborenen palästinensischen Bevölkerung zu widersprechen und ein System der rassistischen Diskriminierung aufrechtzuerhalten, dem entschieden entgegengetreten werden muss. [...] Auf jeden Fall lehnen wir einen jüdischen Staat in einem Teil Palästinas ab. Kein Palästinenser, kein vernünftiger Palästinenser, der sich nicht verkauft hat, wird jemals einen jüdischen Staat in Palästina akzeptieren."[132]

3. Das Recht der palästinensischen Flüchtlinge, in ihre Heimat und zu ihrem Eigentum zurückzukehren, muss respektiert, geschützt und gefördert werden: Dazu ist zunächst einmal zu sagen, dass die arabischen Staaten Israel bereits am Tag nach dessen Gründung am 14. Mai 1948 militärisch angriffen, mit dem Ziel, den jüdischen Staat gleich wieder von der Landkarte zu tilgen. Anders als der Jischuw lehnten sie den Teilungsvorschlag der Vereinten Nationen vom 29. November 1947 ab – und damit den Plan, neben einem jüdischen auch einen arabischen Staat auf diesem Territorium entstehen zu lassen. Damit sowie mit dem Angriff der arabischen Armeen auf Israel und dem daraus resultierenden Unabhängigkeitskrieg des jüdischen Staates gingen Fluchtbewegungen einher: Hunderttausende von Juden flohen aus den arabischen Staaten oder wurden von dort vertrieben; sie gingen überwiegend nach Israel oder in die USA. Araber verließen in einer ähnlichen Größenordnung das Territorium, das nun israelisch war – weil sie vor dem Kriegsgeschehen fliehen wollten, weil sie von dort vertrieben wurden, weil sie von den arabischen Staaten dazu aufgefordert worden waren oder weil sie nicht mit Juden zusammenleben wollten. Die meisten von ihnen begaben sich in andere Teile des (früheren) Mandatsgebiets, nur ein Drittel verließ das Land, zumeist nach Syrien, Transjordanien oder in den Libanon.[133] Der israelische Historiker Benny Morris fasst seine Erkenntnisse wie folgt zusammen:

> „Die meisten [...] flohen aus Angst vor einem nahenden Kampf in ihren Dörfern und Städten und vor Kämpfen selbst. Man fürchtete, von Kugeln oder Granaten getroffen zu werden und unter jüdische Kontrolle zu kommen. Andere verließen ihre Heimat, vor allem Dörfer in der dicht besiedelten, von Juden bewohnten Küstenregion und Tälern, weil es ihnen von arabischer Seite geraten oder angeordnet wurde, von lokalen Befehlshabern und Behörden. Frauen und Kinder wurden aus Dutzenden Dörfern fortgeschickt, und ganze Dörfer wurden evakuiert, schon ab Dezember 1947 – entweder aus Angst, dass Zivilisten bei eventuellen feindlichen Handlungen verwundet werden könnten, oder aus Angst, unter jüdischer Herrschaft in jüdischen Gebieten leben zu müssen (was in den Augen der Araber als Verrat galt). Nur eine kleine Minderheit wurde physisch verstoßen – das heißt, sie waren in ihren Dörfern und Städten, als diese von Juden erobert wurden und ihnen befohlen wurde, diese zu verlassen. [...] Fast alle, die flohen, erwarteten wahrscheinlich, nach einem Sieg der Araber oder einer UN- oder sonstigen internationalen Intervention in ihre Heimat zurückkehren zu können. Es ist nicht möglich, die Gründe für die Flucht oder Evakuierung der Araber in genauen Prozentzahlen anzugeben, vor allem, weil oft mehrere verschiedene Gründe, darunter auch die wirtschaftlichen Entbehrungen, die der Krieg mit sich brachte, ausschlaggebend waren."[134]

Von „ethnischen Säuberungen" zu sprechen, wie die Verfasser des BDS-Aufrufs es tun, ist jedenfalls völlig verfehlt.

Ordnet man diese Geschehnisse außerdem in einem größeren historischen Kontext ein, dann kommt man nicht umhin festzustellen, dass sich Ende der 1940er Jahre weltweit etliche Millionen Menschen auf der Flucht befanden. Der Zweite Weltkrieg war beendet, neue Nationalstaaten wurden gegründet, nicht zuletzt im Nahen Osten, der zuvor in weiten Teilen von den Mandatsmächten Großbritannien und Frankreich beherrscht wurde. Das brachte Bevölkerungsverschiebungen, nationale Homogenisierungen, Flucht und Vertreibung mit sich. Besonders dramatisch war die Situation in Südasien, wo das Vereinigte Königreich seine indische Kronkolonie aufteilte, nämlich in das vorwiegend hinduistische Indien und das mehrheitlich muslimische Pakistan. Die neuen Staaten wurden im August 1947 unabhängig. Der Teilungsprozess ging mit einem Bürgerkrieg einher, dem mehrere hunderttausend Menschen zum Opfer fielen; bis zu 20 Millionen Menschen wurden verschleppt, vertrieben oder umgesiedelt.

Der israelische Staatsgründungsprozess war, insbesondere mit Blick auf diesen historischen Kontext und die Kriegserklärung durch die arabischen Staaten, keineswegs besonders grausam und das Schicksal der palästinensischen Araber nicht einzigartig. Zwischen Indien und Pakistan gibt es zwar bis heute deutliche Spannungen, aber die Flüchtlingsthematik spielt dabei keine Rolle. Auch die Juden, die aus den arabischen Ländern flüchteten, haben nie auf ein Rückkehrrecht bestanden. Bei den Palästinensern ist das anders: Sie sind die einzige Bevölkerungsgruppe, die erstens darauf pocht, ein solches Recht zu haben, bei der sich zweitens der Flüchtlingsstatus von Generation zu Generation immer weiter vererbt, weil es bislang nicht zur „Rückkehr" gekommen ist, und der drittens die Vereinten Nationen sogar ein eigenes Flüchtlingshilfswerk geschaffen haben, nämlich die *United Nations Relief and Works Agency for Palestine Refugees in the Near East* (UNRWA). Durch die unaufhörliche Vererbung des Flüchtlingsstatus sind dort heute rund fünfeinhalb Millionen Palästinenser registriert. Das ist fast die achtfache Zahl der ursprünglich rund 700.000 Geflüchteten, von denen nach verschiedenen Schätzungen noch etwa 30.000 leben[135]; die anderen sind ganz überwiegend Nachkommen der Flüchtlinge von 1948/49. Von einer Rückkehr kann bei ihnen nicht die Rede sein, schließlich haben sie nie auf dem Territorium gelebt, das heute zu Israel gehört, und sind dementsprechend auch nicht von dort geflüchtet.

Die meisten arabischen Länder, die arabisch-palästinensische Flüchtlinge aufgenommen haben und in denen nun deren Nachkommen leben, hatten und haben keinerlei Interesse an deren Integration als Staatsbürger. Diejenigen, die dort als „palästinensische Flüchtlinge" leben, sollten immer als explizit palästinensische Gruppe erhalten bleiben. Schließlich gingen mit ihrer Integration der Verzicht auf eine „Rückkehr" und damit de facto auch die Anerkennung Israels als jüdischer Staat einher.

Heute leben also etliche Palästinenser, die nie geflüchtet sind, als Staatenlose in „Flüchtlingslagern", die allerdings längst keine provisorischen Zeltlager mehr sind, sondern Städte in den palästinensischen Autonomiegebieten und den benachbarten arabischen Staaten. Als Minderheit werden diese „Flüchtlinge" in den arabischen Ländern diskriminiert, sie haben weniger Rechte als die übrige Bevölkerung, dürfen manche Berufe nicht ausüben und sind immer wieder Gewalt ausgesetzt. Die arabischen Staaten benutzen sie gerne für ihre anti-israelische Propaganda, ansonsten haben sie wenig für sie übrig, um es zurückhaltend zu formulieren.

In Bezug auf das angebliche Rückkehrrecht beruft sich BDS im Aufruf auf die UN-Resolution 194 vom 11. Dezember 1948. Darin heißt es, die Generalversammlung beschließe, „dass denjenigen Flüchtlingen, die zu ihren Wohnstätten zurückkehren und in Frieden mit ihren Nachbarn leben wollen, dies zum frühestmöglichen Zeitpunkt gestattet werden soll und dass für das Eigentum derjenigen, die sich entscheiden, nicht zurückzukehren, sowie für den Verlust oder die Beschädigung von Eigentum, auf der Grundlage internationalen Rechts oder nach Billigkeit von den verantwortlichen Regierungen und Behörden Entschädigung gezahlt werden soll".[136] Wohlgemerkt: *soll*, eigentlich „sollte", weil es in der englischen Originalfassung des Resolutionstextes „should" heißt, also der Konjunktiv verwendet wird.[137] Es ist mithin ein Appell, von einem Recht steht dort jedenfalls nichts, ganz abgesehen davon, dass die Resolutionen der Generalversammlung rechtlich ohnehin nicht bindend sind. Und die Passage über die Rückkehr von Flüchtlingen war nur einer von 15 Artikeln einer Resolution – die von den arabischen Staaten grundsätzlich abgelehnt wurde.

Hinzu kommt die Beschränkung auf jene Flüchtlinge, die „in Frieden mit ihren Nachbarn leben wollen". Dieser Wille konnte gewiss nicht vorausgesetzt werden, und wie hätte man ihn auch zuverlässig überprüfen können?[138] Die UNRWA unterstützt das Narrativ vom „Rückkehrrecht" gleichwohl ausdrücklich. Wie die Palästinenser und die arabischen Staaten betrachtet sie die „Rückkehr" als einzige Möglichkeit zur Lösung des „Flüchtlings"-Problems. Anders als der UNHCR – das zweite Flüchtlingshilfswerk der Vereinten Nationen, das für alle anderen Geflüchteten auf dieser Welt zuständig ist – arbeitet sie ausdrücklich nicht auf die Integration der Flüchtlinge in denjenigen Ländern hin, in denen diese leben.[139]

Das angebliche Rückkehrrecht für palästinensische Flüchtlinge steht daher auf sehr wackeligen Beinen: Aus einer rechtlich nicht bindenden Resolution, die von der arabischen Seite abgelehnt wurde, wurde eine einzige im Konjunktiv gehaltene Passage herausgepickt, die zu einem „unveräußerliche[n] Recht" umgedeutet wurde. Es ist vollkommen klar, dass keine israelische Regierung – auch keine linke – dieses vermeintliche, völkerrechtlich nirgendwo verbriefte Rückkehrrecht akzeptieren kann. Denn es liegt auf der Hand, warum rund fünfeinhalb Millionen Palästinenser auf israelisches Territorium „zurückkehren" sollen, obwohl sie dort nie gelebt haben: Eine Einwanderung dieser Menschen würde die Juden in Israel zu einer Minderheit machen, die dann wieder einmal der Mehrheit ausgeliefert wäre. Das wäre das Ende Israels als jüdischer Staat. Wer ein „Rückkehrrecht" fordert wie die BDS-Bewegung, weiß um diese Konsequenz und befürwortet sie. Was mit militärischen und terroristischen Mitteln nicht zu erreichen war und ist, soll mit dem Mittel der Demografie erreicht werden.

Die Forderung der BDS-Bewegung nach einer „Rückkehr" der palästinensischen „Flüchtlinge" – und damit auch aller Nachkommen jener

„Personen, deren ständiger Wohnsitz zwischen 1. Juni 1946 und 15. Mai 1948 in Palästina lag und die ihren Wohnsitz und ihre Lebensgrundlage durch den arabisch-israelischen Krieg von 1948 verloren haben", wie es in der UNRWA-Definition heißt[140] – ist für Israel also schlicht und ergreifend unerfüllbar. Und es sei noch einmal daran erinnert, dass diese Flüchtlingsproblematik aus einem Krieg resultierte, den die arabischen Staaten mit dem Ziel begonnen hatten, Israel zu vernichten. Dass der jüdische Staat nun trotzdem das vorgebliche, in Wahrheit aber nicht existente Recht der palästinensischen Flüchtlinge samt ihrer Nachkommen, „in ihre Heimat und zu ihrem Eigentum zurückzukehren", respektieren, schützen und sogar fördern (!) soll, wie es die BDS-Bewegung gerne hätte, ist angesichts dessen grotesk.

Der menschenrechtliche Jargon, in dem die BDS-Bewegung ihren Aufruf formuliert hat, kann nicht darüber hinwegtäuschen, worum es dieser Bewegung geht: nicht nur um ein „Ende der Besatzung", nicht bloß um Gleichberechtigung für die in Israel lebenden Araber und nicht lediglich um das Recht auf Einwanderung nach Israel für all jene Araber, deren Vorfahren israelisches Territorium verlassen mussten. Sondern um nicht weniger als das Ende des jüdischen Staates. Das ist so klar, dass sich selbst ein ausgewiesener Antizionist wie der amerikanische Politikwissenschaftler Norman Finkelstein zu einer Kritik veranlasst sah. Im Februar 2012 sagte er in einem Interview: „Die BDS-Aktivisten sprechen von einem dreistufigen Plan: Wir wollen ein Ende der Besatzung, das Recht auf Rückkehr und die gleichen Rechte für Araber in Israel. Sie glauben, besonders schlau zu sein. Aber Sie und ich wissen, was das Ergebnis davon sein wird: Es wird kein Israel mehr geben."[141] Der libanesisch-amerikanische Politikprofessor As'ad Abu Khalil, ein prominenter BDS-Aktivist, bestätigte diese Einschätzung ausdrücklich, als er im gleichen Monat in einer Erwiderung auf Finkelstein schrieb: „Das wirkliche Ziel von BDS ist der Sturz des israelischen Staates [...]. Das sollte als unzweideutiges Ziel bezeichnet werden. Hier sollte es keine Mehrdeutigkeit geben. Gerechtigkeit und Freiheit für die palästinensischen Flüchtlinge sind unvereinbar mit der Existenz des Staates Israel."[142]

Von den drei Kernforderungen der BDS-Bewegung sind die zweite und die dritte ausdrücklich auf das israelische Kernland und nicht auf die umstrittenen Gebiete gemünzt. Bei der ersten Forderung ist das zumindest implizit der Fall. Würde Israel diesen Forderungen nachgeben, dann wäre das ein politischer Suizid – den jüdischen Staat gäbe es anschließend nicht mehr. Genau das ist das Ziel von BDS, und das heißt: Wer diese Bewegung in irgendeiner Form unterstützt – und sei es nur im naiven Glauben, es ginge um die Rechte der Palästinenser und ein „Ende der Besatzung" –, macht sich mit diesem Ziel gemein.

Kapitel 5:

Warum BDS antisemitisch ist

„Die Argumentationsmuster und Methoden der BDS-Bewegung sind antisemitisch.“[143] So lautet die zentrale Feststellung eines gemeinsamen Antrags von CDU/CSU, SPD, FDP und Bündnis 90/Die Grünen, der vom Deutschen Bundestag am 19. Mai 2019 angenommen wurde. Da der Bundestag auch „Äußerungen und Übergriffe“ ablehne, „die als vermeintliche Kritik an der Politik des Staates Israel formuliert werden, tatsächlich aber Ausdruck des Hasses auf jüdische Menschen und ihre Religion sind“, beschloss er, die BDS-Bewegung zu verurteilen, forderte die Bundesregierung auf, keine BDS-Veranstaltungen zu unterstützen und ihnen keine Räumlichkeiten zur Verfügung zu stellen, keine Organisationen zu fördern, die das Existenzrecht Israels ablehnen und keinen Projekten finanziell unter die Arme zu greifen, „die zum Boykott Israels aufrufen oder die BDS-Bewegung aktiv unterstützen“.[144]

Einige Monate später verabschiedete der österreichische Nationalrat einstimmig einen Entschließungsantrag, in dem „jede Form von Antisemitismus, einschließlich israelbezogenem Antisemitismus“ sowie die Boykottaufrufe der BDS-Bewegung scharf verurteilt wurden. Die Bundesregierung solle „Organisationen und Vereinen, die sich antisemitisch äußern oder das Existenzrecht Israels in Frage stellen“, keine Räumlichkeiten zur Verfügung stellen und „Veranstaltungen der BDS-Bewegung oder von Gruppen, die deren Ziele verfolgen, weder finanziell noch in anderer Form [...] fördern“.[145] Die BDS-Bewegung, betonte der ÖVP-Abgeordnete Reinhold Lopatka in der Debatte, dürfe als antisemitisch bezeichnet werden. „All das, was von dieser Bewegung kommt, ist für mich zweifelsohne ein Beitrag, um ein antisemitisches Klima zu schaffen.“[146]

Neben dem deutschen und dem österreichischen Parlament haben bereits zahlreiche andere Körperschaften und Einrichtungen Beschlüsse gefasst, in denen die Israel-Boykottbewegung als antisemitisch eingestuft und jeglicher Kooperation mit ihr eine Absage erteilt wird, darunter die Länderparlamente von Berlin, Baden-Württemberg, Nordrhein-Westfalen, Thüringen und der Steiermark, die Stadtregierungen von Wien, Graz, Frankfurt und München, die Studentenvertretungen zahlreicher Universitäten, gewerkschaftliche Organisationen und viele andere mehr.[147]

Die BDS-Bewegung bestreitet demgegenüber natürlich vehement, mit Antisemitismus etwas zu tun zu haben. Dass ihr entsprechende Vorwürfe gemacht werden, führt sie auf eine bösartige Kampagne zurück, die dem Zweck dienen soll, sie mundtot zu machen und das, was sie als „palästinensischen Widerstand" bezeichnet, zu diskreditieren.

Der Streit über die Einschätzung von BDS führt direkt zu einem Thema, das seit gut 20 Jahren unter dem Schlagwort eines „neuen Antisemitismus" diskutiert wird: der Frage, „wo legitime Kritik an israelischer Politik aufhört und eine antisemitisch motivierte Ablehnung der Existenz Israel beginnt".[148]

Wie wir im Folgenden deutlich machen werden, besteht am antisemitischen Charakter der BDS-Bewegung kein Zweifel. Wir werden das auf zwei verschiedene Weisen begründen. Im ersten Schritt zeigen wir unter Bezug auf einige gängige Definitionen, dass die Israel-Boykottbewegung all jene Kriterien erfüllt, die israelbezogenen Antisemitismus ausmachen. Im zweiten Schritt werden wir auf einer grundlegenderen Ebene erläutern, warum BDS eindeutig antisemitisch ist: weil es einen fundamentalen Angriff auf wesentliche Bestandteile und das wohl wichtigste Symbol zeitgenössischen jüdischen Lebens darstellt.

Definitionsversuche

Um eine Unterscheidung zwischen legitimer Kritik an israelischer Politik einerseits und Ausdrucksformen von israelbezogenem Antisemitismus andererseits treffen zu können, wurden in den vergangenen Jahren mehrere Definitionsversuche des Begriffs Antisemitismus unternommen. Die zwei gängigsten sind die sogenannte „Arbeitsdefinition Antisemitismus" der *Europäischen Stelle zur Beobachtung von Rassismus und Fremdenfeindlichkeit* (EUMC), die in weiterer Folge von der *International*

Holocaust Remembrance Alliance übernommen wurde, und der sogenannte 3D-Test des ehemaligen sowjetischen Dissidenten und späteren Leiters der *Jewish Agency*, Natan Sharansky.

Am 28. Januar 2005 nahm die EUMC eine „Arbeitsdefinition Antisemitismus" an. An Versuchen, Antisemitismus zu definieren, gibt es seit der Erfindung des Begriffs in den späten 1870er Jahren zwar keinen Mangel, aber der EUMC-Vorschlag unterschied sich in zumindest dreierlei Hinsicht vom Großteil der vorherigen Definitionen.

Erstens war er nicht das Werk eines einzelnen Forschers, wie viele der früheren Bestimmungsversuche, sondern das Ergebnis einer „kollektiven Anstrengung"[149], einer sich über rund zwei Jahre hinstreckenden Zusammenarbeit mehrerer Institutionen und zahlreicher Experten. Zweitens war die „Arbeitsdefinition Antisemitismus" genau das, was der Name sagte: Sie sollte keine umfassende theoretische Erörterung des Phänomens Antisemitismus bieten, sondern in erster Linie als praktisch orientierte Hilfestellung zur „Erkennung, Identifizierung, Dokumentation, Bekämpfung und strafrechtlichen Verfolgung von Antisemitismus"[150] dienen. Lehrer, Polizisten und Richter brauchen für ihren beruflichen Alltag keine gelehrten Ausführungen über die Vorstellungen, die Antisemiten mit Juden verbinden, und deren Wandel im Laufe der Jahrhunderte, sondern handhabbare Kriterien für die Erkennung und Bewertung aktueller antisemitischer Äußerungen und Aktivitäten.

Um das zu leisten, musste sich die Arbeitsdefinition drittens zwangsläufig auch mit der Variante des Judenhasses beschäftigen, die in den vergangenen rund 20 Jahren immer mehr an Bedeutung gewonnen hat und zunehmend in den Fokus öffentlicher Debatten gerückt ist: dem israelbezogenen Antisemitismus. Dass der jüdische Staat den Hass von Antisemiten auf sich ziehen kann, hat schon früher Eingang in Begriffsdefinitionen gefunden – bereits vor dem Sechstagekrieg von 1967, also noch bevor Israel in den Augen vieler zur „Besatzungsmacht" geworden ist, gingen die *Hebräische Enzyklopädie* (1958) und *Webster's Third New International Dictionary* (1961) auf den gegen Israel gerichteten Antisemitismus ein.[151]

Aber nach dem Scheitern der Verhandlungen von Camp David im Sommer 2000, dem Beginn des oft als „zweite Intifada" verharmlosten palästinensischen Terrorkriegs gegen Israel im Herbst desselben Jahres und in Folge der Anschläge vom 11. September 2001 gewann der israelbezogene Antisemitismus eine neue und beängstigende Virulenz. Sollte der Anspruch der Praxisorientierung nicht völlig verfehlt werden, konnte die Arbeitsdefinition nicht anders, als sich auch dieser Ausdrucksform des Judenhasses zu widmen, die Monika Schwarz-Friesel und Jehuda Reinharz als die heutzutage (zumindest verbal) dominante Form bezeichnen. Sie sprechen treffend von einer „Israelisierung des Antisemitismus", die stattgefunden hat: Zeitgenössische Antisemiten „haben das ‚jüdische Problem' in das ‚Israel-Problem' verwandelt".[152]

Die EUMC definierte Antisemitismus als „eine bestimmte Wahrnehmung von Juden, die sich als Hass gegenüber Juden ausdrücken kann. Der Antisemitismus richtet sich in Wort oder Tat gegen jüdische oder nicht-jüdische Einzelpersonen und/oder deren Eigentum sowie gegen jüdische Gemeindeinstitutionen oder religiöse Einrichtung." Nach dieser allgemeinen und eher vagen Bestimmung kommt sie auf Israel zu sprechen: Antisemitismus könne sich auch „gegen den Staat Israel richten, der dabei als jüdisches Kollektiv verstanden wird".[153] Insgesamt werden in der Arbeitsdefinition sieben Beispiele für diesen israelbezogenen Antisemitismus angeführt:

- die Anschuldigung, die Juden oder Israel hätten den Holocaust erfunden oder übertrieben;
- die Beschuldigung von Juden, loyaler zu Israel zu stehen als zu den Ländern, deren Bürger sie sind;
- das „Abstreiten des Rechts des jüdischen Volkes auf Selbstbestimmung", das z. B. in der Behauptung, der Staat Israel stelle ein rassistisches Unterfangen dar, zum Ausdruck kommt;
- die „Anwendung doppelter Standards, indem man von Israel ein Verhalten fordert, das von keinem anderen demokratischen Staat erwartet und verlangt wird";

- das „Verwenden von Symbolen und Bildern, die mit traditionellem Antisemitismus in Verbindung stehen";
- „Vergleiche der aktuellen israelischen Politik mit der Politik der Nationalsozialisten" und
- das „Bestreben, alle Juden kollektiv für Handlungen des Staates Israel verantwortlich zu machen".[154]

Die EUMC wies übrigens ausdrücklich darauf hin, dass Kritik an Israel nicht antisemitisch ist, wenn sie derjenigen entspricht, die auch an anderen Staaten geübt wird – ein Passus, der von all jenen geflissentlich ignoriert wurde, die durch die Arbeitsdefinition die Meinungsfreiheit eingeschränkt sahen, weil darin angeblich jegliche Kritik an Israel unter Antisemitismusverdacht gestellt werde.

Obwohl die Arbeitsdefinition Antisemitismus international weite Verbreitung fand und von zahlreichen staatlichen Stellen und nichtstaatlichen Organisationen verwendet wurde[155], war sie von Anfang an umstritten, auch und vor allem wegen ihrer Behandlung des israelbezogenen Antisemitismus. Bis 2013 war sie dennoch auf der Website der mittlerweile in *Agentur der Europäischen Union für Grundrechte* (FRA) umbenannten EUMC zu finden, dann wurde sie aber ohne Angabe von Gründen von der Webseite entfernt. FRA-Vertreter versuchten den Eindruck zu erwecken, dass dieser Schritt keine besondere Bedeutung hatte, zumal es sich bei der Arbeitsdefinition nicht um ein bindendes Dokument gehandelt habe und sie auch nie von einem EU-Gremium offiziell angenommen worden sei.[156] Der entstandene Eindruck war aber ein entschieden anderer. Die Löschung von der FRA-Homepage wurde von vielen als ein Schritt zurück betrachtet, wenn nicht gar als ein Einknicken vor manchen Israel distanziert gegenüberstehenden EU-Mitgliedsstaaten und „Israelkritikern", denen die Arbeitsdefinition Antisemitismus ohnehin stets ein Dorn im Auge gewesen war.

Deren Freude währte freilich nur kurz, denn wenige Jahre später erlebte die Arbeitsdefinition eine Art Wiederauferstehung: Im Mai 2016 wurde sie auf einem Treffen in Rumänien von der *International Holocaust Remembrance Alliance* (IHRA) angenommen.[157] Der IHRA, die früher unter dem Namen *Task Force for international Cooperation on Holocaust Education, Remembrance und Research* bekannt war, gehörten zum damaligen Zeitpunkt 31 Staaten an, darunter Österreich, Deutschland sowie 22 weitere EU-Länder. Die in Bukarest angenommene Arbeitsdefinition ist, von wenigen Änderungen abgesehen, fast wortgleich mit der früheren EUMC-Definition und beinhaltet daher auch deren Anmerkungen über den israelbezogenen Antisemitismus.

Seit ihrer Annahme durch die IHRA erlebte die Arbeitsdefinition Antisemitismus einen zweiten Frühling. Bereits Ende 2016 war sie Gegenstand von Debatten auf einem OSZE-Treffen in Hamburg. Da OSZE-Beschlüsse einstimmig sein müssen, wurde sie nicht offiziell angenommen, aber von den 57 Mitgliedsstaaten stimmten 56 dafür; nur Russland votierte dagegen. Seitdem wurde sie von zahlreichen Staaten offiziell angenommen, darunter Großbritannien, Israel, Rumänien, Kanada, Litauen, Bulgarien, Österreich und Deutschland. Das Europäische Parlament verabschiedete im Juni 2017 eine Resolution, in der die EU-Mitgliedsstaaten dazu aufgefordert wurden, die Arbeitsdefinition anzunehmen.[158] Laut einem FRA-Bericht sind bis zum November 2019 insgesamt 14 EU-Staaten dieser Aufforderung nachgekommen, seitdem ist zumindest noch Spanien hinzugekommen.[159]

Die inhaltlichen Bestimmungen des EUMC- und IHRA-Vorschlags zur Identifizierung von israelbezogenem Antisemitismus nahmen zwar nicht darauf Bezug, lassen sich aber als Ausformulierung eines noch knapperen Definitionsversuchs verstehen, den Natan Sharansky, ehemaliger jüdischer Dissident in der Sowjetunion und nach seiner Auswanderung nach Israel im Jahr 1986 Knesset-Abgeordneter, mehrfacher Minister und Vorsitzender der *Jewish Agency*, ursprünglich 2004 in einem Beitrag in der *Jerusalem Post* vorgebracht und später im Vorwort für eine Ausgabe des *Jewish Political Studies Review* noch ein wenig erweitert hat.[160]

Der Ausgangspunkt seiner Überlegungen war der „neue Antisemitismus", der sich vordergründig nicht gegen Juden oder die jüdische Religion, sondern gegen den jüdischen Staat richtet und im Mantel vermeintlich legitimer Kritik an Israel daherkommt, oft auch unter Berufung auf hehre moralische Werte wie Menschenrechte oder Antirassismus. Um zwischen legitimer Kritik und israelbezogenem Antisemitismus zu unterscheiden, schlug Sharansky den sogenannten 3D-Test vor. Antisemitismus liegt demnach vor, wenn eines von drei „D" erfüllt wird:

Das erste D steht für *Dämonisierung.* „Wenn der jüdische Staat dämonisiert wird, wenn Israels Handlungen maßlos übertrieben werden, wenn Vergleiche zwischen Israelis und Nazis oder zwischen palästinensischen Flüchtlingslagern und Auschwitz gemacht werden, dann handelt es sich um Antisemitismus, nicht um legitime Kritik an Israel."[161] Wer solche Vergleiche anstelle, der wisse entweder nichts über den Nationalsozialismus oder aber versuche, das moderne Israel als Verkörperung des Bösen darzustellen.

Das zweite D steht für *„double standards"*, also das Messen mit zweierlei Maß. Zur langen Geschichte der Diskriminierung von Juden gehörte es, sie anders zu behandeln als andere Menschen, sie gesonderten Gesetzen zu unterwerfen oder andere Maßstäbe an sie anzulegen. „Heute müssen wir fragen, ob selektiv an Israel Kritik geübt wird. Anders gefragt: Werden ähnliche Vorgangsweise von anderen Regierungen genauso kritisiert, oder wird hier mit zweierlei Maß gemessen?"[162] So handle es sich um Antisemitismus, wenn beispielsweise die Vereinten Nationen unablässig den jüdischen Staat wegen vermeintlicher Menschenrechtsverstöße an den Pranger stellen, während Staaten wie China, der Iran, Kuba und Syrien, in denen systematisch Menschenrechtsverbrechen stattfinden, ungeschoren bleiben.

Das dritte D steht schließlich für *Delegitimierung.* „Wenn als einzigem Staat auf der Welt nur Israel das Existenzrecht bestritten wird, dann handelt es sich auch um Antisemitismus."[163]

Früher hätten Antisemiten die Legitimität der jüdischen Religion oder des jüdischen Volkes abgestritten, heute versuchten sie dasselbe mit dem jüdischen Staat. „Wenn andere Völker das Recht haben, sicher in ihrem Heimatland zu leben, dann hat auch das jüdische Volk das Recht auf ein sicheres Leben in seinem Heimatland."[164] Deshalb müsse selbstredend nicht jede Kritik an israelischer Politik antisemitisch sein, aber das Bestreiten des Existenzrechts Israels an sich sei als Ausdruck von Antisemitismus zu bewerten.

Für Sharansky ist der 3D-Test für alle Formen des Antisemitismus anwendbar, weswegen er auch die Unterscheidung zwischen legitimer Kritik und israelbezogenem Antisemitismus ermöglicht: Letzterer liege eben vor, wenn der jüdische Staat dämonisiert, mit anderen Maßstäben als andere Staaten bewertet oder seine Legitimität grundsätzlich in Abrede gestellt werde.

Sharanskys 3D-Test hat sich als wohl einflussreichstes Mittel zur Identifizierung von israelbezogenem Antisemitismus erwiesen, was sowohl an seinem griffigen Namen als auch an seiner unkomplizierten Anwendbarkeit liegt. Inhaltlich unterscheiden sich seine Kriterien substanziell kaum von denen der EUMC-/IHRA-Definition, sie ergänzen einander vielmehr. Dieser Ansicht war auch das US-Außenministerium, das im Jahre 2010, also noch in der Amtszeit von Präsident Obama, eine eigene Antisemitismus-Definition vorlegte, die im Grunde eine Verschmelzung war: Sie begann mit dem Wording der EUMC-/IHRA-Definition, um dann die 3Ds von Sharansky als Beispiele anzufügen, wie sich Antisemitismus in Bezug auf den Staat Israel äußert.[165] Als IHRA-Mitglied haben die USA mittlerweile deren Arbeitsdefinition offiziell angenommen.[166]

Anwendung auf die BDS-Bewegung

Wie sieht es nun vor dem Hintergrund dieser Definitionen mit der BDS-Kampagne aus? Handelt es sich bei ihrer Agitation, wie sie selbst stets behauptet, um legitime Kritik an Israel, oder haben wir es mit israelbezogenem Antisemitismus zu tun? Die Antwort könnte klarer nicht ausfallen: Egal, ob man Sharanskys 3D-Test oder die EUMC- bzw. IHRA-Definition heranzieht, die Propaganda der Israel-Boykotteure weist fast alle der angeführten Identifizierungsmerkmale für israelbezogenen Antisemitismus auf.

Nehmen wir den 3D-Test. Nicht der geringste Zweifel besteht daran, dass die BDS-Kampagne Israel *dämonisiert*. Ihre verbal in höchstem

Maße aggressive Propaganda besteht in der Tat zum größten Teil darin, den jüdischen Staat systematischer Menschenrechtsverletzungen und schlimmster Verbrechen anzuklagen. Rassistische Diskriminierung, Apartheid, ethnische Säuberung, Genozid, Kriegsverbrechen, Kolonialismus, Imperialismus, Ausbeutung und Islamophobie sind nur einige der Invektiven, die Israel unablässig und in so hoher Frequenz entgegengeschleudert werden, dass BDS-Stellungnahmen sich weniger wie Bestandteile einer politischen Kampagne lesen denn vielmehr wie Manifestationen eines geopolitischen Tourette-Syndroms.

Um sachliche Kritik geht es dabei nicht. Die Vorwürfe haben mit der Realität in der Regel wenig bis nichts zu tun, immer wieder wird der jüdische Staat selbst für Vorgänge in anderen Teilen der Welt an den Pranger gestellt, zu denen so gut wie keine Verbindung besteht. Zuletzt etwa im Sommer 2020, als die BDS-Bewegung allen Ernstes behauptete, Fälle von tödlicher Polizeigewalt in den USA seien mit Israel „historisch, ideologisch und systematisch [...] verknüpft".[167]

Nicht unüblich ist es auch, Israel mit dem Nationalsozialismus auf eine Stufe zu stellen oder den israelischen Premier Netanjahu mit Hitler gleichzusetzen – vor dem Hintergrund des Holocaust die höchstmögliche Form der Dämonisierung des jüdischen Staats, die deshalb in den EUMC- bzw. IHRA-Arbeitsdefinitionen richtigerweise explizit als ein Beispiel für israelbezogenen Antisemitismus angeführt wird. NS-Israel-Vergleiche verkehren die Realität und betreiben eine Täter-Opfer-Umkehr, indem sie Israel als die neuen Nazis und die Palästinenser als die neuen Juden präsentieren. Diese Holocaust-Inversion „befördert die antisemitische Darstellung von Juden als Menschen, die Verbrechen begehen, die sie selbst erlitten haben", und „verharmlost den Holocaust, indem sie israelische ‚Verbrechen' auf eine Stufe mit denen der Nazis stellt".[168] Der Holocaust wird instrumentalisiert und zu einer Waffe im Propagandakampf gegen Israel gemacht.

Vor allem in sozialen Medien bedienen sich BDS-Aktivisten dieser Form der Dämonisierung Israels. *BDS Frankreich* etwa postete eine bildliche Gleichsetzung einer israelischen Soldatin mit einem BDM-Mädchen und versah das mit dem Kommentar: „Die Nazis und die Zionisten sind zwei Seiten derselben Medaille."[169] Die *Palestine Solidarity Campaign*, eine der führenden britischen BDS-Organisationen, veröffentlichte auf Facebook zwei Zeichnungen, die den Nationalsozialismus und den Zionismus auf eine Stufe stellten, indem sie einen Nazi-Soldaten mit einem israelischen Soldaten und einen jüdischen Jungen, der einen Davidstern trägt, mit einem jungen Palästinenser gleichsetzte.[170] Der israelfeindliche amerikanische Aktivist und BDS-Befürworter Abbas Hamideh schrieb auf Twitter: „#Palestine und #Auschwitz schauen schaurig gleich aus".[171] Den israelischen Premier, dem er die Worte „Wir sind das auserwählte Volk" in den Mund legte, setzte er mit Hitler („Wir sind die auserwählte Rasse") gleich: „Dieselben Worte ..., derselbe Wahnsinn."[172]

Auf anti-israelischen Demonstrationen, die während der kriegerischen Auseinandersetzung zwischen Israel und der Hamas im Sommer 2014 von der *Palestine Solidarity Campaign* in London organisiert wurden, waren auf Plakaten und Transparenten Slogans zu lesen wie „Stoppt den palästinensischen Holocaust sofort – das faschistische Israel wird der Gerechtigkeit nicht entgehen", „Völkermord, Holocaust, Apartheid 2014" und „Bush und Blair sind unsere Hitler, Gaza ist unser Auschwitz". Auf einem Plakat stand „Hitler wäre stolz".[173] Großer Beliebtheit erfreut sich auch die Wortschöpfung „ZioNazi", so etwa bei Sarah Wilkinson von der *Palestine Solidarity Campaign*. Auf Twitter bezeichnete Wilkinson Israel als „brutale ZioNazi-Okkupation", die „langsam Völkermord umsetzt".[174]

All das dient ausschließlich dem Zweck, Israel als durch und durch verdammungswürdigen Verbrecherstaat darzustellen. Genauso wenig wie bestritten werden kann, dass die BDS-Kampagne Israel systematisch *dämonisiert*, können Zweifel daran aufkommen, dass dabei an den jüdischen Staat ständig *völlig andere Maßstäbe* angelegt werden als an andere Akteure. Das zeigt sich schon an der Frage, warum ausgerechnet Israel zum Gegenstand einer weltweiten Kampagne geworden ist, im Gegensatz zu zahlreichen anderen Staaten, die sich wirklich unbestreitbarer Verbrechen schuldig gemacht haben. Die Antwort von BDS lautet, dass die Boykottbewegung von Palästinensern angeführt werde und es „nur logisch“ wäre, dass sich ihr Kampf gegen Israel richte, „und nicht gegen Nordkorea“.[175]

Das ist allerdings eine Antwort, die keine ist. Denn die Frage lautet nicht, warum Palästinenser gegen Israel kämpfen, sondern warum Menschen in zahlreichen Ländern, die mit dem palästinensisch-israelischen Konflikt nichts zu tun haben, sich auf gerade diese Auseinandersetzung konzentrieren und sie zum Gegenstand ihrer politischen Agitation machen. Was begründet ihre moralische und politische Entrüstung ausgerechnet über Israel?

Objektive Faktoren können es nur schwerlich sein. Israel ist, wie jeder andere Staat der Welt auch, nicht perfekt, begeht Irrtümer, macht Fehler und verstößt manchmal gegen die Werte, die es selbst hochhält. Aber wenn man einmal von frei erfundenen Vorwürfen absieht, tut Israel nichts, was nicht von anderen Staaten in weit größerem Ausmaß getan wird – ohne den Furor der Boykotteure auf sich zu ziehen.

„Israel ist die einzige Nation im Nahen Osten, in der es Rechtsstaatlichkeit gibt“, schreibt Alan Dershowitz zu Recht. „Seine Bilanz in Menschenrechtsfragen fällt im Vergleich zu jedem anderen Land gut aus, das mit ähnlichen Gefahren konfrontiert ist. Sein Oberstes Gericht ist eines der besten der Welt, entscheidet immer wieder gegen die Armee und die Regierung und stellt sicher, dass diese im Rahmen des Rechtsstaats agieren. Israel hat eine der besten Bilanzen der Welt, wenn es um die Rechte etwa von Frauen, Homosexuellen und körperlich oder psychisch Beeinträchtigten geht. In Israel bestehen Meinungsfreiheit, Pressefreiheit, Versammlungsfreiheit, Religionsfreiheit und die Freiheit, dem Staat zu widersprechen.“[176] Nichts von alledem gibt es im Gazastreifen, im Westjordanland und in den arabischen Ländern, in denen zahlreiche Palästinenser leben.

Wenn BDS-Aktivisten wirklich die Menschenrechte von Palästinensern am Herz liegen, warum hört man von ihnen dann nichts über die Lage der Palästinenser in arabischen Staaten wie dem Libanon, in denen ihnen – anders als in Israel – grundlegende Rechte vorenthalten werden?[177] Wo blieb der Aufschrei von BDS, als in den vergangenen Jahren in Syrien palästinensische Wohnviertel vom Regime in Schutt und Asche gebombt, einer jahrelangen Hungerblockade ausgesetzt und Tausende Palästinenser ermordet wurden?[178] Warum zählt das Leid von Palästinensern für BDS nur, wenn es Israel in die Schuhe geschoben werden kann, bleibt aber unbeachtet, wenn es von anderen verursacht wird? Gibt es eine andere Erklärung dafür, als dass hier mit zweierlei Maß gemessen wird, um gegen Israel zu agitieren?

Die Auflistung der Beispiele für die Doppelmoral der BDS-Bewegung ließe sich lange fortsetzen. Um nur einige wenige zu erwähnen: Warum interessieren sich die Boykottaktivisten nur für angebliche israelische Kriegsverbrechen, ignorieren aber, wenn im Nachbarland Syrien Tausende Menschen durch Giftgasangriffe des Regimes ermordet werden? Warum klagen sie die israelische „Okkupation" des Westjordanlandes als himmelschreiendes Unrecht an, haben aber zu Beispielen kriegerischer Besatzung aus aller Welt (von der Westsahara bis zu Zypern und von der türkischen Besatzung Nordsyriens bis zu Tibet) nichts zu sagen? Warum prangern sie angeblich willkürliche Verhaftungen von Palästinensern an, kümmern sich aber nicht um die massenhafte Verschleppung muslimischer Uiguren in chinesische Umerziehungslager? Warum berufen sie sich auf das Selbstbestimmungsrecht der Völker, um für einen palästinensischen Staat zu agitieren, verwehren aber genau dieses Recht als einzigem Volk der Welt den Juden?

Wenn die BDS-Bewegung uns also weismachen will, dass ihrer Agitation menschenrechtliche und andere humanitäre Motive zugrunde liegen, dann muss sie sich die Frage gefallen lassen, warum sie nicht gegen Länder auftritt, in denen ständig schwere Verbrechen an der eigenen Bevölkerung begangenen werden, der sie grundlegende Rechte verwehren. Wie Alan Dershowitz bemerkt, wäre eine Liste möglicher Kandidaten lang: „Sie würde Nordkorea genauso enthalten wie den Iran, Kuba, China, Zimbabwe, Myanmar, Belarus, Russland, die Türkei, Saudi-Arabien, Pakistan, die Philippinen, Venezuela, Kuwait und viele andere. Israel befände sie am unteren Ende einer solchen Liste, hinter sämtlichen arabischen, muslimischen, afrikanischen und asiatischen Ländern und auch hinter einigen europäischen Staaten."[179]

Angesichts des Umstands, dass Menschen in vielen Ländern dringend auf internationale Unterstützung angewiesen wären, weil ihre Regierungen höchst reale Verbrechen an ihnen begehen, mutet es umso bizarrer an, dass BDS ausgerechnet den jüdischen Staat herausgreift und ihn ständig mit grotesk überzogenen Vorwürfen und Anklagen wegen angeblicher Verbrechen diffamiert. Was bringt etwa BDS-Aktivisten dazu, sich als israelische Soldaten zu verkleiden und in einer Wiener Fußgängerzone kaltblütige „Hinrichtungen" von Palästinensern „nachzustellen", die es so in der Wirklichkeit nicht gibt?[180]

Wir können in die Köpfe dieser Aktivisten nicht hineinschauen und deshalb über ihre Motivation nur spekulieren. Aber unabhängig von ihren subjektiven Gründen ist klar, was sie objektiv tun: mit zweierlei Maß messen, um mit ihren maßlosen Anklagen Israel zu verdammen.[181]

Nach alledem kann nicht mehr überraschen, dass die BDS-Bewegung selbstverständlich auch Sharanskys drittes Kriterium für israelbezogenen Antisemitismus erfüllt: die *Delegitimierung* des jüdischen Staates. Wie bereits gezeigt, bekennt sie sich in ihren Veröffentlichungen nicht offen zum Ziel der Zerstörung Israels, aber genau das ist die Folge der Dämonisierung des jüdischen Staates – und zahlreiche BDS-Aktivisten sprechen das auch offen aus.

Der bereits erwähnte BDS-Unterstützer Abbas Hamideh schrieb auf Twitter: „Israel hat kein Existenzrecht. Die terroristische Entität ist illegal und hat keine Existenzgrundlage außer ihrer IS-ähnlichen Ideologie."[182] Ebenfalls auf Twitter bezeichnete er einen Artikel mit dem Titel „Warum Israel kein Recht zu existieren hat" als „eindrucksvoll" und fügte hinzu: „Das ist einfach die Wahrheit, und alles andere ist ein Mythos."[183] Hatem Bazian, der Gründer der *American Muslims for Palestine* und der *Students for Justice in Palestine* – beides in der BDS-Bewegung äußerst aktive Organisationen –, schrieb ebenfalls auf Twitter: „Die ‚jüdische Nation' ist der zentrale Mythos des Zionismus. Er muss niedergerissen werden."[184] Der BDS-Befürworter Ahmed Moor bezeichnet

BDS als ein „Langzeitprojekt mit radikal transformativem Potenzial" und spricht offen aus: „Gut, BDS bedeutet also wirklich das Ende des jüdischen Staates." Der Erfolg der Bewegung sei direkt mit der „Diskreditierung des Zionismus als legitimer Sichtweise der Welt" verknüpft.[185]

Für den weltweit wohl prominentesten BDS-Aktivisten Omar Barghouti ist das Ende Israels die einzig logische Folge des Apartheidvorwurfs. Wie bereits weiter oben zitiert, kann ein jüdischer Staat aus seiner Sicht „gar nicht anders, als den grundlegenden Rechten der eingeborenen palästinensischen Bevölkerung zu widersprechen und ein System der rassistischen Diskriminierung aufrechtzuerhalten", weshalb keine Palästinenser „jemals einen jüdischen Staat in Palästina akzeptieren" werde.[186]

Wer denselben Gedanken lieber ein wenig intellektueller ausgedrückt haben will, kann sich an die Gender-Theoretikerin Judith Butler halten, die zwar keine offizielle Vertreterin von BDS ist, aber trotzdem als akademisches Aushängeschild der Israel-Boykotteure fungiert. Auch ihr geht es nicht um „eine bloße Bereinigung oder um Reformen", sondern um die „Überwindung der Struktur jüdischer Souveränität und demografischer Überlegenheit".[187] Die Verpackung mag anders aussehen, das Ziel ist dasselbe: die Beseitigung Israels als Konsequenz der „Einsicht" in die Illegitimität des jüdischen Staates.

Zusammengefasst: Die *Dämonisierung* Israels ist das tägliche Brot der BDS-Bewegung, sie misst offenkundig mit *zweierlei Maß* und legt an Israel völlig andere Maßstäbe an als an das Handeln anderer Staaten, und die *Delegitimierung* des jüdischen Staates ist der Kern und die Absicht der gesamten Kampagne.

In der Rezeption von Sharanskys 3D-Test wurde darüber debattiert, ob schon das Vorhandensein nur eines der drei D israelbezogenen Antisemitismus belegt oder ob mehrere identifiziert werden müssen. Im Hinblick auf die Israel-Boykottbewegung erübrigt sich diese Diskussion: Sie erfüllt mühelos genauso alle drei Kriterien Sharanskys, wie sich aus ihren Reihen unzählige Beispiele für fast alle der sieben Kriterien für israelbezogenen Antisemitismus der EUMC- bzw. IHRA-Arbeitsdefinitionen anführen ließen – die Fülle an entsprechendem Material ist überwältigend. Misst man diesen Definitionen auch nur den geringsten Wert bei, so besteht am antisemitischen Charakter der BDS-Bewegung nicht der leiseste Zweifel.

Eretz Israel

Zum selben Urteil muss man kommen, wenn man sich unabhängig von diesen Definitionsversuchen mit der BDS-Kampagne auseinandersetzt und der Frage nachgeht, was deren Angriffe auf Israel für das heutige Judentum bedeuten.

BDS wehrt sich gegen den Vorwurf des Antisemitismus mit der Behauptung, nicht gegen Juden, sondern gegen den Staat Israel und die „Vermischung von Zionismus und Judentum" zu agitieren.[188] Die Gleichsetzung der Ablehnung Israels mit Antisemitismus vermische „die Interessen des israelischen Staates mit [denen] der heterogenen jüdischen Bevölkerung in und außerhalb Israels".[189] Nun stimmt selbstverständlich, dass Israel nicht für alle Juden weltweit sprechen kann, und ebenso wahr ist, dass Juden außerhalb Israels nicht einfach mit dem jüdischen Staat identifiziert werden dürfen.

Aber umgekehrt sollte ebenso klar sein, dass die strenge Unterscheidung von Judentum und Israel, die von der BDS-Bewegung angeblich vorgenommen wird – die Praxis diesbezüglich sieht oft anders aus –, unhaltbar ist: Es handelt sich um eine ahistorische und in beachtlichem Ausmaß ignorante Illusion, die die Bedeutung und den Stellenwert Israels für das heutige Judentum beiseite wischt. Und so tut, als ob man Israel und das Judentum so fein säuberlich trennen könnte, dass man das eine angreifen kann, ohne auch das andere zu treffen.

Wer glaubt, das Judentum und der jüdische Staat Israel seien zwei grundsätzlich verschiedene Paar Schuhe, dessen Wissen über das Judentum und über jüdische Geschichte dürfte beachtliche Lücken aufweisen und er dürfte die jüdische Religion nur in der Form kennen, die sie in der erzwungenen Diaspora angenommen hat.

Historisch gesehen war das Judentum bis zur Niederschlagung des jüdischen Aufstands, der Eroberung Jerusalems und der Zerstörung des zweiten Tempels durch die Römer im Jahre 70 u. Z. untrennbar an das Land Israel (Eretz Israel) gebunden. Seine Regeln umfassten alle Bereiche des Lebens, den religiösen, den sozialen und den, den man heute den nationalen Bereich nennen würde: die Einrichtung des jüdischen Staates und seiner Gesetze.

Von den 613 Geboten der Tora sind mehr als die Hälfte auf die eine oder andere Weise an das Land Israel gebunden. In diesem Judentum gingen die jüdische Religion und der jüdische Staat Hand in Hand. „Und das ist kein Zufall. Per Definition stand Israel im Zentrum der biblischen Beschreibung dessen, was das Judentum sein soll. [...] Mehr als 70 Prozent des Talmuds beschäftigen sich mit jüdischen Gesetzen, die mit *Eretz Israel* verbunden sind! Das Judentum, das in der Tora und im Talmud beschrieben wird, drückt sich auf der nationalen Ebene als Nationalstaat aus, als ein Staat mit einer jüdischen Regierung und Armee, einem jüdischen Gerichtssystem, Sozialstaat und Steuersystem.“[190]

Die Zerstörung des Tempels und die Vertreibung der Juden aus ihrem Land beendeten diese Form des Judentums. „Alle Institutionen des jüdischen nationalen Lebens“, beschreibt der ehemalige britische Oberrabbiner Jonathan Sacks die Folgen dieser Katastrophe, „existierten nicht mehr. Es gab keinen Tempel mehr, keine heiligen Opfer, keine Priester, keine Könige, keine Propheten, kein Land, keine Unabhängigkeit und keine Hoffnung, alsbald wieder zurückkehren zu können.“[191]

Wollte das Judentum unter diesen Bedingungen überleben, musste es sich neu erfinden, und genau das tat es in Form des rabbinischen Judentums. Noch einmal Jonathan Sacks: „Jede Synagoge wurde zu einem Fragment des Tempels. Jedes Gebet wurde zu einer Opferdarbietung. Jeder Jude wurde zu einer Art von Priester, der Gott keine Opfer bot, sondern die Scherben eines zersplitterten Herzens sammelte.“[192] Damit wurde nicht nur das Überleben des Judentums ermöglicht, das nunmehr die Religion einer Minderheit inmitten einer meist feindlichen Umwelt war, sondern auch die Grundlage von dessen Weiterbestehen durch fast zweitausend Jahre der Diaspora geschaffen.

Das jüdische Gemeinwesen im Land Israel existierte nicht mehr, aber die Verbindung des Judentums zu diesem Land bestand weiter fort. Einerseits lebten weiterhin Juden im Gebiet der früheren jüdischen Königreiche. Andererseits war die Sehnsucht nach einer Rückkehr nach Eretz Israel – und damit der Wiedererrichtung des jüdischen nationalen Gemeinwesens – ein fester Bestandteil des erneuerten Judentums in der Zeit der Diaspora.[193]

Um nur einige Beispiele anzuführen: Der Wunsch „Nächstes Jahr in Jerusalem" steht am Ende des Sederabends und am Schluss der Gebete zu Jom Kippur, dem höchsten jüdischen Feiertag. Beim Gebet wenden sich Juden Richtung Jerusalem. Im Schacharit, dem Morgengebet für Werktage, heißt es: „Bringe uns in Frieden heim von den vier Enden der Erde und führe uns aufrecht in unser Land."[194] Zum Abschluss der Hochzeit, einem Moment der größten Freude, zertritt der Bräutigam einen Glasbecher, die Scherben sollen an den zerstörten Tempel von Jerusalem erinnern. Über die Jahrhunderte hinweg kehrten Juden wieder und wieder nach Jerusalem zurück, motiviert von messianischen Überzeugungen oder einfach getragen von dem Wunsch, in Eretz Israel ihren Lebensabend zu verbringen und ihre letzte Ruhestätte zu finden.

Schon vor der Entstehung des politischen Zionismus Ende des 19. Jahrhunderts war der Wunsch nach der Rückkehr ins Land Israel Teil der religiösen Überzeugungen des Judentums. Das Scheitern der Emanzipation der Juden in den Staaten Europas, die Entstehung des modernen Antisemitismus inmitten der angeblich so aufgeklärten europäischen Gesellschaften und schließlich die nationalsozialistische Vernichtungspolitik gegen die Juden strichen hervor, wie notwendig die Wiedererrichtung eines jüdischen Staates im Land Israel war.

Israelisches Judentum

Um die Bedeutung des modernen Staates Israel für das zeitgenössische Judentum zu verstehen, hilft ein Blick auf die demografischen Veränderungen der jüdischen Bevölkerung weltweit.

Fast zweitausend Jahre lang trug sich jüdisches Leben in zwei Kernregionen zu: im Nahen Osten (inklusive Nordafrika) und in Europa. Letzteres nahm anfänglich eine untergeordnete Rolle ein: „Von wenigen Ausnahmen abgesehen, spielte sich alles, was im jüdischen Leben kreativ und bedeutsam war, in islamischen Ländern ab."[195] Wann genau sich diese Verhältnis umkehrte, ist schwer zu sagen, aber irgendwann zwischen dem späten Mittelalter und dem 17. Jahrhundert verlagerte sich der Schwerpunkt jüdischen Lebens ins christliche Europa.

Andere Gegenden spielten die längste Zeit so gut wie keine Rolle. Im Jahr 1880 beispielsweise machten die jüdischen Gemeinden in den USA und in Palästina zusammen mit nicht einmal 300.000 Mitgliedern rund drei Prozent aller Juden weltweit aus.[196] Zwischen 1933 und 1967, also im Laufe von nicht einmal 35 Jahren, änderte sich das fundamental.

Am Vorabend des Holocaust lebten in Europa rund 9,5 Millionen Juden. Nachdem die Nazis und deren Handlanger auch außerhalb Deutschlands und Österreichs ihr tödliches Werk vollrichtet hatten, waren es nur mehr rund 3,5 Millionen – zwei Drittel der europäischen Juden waren vernichtet worden, auch und vor allem im besetzten Polen und in der Sowjetunion, wo das traditionelle Judentum in Form seiner zahlreichen ländlichen Gemeinden und jüdischen Kleinstädte praktisch nicht mehr existierte.

Nach Kriegsende verließen viele Überlebende die Länder, die zu riesigen Friedhöfen ihrer Verwandten geworden waren, in Richtung Israel und Amerika. Vor dem Zweiten Weltkrieg hatten in Europa rund 60 Prozent aller Juden weltweit gelebt, im Jahr 2016 waren es nur mehr rund 10 Prozent. „Das europäische Judentum, das Epizentrum der jüdischen Welt, ist ausradiert worden."[197]

In den Jahren nach dem Ende des Zweiten Weltkriegs hörte allerdings auch das zweite bisherige Epizentrum jüdischen Lebens zu existieren auf. Immer öfter wurden jüdische Gemeinden im Nahen Osten und in Nordafrika zum Ziel blutiger Angriffe. Auf die Verabschiedung der Resolution am 29. November 1947, in der die Generalversammlung der Vereinten Nationen die Teilung Palästinas in einen jüdischen und einen arabischen Staat vorschlug, folgten antijüdische Pogrome im Jemen und in Syrien, überall wuchs die Repression gegen Juden, gesteigert noch einmal anlässlich der Gründung Israels. Die Folge war ein Exodus Hunderttausender Juden aus den arabischen Ländern, von denen knapp 600.000 in Israel Zuflucht fanden. Jüdische Gemeinden, die es schon seit Hunderten von Jahren gegeben hatte, verschwanden von der Landkarte.[198] Mehrere Staaten wurden praktisch „judenrein", nicht durch systematischen Massenmord wie in Europa, aber durch erzwungene Flucht und Vertreibung. 1945 lebten noch rund 900.000 Juden im arabischen Raum, heute sind es nur noch wenige Tausend. „Mehr als 99,5 Prozent der jüdischen Bevölkerung der arabischen Staaten wurden ins Exil gezwungen."[199]

Der Holocaust und die Flucht und Vertreibung der orientalischen Juden hatten zur Folge, dass sich die Zentren jüdischen Lebens von Europa und der arabischen Welt an zwei andere Orte verschoben: in die USA, wo die Zahl der Juden mit der Masseneinwanderung osteuropäischer Juden ab 1880 sprunghaft anstieg, und, nach fast zweitausendjähriger Unterbrechung, zurück nach Israel. „Heute leben 85 Prozent der Juden weltweit in den Vereinigten Staaten und in Israel. Anders gesagt, fast das gesamte jüdische Leben findet heute in zwei Gemeinschaften statt, die vor 135 Jahren praktisch noch nicht existiert haben."[200]

Die Verteilung zwischen Amerika und Israel ist im Moment recht ausgewogen: Eine Studie aus dem Jahr 2018 kommt zum Ergebnis, dass in den USA aktuell rund 6,9 Millionen Juden leben, ungefähr gleich viele wie in Israel.[201] Die annähernde quantitative Ausgewogenheit sollte aber nicht über den enormen qualitativen Unterschied hinwegtäuschen, der zwischen den beiden Ländern existiert. Die Geschichte der Juden in den USA ist ohne Zweifel eine Erfolgsstory, die in der westlichen Welt ihresgleichen sucht. Aber sie waren stets eine kleine Minderheit unter vielen anderen Gruppen, die die amerikanische Gesellschaft ausmachen, ihr Anteil an der Gesamtbevölkerung ist in den vergangenen fünfzig Jahren von drei auf zwei Prozent gesunken, und ihre Zahl wird demografischen Prognosen zufolge in den kommenden Jahrzehnten stark schrumpfen.

Die Zahlen allein erzählen aber nicht die ganze Geschichte. In der amerikanischen Gesellschaft, in der der Antisemitismus nie solchen Einfluss hatte wie in den Gesellschaften Europas, stellt die zunehmende Assimilation die jüdischen Gemeinden vor enorme Zukunftssorgen. Immer mehr Juden heiraten nicht-jüdische Partner, immer weniger Kinder erfahren eine jüdische Erziehung, immer weniger Juden lernen noch Hebräisch oder gehen in Synagogen. Die Zahl derjenigen, für die das Judentum keine oder eine nur noch diffuse Rolle spielt, nimmt zu.

Der Publizist Charles Krauthammer warnte bereits vor mehr als 20 Jahren vor einem „katastrophalen Rückgang“ der Zahl amerikanischer Juden und sprach von einer „sterbenden Diaspora“.[202] Die vermehrte Assimilation mag für den Einzelnen ein guter Weg sein, aber sie ist „klarerweise ein Desaster für die Juden als Gemeinschaft mit einer Erinnerung, einer Sprache, einer Tradition, einer Liturgie, einer Geschichte, einem Glauben und einem Erbe – all das wird letztendlich verschwinden“.[203]

Als umso größer schätzte Krauthammer daher die Bedeutung Israels für das Judentum insgesamt ein – des Landes, in dem Juden nicht als Minderheit leben, sondern das als jüdischer Staat zum „Herzen des jüdischen Volkes geworden ist – seinem kulturellen, spirituellen und psychologischen Zentrum, und das bald auch sein demografisches Zentrum sein wird“.[204]

Israel hat in gewissem Sinne auch den Platz des untergegangenen osteuropäischen Judentums eingenommen. Wie der Historiker Jacob Talmon 1976 in seinem Text über den – schon damals – „neuen Antisemitismus“ hervorhob, in dem er auch die Formulierung von Israel als dem „kollektiven Juden der Nationen“ prägte, bedeutete der Holocaust nicht bloß den Tod von rund sechs Millionen Juden, sondern auch das „unwiederbringliche und unumkehrbare Ende einer lebendigen und reichhaltigen jüdischen Zivilisation, die sich über fast 15 Jahrhunderte in den Ländern Zentral- und Osteuropas entwickelt hatte: engmaschige, bevölkerungsreiche Gemeinden mit eigener Religion, Kultur, Sprache, Kunst, eigenen Traditionen, sozial-ökonomischen Strukturen, selbstverwalteten Institutionen, Werten, Zielen, und Träumen". Die heute bestehenden jüdischen Gemeinden in Europa und Amerika stellten für Talmon keinen Ersatz dar, zeigten sie doch „ein Bild der Atomisierung, des Zerfalls, des Mangels an authentischen jüdischen Merkmalen und wachsender Assimilation". Ganz im Gegensatz zum jüdischen Staat: „Der einzige Erbe und Aufbewahrungsort der zerstörten jüdischen Zivilisation ist Israel."[205]

Und mehr noch, seit seiner Gründung findet in Israel nicht weniger als eine kulturelle Revolution statt: die Entstehung eines israelischen Judentums, das sich vom Judentum außerhalb Israels unterschiedet, weil es im Rahmen eines jüdischen Staates gedeihen kann. Wie sich das spezifisch Jüdische in diesem Staat niederschlagen soll, das müssen die Israelis untereinander aushandeln – und genau das tun sie seit der Gründung des „jüdischen Start-ups": „Ein israelisches Judentum erwächst aus der Freiheit der israelischen Juden, ihren öffentlichen Raum so zu gestalten, dass er ihre jüdische Kultur zum Ausdruck bringt und erhält. *Wie* dieses Judentum aussehen soll, darüber gibt es keinen Konsens, sondern nur Streit. Aber sogar dieser Streit macht das israelische Judentum einzigartig, denn für Tausende von Jahren – bis vor sieben Jahrzehnten – wäre ein solcher Streit unmöglich gewesen."[206]

Ob es also am Schabbat öffentlichen Verkehr geben soll oder nicht, ob Kinos und Theater am Schabbat geöffnet haben dürfen oder nicht, wie und welche Feiertage begangen werden sollen, nach welchen Lehrplänen Kinder in staatlichen Schulen unterrichtet werden sollen, ob streng religiöse Juden Militärdienst leisten müssen oder davon befreit werden sollen usw. – all das sind heiß umstrittene Fragen, auf die das israelische Judentum Antworten finden muss, weil sie sich im Diaspora-Judentum schlicht so nie gestellt haben.

Damit soll nicht gesagt werden, dass Israel ein religiöser Staat ist. Ganz im Gegenteil: „Der Staat Israel ist eine säkulare, bürgerliche Kreation. Er ist nicht an die Gesetze des *Schulchan Aruch* [die religiösen Regeln der Halacha, Anm. d. Verf.] gebunden, und die meisten seiner Bürger sehen sich nicht zu einer strikten Einhaltung religiöser Vorschriften verpflichtet. Man kann also sagen, dass die israelische Version des Judentums zu dem passt, was Juden heutzutage wollen. Es erlaubt ihnen, sich von den Elementen eines religiösen Lebensstils zu verabschieden [...], ohne die Zugehörigkeit zu ihrem Volk und zu dessen Kultur zu verlieren."[207]

Die beiden Bestandteile der Bezeichnung israelisches Judentum stehen dabei nicht in Widerspruch zueinander, sondern bedingen sich gegenseitig. Die meisten israelischen Juden verstehen sich vorrangig als jüdisch, gleichzeitig „denken die meisten aber, dass man in Israel leben, also Israeli sein muss, um ein guter Jude zu sein. Um in erster Linie *jüdisch* zu sein, muss man erst einmal *Israeli* sein. Und umgekehrt. [...] Im Laufe der Zeit sind Jüdisch-Sein und Israelisch-Sein zu einer neuen Mischung verschmolzen."[208]

Das mögen Juden außerhalb Israels anders sehen, aber es besteht kein Zweifel daran, dass auch für die große Mehrheit von ihnen Israel ein wichtiges, wenn nicht gar das wichtigste Symbol zeitgenössischen Judentums ist. Das trifft nicht zuletzt auf Juden zu, die sich als nichtreligiös verstehen, aber sehr wohl zum Judentum bekennen: Für sie ist die Unterstützung des jüdischen Staates vielfach der entscheidende Bestandteil ihres jüdischen Selbstverständnisses. Das bedeutet nicht, dass sie automatisch die Politik der jeweiligen israelischen Regierung unterstützen; ob sie eine bestimmte Politik befürworten, ist Ausdruck ihrer persönlichen politischen Präferenzen. Aber es bedeutet sehr wohl, dass sie sich dem jüdischen Staat verbunden fühlen, weil das Bekenntnis zu Israel als der Verkörperung des Rechts der Juden auf Selbstbestimmung in ihrem historischen Heimatland selbstverständlich zu ihrem Judentum dazugehört.

Dieser Unterschied kommt in Meinungsumfragen deutlich zum Vorschein. Eine dieser Untersuchungen, über die in der *Jerusalem Post* Anfang Februar 2020 berichtet wurde, kam zu dem Ergebnis, dass sich 80 Prozent der amerikanischen Juden als „pro-israelisch" bezeichnen, wobei sich 67 Prozent Israel „verbunden" oder „sehr verbunden" fühlen. Gleichzeitig meinten 57 Prozent der Befragten, sie seien „pro-israelisch, aber auch kritisch gegenüber israelischer Politik", nur 23 Prozent sagten, sie seien pro-israelisch und unterstützten die gegenwärtige israelische Regierung.[209]

Umfragen zum Verhältnis europäischer Juden zu Israel kommen auf ähnliche Ergebnisse. Laut einer Studie der *Agentur der Europäischen Union für Grundrechte* von 2019 ist Israel für das Leben junger jüdischer Europäer von großer Bedeutung: 76 Prozent der Befragten haben Verwandte dort, für 73 Prozent ist die Unterstützung Israels „wichtig für ihr Gefühl jüdischer Identität".[210] Auch hier gilt, was der Auftraggeber der zitierten amerikanischen Umfrage bemerkte: Die Beziehungen zwischen Juden und Israel gehen „über Politik und jüdische religiöse Fragen hinaus – und unsere Gespräche sollten diese einfache Realität widerspiegeln".[211]

Ein Frontalangriff auf das Judentum

Kehren wir vor dem Hintergrund der Bedeutung Israels für das zeitgenössische Judentum zum Thema BDS zurück: Was bedeuten die ständigen und in höchstem Maße diffamierenden Angriffe auf den jüdischen Staat durch die Israel-Boykotteure für Juden weltweit?

In der Debatte um antisemitische Positionen der *Black-Lives-Matter*-Bewegung hat Alan Dershowitz folgendes Gedankenexperiment vorgeschlagen:

> „Stellen Sie sich eine Welt vor, in der es nur eine einzige schwarzafrikanische Nation gäbe – eine Nation, die weitgehend von zuvor versklavten schwarzen Männern und Frauen aufgebaut wurde. Stellen Sie sich weiter vor, dass diese einzigartige Schwarze Nation eine gute Bilanz in Bezug auf die Umwelt, die Rechte der Homosexuellen, die Gleichstellung der Geschlechter, die Menschenrechte und die Verteidigung gegen die Angriffe vorwiegend weißer Nationen vorzuweisen hätte. Aber wie alle Nationen war auch die Schwarze Nation bei weitem nicht perfekt. Sie hatte ihre Schwächen und Unvollkommenheiten."

Und stellen wir uns weiter vor, eine Kampagne würde einen Propagandakrieg einzig und allein gegen diese eine Schwarze Nation führen und sie kontinuierlich mit maßlos überzogenen und diffamierenden Vorwürfen überhäufen, andere Staaten, die sich tatsächlich ähnlich oder weit ärger verhalten als die Schwarze Nation, aber völlig von Kritik ausnehmen. „Würde irgendjemand zögern, die Anklage ausschließlich der einzigen Schwarzen Nation der Welt als einen Akt der Bigotterie zu bezeichnen, der durch anti-schwarzen Rassismus motiviert ist?“[212] Völlig zu Recht würden sich Schwarze auf der ganzen Welt davon angegriffen fühlen, wenn die einzige Schwarze Nation so behandelt werden würde, und selbstverständlich sowie zu Recht würden sie eine solche Kampagne als Ausdruck von Rassismus begreifen.

In der realen Welt passiert mit Israel genau das, was Dershowitz in seinem Gedankenexperiment über den Umgang mit der fiktiven Schwarzen Nation gezeigt hat: Die unfairen und diffamierenden Vorwürfe der Israel-Boykotteure, die nur den jüdischen Staat herausgreifen und das erklärte Ziel verfolgen, ihn zum internationalen Pariastaat zu machen, werden von vielen Juden weltweit als beleidigend empfunden und als Ausdruck von Antisemitismus verstanden. Und dabei ist unerheblich, dass die BDS-Bewegung ständig betont, doch „nur“ gegen Israel, nicht aber gegen Juden an sich zu agitieren. Unabhängig von der Intention kann „die Schmähung Israels als hochgradig beleidigend empfunden werden, weil eine enge Beziehung zwischen der jüdischen Identität einer Person und ihrer Bindung an Israel besteht“.[213]

Weil rund vier Fünftel aller Juden in Amerika und in Europa sich Israel eng oder sehr eng verbunden fühlen, empfinden viele von ihnen es als einen Angriff auf das Judentum, wenn die Israel-Boykotteure in ihrer Propaganda den einzigen jüdischen Staat der Welt ständig in den Dreck ziehen. Wenn die BDS-Bewegung behauptet, sie richte sich nicht gegen Juden, dann geht sie dabei über die große Mehrheit der heute lebenden Juden hinweg, in deren Selbstverständnis Israel sehr wohl eine große Bedeutung zukommt. Weil die Israel-Boykotteure Zionismus grundsätzlich für verbrecherisch halten, richtet sich ihr Hass zwangsläufig auch gegen den überwältigenden Großteil der Juden außerhalb Israels, sofern dieser nicht bereit ist, sich von seinem Verständnis des Judentums zu verabschieden. Für einen derartigen Angriff auf ein wichtiges Symbol des Judentums und auf eine wesentliche Komponente jüdischer Identität gibt es einen Begriff: So etwas nennt man Antisemitismus.

Antisemitisch in diesem Sinne ist aber nicht nur die Propaganda der BDS-Kampagne, sondern auch das Ziel, das sich aus den zentralen Forderungen der Israel-Boykotteure ergibt: die Beseitigung Israels als jüdischem Staat. Denn diese würde, wie Jacob Talmon schon 1976 schrieb, „ein Messer direkt ins Herz des Judentums stoßen" – nicht nur, weil sie wahrscheinlich erneut die Auslöschung von Millionen Juden bedeuten würde, sondern auch, weil damit „der letzte Überrest der integralen historischen jüdischen Zivilisation" vernichtet würde. „Dieser Schlag würde sich für das Judentum weltweit – für sein Selbstgefühl, seinen Glauben an sich selbst und an seine Zukunft – als so schwer erweisen, dass es ihn nicht überstehen würde."[214]

In diesem Sinne hängen, wie Charles Krauthammer betonte, „die Existenz und das Überleben des jüdischen Volkes" von der Existenz des jüdischen Staates ab – und das umso mehr, je größer der relative Stellenwert Israels für das Judentum geworden ist und in den kommenden Jahrzehnten noch zunehmend wird. Das „Ende Israels bedeutet das Ende des jüdischen Volkes. [...]. Es kann nicht noch einmal Zerstörung und Exil überleben." Am Bestehen Israels hänge „die einzige Hoffnung für das Fortbestehen und Überleben des Judentums".[215]

Wie gezeigt, gibt es nach der weitgehenden Ermordung der europäischen Juden und der fast vollständigen Flucht und Vertreibung der orientalischen Juden heute zwei Zentren des Judentums: die USA und Israel. Die Beseitigung des jüdischen Staates, also die Zerstörung eines dieser beiden Zentren und des dort entstandenen israelischen Judentums, wäre in der Tat ein für das Judentum kaum oder gar nicht verkraftbarer Schlag: Übrig blieben dann – neben den verhältnismäßig kleinen Gemeinden in Europa und anderswo – nur noch die USA mit ihren schrumpfenden jüdischen Gemeinden. Darin ein Untergangsszenario für das Judentum insgesamt zu sehen, ist, wenn überhaupt, nur eine kleine Übertreibung.

Wenn es so ist, dass die Umsetzung der Forderungen der Israel-Boykotteure das Ende des jüdischen Staates bedeuten würden, dann zielt die

BDS-Bewegung auf nichts Geringeres ab, als dem Judentum insgesamt so schweren Schaden zuzufügen, dass dessen weitere Existenz gefährdet wäre. Aus diesem Blickwinkel kann der Befund daher ebenfalls nur lauten: Unabhängig von den Niederungen ihrer alltäglichen, dämonisierenden Propaganda handelt es sich bei BDS um eine fundamental antisemitische Kampagne.

Jüdisches Feigenblatt

Daran ändert auch nichts, dass die BDS-Bewegung zur Verteidigung gegen Antisemitismusvorwürfe stets auf jüdische Befürworter des Israel-Boykotts verweist. Der Umstand, dass sich in den Reihen der Unterstützer und Aktivisten auch Juden bzw. jüdische Gruppierungen befinden, wird als Beweis dafür präsentiert, dass BDS nichts mit Antisemitismus zu tun haben könne. Wollten wir allen Ernstes behaupten, diese Juden wären Antisemiten?

Dazu ist zunächst grundsätzlich zu sagen, dass Juden sehr wohl Antisemiten sein können. Beispiele für das Phänomen des jüdischen Antisemitismus lassen sich in der Tat quer durch die Jahrhunderte finden. Emanuele Ottolenghi verweist etwa auf die Fälle von Pablo Christiani und Alfonso da Valladolid/Abner von Burgos im 13. und 14. Jahrhundert, beides zum Christentum konvertierte Juden, die sich sodann als antijüdische Agitatoren und Schriftsteller einen Namen machten.[216] Aus neuerer Zeit sticht der Fall des Wiener Philosophen Otto Weininger hervor, der überzeugt war, dass die Juden „gegen sich kämpfen, innerlich das Judentum in sich besiegen“ und „den Juden vom Judentum befreien“[217] müssten – und bei dem höchstens noch die Frage offen bleibt, wen er mehr gehasst hat: Juden oder Frauen. Aktuell ist der Musiker Gilad Atzmon ein herausragendes Beispiel für jüdischen Antisemitismus – der in seinem Fall so ausgeprägt ist, dass sich sogar etliche palästinensische Aktivisten (unter ihnen die BDS-Führungsfigur Omar Barghouti) öffentlich von ihm distanzierten.[218]

Juden oder Menschen jüdischer Herkunft können sich genauso antisemitisch äußern, wie es Frauen gibt, die frauenfeindliche Positionen vertreten. Es gibt eben fast nichts, was es nicht gibt – und so kam es, dass Mitglieder der streng religiösen jüdischen Gruppe *Neturei Karta* 2006 nach Teheran reisten, um an einer Holocaustleugnungskonferenz teilzunehmen und den damaligen Präsidenten des Iran, den Antisemiten Mahmud Ahmadinejad, herzlich zu umarmen.[219]

Doch auch wenn es in der Geschichte immer wieder antisemitische Juden gegeben hat, sollte man nicht übersehen, dass sie immer seltene Ausnahmen waren und, wie heutzutage Atzmon oder die *Neturei Karta*, ihre Positionen von der überwältigenden Mehrheit der Juden immer klar und deutlich zurückgewiesen wurden.

Ähnliches gilt auch für die Juden, die Israel ablehnen und/oder sich in der BDS-Kampagne engagieren. Wir haben gesehen, dass sich rund vier Fünftel der Juden in Amerika und Europa mehr oder minder stark Israel verbunden fühlen. Das bedeutet im Umkehrschluss aber nicht, dass die übrigen 20 Prozent BDS gutheißen oder gar selbst für den Israel-Boykott aktiv würden. Werfen wir noch einmal einen Blick in die oben bereits zitierte Studie der *Europäischen Grundrechteagentur*, so sahen die Antworten der befragten 16- bis 34-Jährigen auf die Frage, ob die Unterstützung eines Israel-Boykotts antisemitisch sei, folgendermaßen aus: 36 Prozent sagten „Ja, definitiv", 34 Prozent sagten „Ja, wahrscheinlich", 19 Prozent sagten „Nein, wahrscheinlich nicht", was noch immer die Möglichkeit offenlässt, dass es doch so ist. Nur sieben Prozent beantworteten die Frage mit „Nein, definitiv nicht" – und selbst das bedeutet noch nicht, dass diese sieben Prozent BDS befürworten oder gar aktiv unterstützen würden. In den anderen Altersgruppen war das Ergebnis noch eindeutiger. Unter den über 60-Jährigen waren 50 Prozent der Überzeugung, den Israel-Boykott zu unterstützen sei definitiv antisemitisch, und weitere 32 Prozent hielten das für wahrscheinlich; 12 Prozent beantworteten die Frage mit „wahrscheinlich nicht" und nur vier Prozent mit „definitiv nicht".[220]

Die jüdischen BDS-Unterstützer mögen lautstark auftreten und werden von der Bewegung ins Scheinwerferlicht gerückt, um Antisemitismusvorwürfe abzublocken, aber das sollte nicht über einen einfachen

Umstand hinwegtäuschen: Zwar sind einige der BDS-Befürworter Juden, aber nur sehr wenige Juden sind Unterstützer des Israel-Boykotts.

Diejenigen, die sich für BDS starkmachen, tun das aus einer Reihe von Gründen. Einige von ihnen sind Israelfeinde, verstehen die Boykottbewegung genau wie wir als eine, die auf die Beseitigung Israels abzielt – und machen gerade deshalb mit.

Für andere von ihnen spielt das Judentum entweder keine persönliche Rolle, oder der jüdische Aspekt ihrer Identität wird von anderen, als viel wichtiger empfundenen Aspekten in den Schatten gestellt. Das trifft sicherlich auf viele Menschen jüdischer Herkunft zu, die sich in einer Zeit politisch als links oder progressiv verstehen, in der das oft gleichbedeutend damit ist, gegen Israel eingestellt zu sein. Man denke nur an große Teile der britischen und amerikanischen Linken, insbesondere aber an die linke Aktivistenszene an den anglo-amerikanischen Colleges und Universitäten, in der Israelfeindschaft nicht nur hegemonial ist, sondern in der von einer „Zentralität des Nahostkonflikts für linke Politik“[221] gesprochen werden muss. (In Europa ist die Lage insofern ein wenig anders, als das Vorhandensein eines linken Antisemitismus in den vergangenen rund 30 Jahren auch in innerlinken Debatten sehr viel stärker kritisiert wurde.)

Ein Aktivist, der Betreiber eines israelfeindlichen Radioprogramms in Los Angeles, formulierte das einmal folgendermaßen: „Wenn der Kampf gegen den Zionismus nicht den Kern Deines Selbstverständnisses als Progressiver ausmacht, dann bist Du keiner. Du kannst nicht progressiv sein, wenn Du den Faschismus und Nazismus nicht bekämpfst. Das ist ein Paket, da kann man nicht selektiv sein.“[222] Du bist entweder gegen Israel oder Du bist nicht progressiv, die „Entscheidung, zu den Progressiven zu gehören, schließt die Feinderklärung gegen den jüdischen Staat mit ein“.[223]

Der weitgehende „antizionistische Konsens in der amerikanischen Linken“[224] mag auf unterschiedliche Weise erklärt werden, aber jüdischen Aktivisten lässt er nicht viel Handlungsspielraum: Sie können gegen ihn opponieren – und dafür ihren Ausschluss aus der linken

Familie, den schmerzvollen Verlust persönlicher Freundschaften und direkte Anfeindungen durch die (ehemaligen) Genossen in Kauf nehmen. Sie können sich alternativ dazu zu Israel und damit verbundenen, heiklen Themen nicht äußern – und damit riskieren, als unsichere Kantonisten hingestellt zu werden, deren Judentum sie daran hindere, zu wahren Progressiven zu werden. Oder aber sie können versuchen, dem Verdacht mangelnder Loyalität der gemeinsamen Sache gegenüber zuvorzukommen, indem sie sich im Kampf gegen den Zionismus besonders hervortun – das ist der Weg vieler jüdischer BDS-Aktivisten, den man, psychologisch gesprochen, als eine Form der Identifikation mit dem Aggressor deuten kann.

Schließlich gibt es auch noch jüdische BDS-Aktivisten, die ihr Judentum als den Grund für ihre Unterstützung eines Israel-Boykotts anführen – gerade *weil* sie Juden seien, könnten sie zu vermeintlichen Untaten und zur grundsätzlichen Ungerechtigkeit der Existenz Israels nicht schweigen. Sie blicken also *als Juden* auf den jüdischen Staat und senken wegen dessen moralischer Korrumpierung bildlich gesprochen den Daumen.

Zum Problem wird diese Argumentation freilich, wenn eine solche innerjüdische Auseinandersetzung in die größere nicht-jüdische Gesellschaft getragen wird, wenn also beispielsweise die jüdische Kritik an vermeintlichen israelischen Menschenrechtsverletzungen aufgegriffen und daraus „eine spezielle Beschäftigung mit *jüdischen* Menschenrechtsverletzungen statt eine konsistente Sorge über Menschenrechtsverletzungen im Allgemeinen wird“.[225]

An dieser Stelle kommt wieder die Anwendung unterschiedlicher Maßstäbe ins Spiel: Es ist eine Sache, wenn Juden ein bestimmtes Vorgehen Israels im Westjordanland für falsch und für mit ihren jüdischen Werten unvereinbar halten. Es ist aber etwas völlig anderes, wenn sie das in den Diensten einer Kampagne tun, die sich *ausschließlich* auf Vergehen des einzigen jüdischen Staates konzentriert, so als ob es ähnliche und weit schlimmere Missstände nicht auch an etlichen anderen Orten der Welt gebe.

Und das ist der entscheidende Punkt bei der Frage, ob Juden, die BDS befürworten, allesamt Antisemiten wären: So, wie wir nicht in die Köpfe von BDS-Aktivisten im Allgemeinen hineinblicken und daher meistens nicht feststellen können, was sie zu ihrem Handeln motiviert, können wir auch über die Motivationslagen jüdischer BDS-Unterstützer oft nur spekulieren. Wir müssen uns daher in aller Regel einer Antwort auf die essentialistische Frage enthalten, ob diese Leute Antisemiten *sind*.

Was wir aber sehr wohl sagen können, ist, dass sie sich für eine Kampagne engagieren, die aus den oben angeführten Gründen als eindeutig antisemitisch eingestuft werden muss. Nicht die Personen interessieren uns, sondern was sie tun und welche Konsequenzen das hat: Wir verurteilen nicht alle BDS-Aktivisten – ob Nicht-Juden oder Juden – leichtfertig als Antisemiten, aber wir treten ihnen entgegen, weil sie eine in ihren Zielen und Methoden *antisemitische Kampagne* betreiben.

Kapitel 6:

BDS in Europa und den USA – eine Länderübersicht

Wie sehen nun die Aktivitäten der BDS-Bewegung in verschiedenen Ländern aus? Die Zahl ihrer Aktivisten und Unterstützer unterscheidet sich jedenfalls stark, für ihren jeweiligen Wirkungskreis und ihren Einflussbereich gilt das ebenfalls. Hier soll nun ein diesbezüglicher Überblick gegeben werden, der naturgemäß Schwerpunkte setzen muss und nicht den Anspruch auf Vollständigkeit erheben kann. Zudem werfen wir einen Blick darauf, wie vor allem Politik und Zivilgesellschaft in verschiedenen Staaten auf die BDS-Bewegung und deren Forderungen reagieren.

Großbritannien: Hochschulen als Hochburgen

Eigentlich wollten etwa zwei Dutzend Studentinnen und Studenten der *University College London* (UCL) an ihrer Hochschule einen Vortrag des israelischen Gastredners Hen Mazzig über dessen humanitäre Arbeit im Westjordanland hören, wo er dabei behilflich ist, dass medizinische Einrichtungen, Schulen und Straßen gebaut werden. Doch rund 100 Demonstranten hatten etwas dagegen.[226] Sie versammelten sich vor dem abgeschlossenen Raum, schlugen gegen Fenster und Türen und riefen immer wieder Parolen wie „From the river to the sea, Palestine will be free", „Free, free Palestine" und „Israel is a terror state".[227] Einige versuchten, sich über ein Fenster Zugang zum Veranstaltungsraum zu verschaffen, und hatten damit schließlich Erfolg. Den Polizisten, die herbeigerufen worden waren, gelang es nicht, die anti-israelischen Demonstranten daran zu hindern, mit Gewalt auf die Teilnehmer des Vortrags loszugehen, von denen einige verletzt wurden. Am Ende entfernte die Polizei nicht die Angreifer, sondern die Angegriffenen aus dem Universitätsgebäude. Diese mussten dabei durch eine lange Gasse von hasserfüllten Menschen gehen, die auf sie einbrüllten. Auf Twitter schrieb später Hen Mazzig, ein früherer Kommandeur der israelischen Verteidigungsstreitkräfte: „Der Campus war eine Kriegszone.“[228]

Was sich Ende Oktober 2016 in London zutrug, ist symptomatisch für britische Hochschulen. Viele von ihnen sind regelrechte Hochburgen der BDS-Bewegung, die auch in Großbritannien jede Form von Dialog und Zusammenarbeit mit Israelis und israelischen Institutionen, die ihre Ziele nicht ausdrücklich teilen, rundweg ablehnt. Wenn israelische Wissenschaftler oder andere Redner aus dem jüdischen Staat an Universitäten im Vereinigten Königreich sprechen, müssen sie befürchten, attackiert zu werden – verbal wie physisch. Nicht nur Mazzig ging das so, sondern beispielsweise auch Ami Ayalon, der im Januar 2016 im Londoner *King's College* die Möglichkeiten einer friedlichen Lösung des Konflikts zwischen Israel und den Palästinensern erörtern wollte. Von gewalttätigen Studenten, die mit Stühlen warfen, Ayalon niederschrien und den Feueralarm auslösten, wurde er jedoch daran gehindert.[229]

Dazu passt es, dass die *National Union of Students*, der Dachverband von rund 600 britischen Studentenschaften, im April 2016 Malia Bouattia für die Dauer von einem Jahr zur Vorsitzenden wählte. Bouattia ist eine BDS-Aktivistin, die den palästinensischen Terror gegen Israel als „legitimen Widerstand“ bezeichnet und es ausdrücklich begrüßen würde, wenn studentische Aktivisten in Großbritannien Anweisungen von bewaffneten palästinensischen Gruppierungen erhielten und ausführten. Die britischen Medien und die Universität in Birmingham, wo sie studiert, hält sie für „zionistisch geführt“. Der gewaltsame „Widerstand“ gegen den jüdischen Staat ist für Bouattia das Maß aller Dinge, die Boykottkampagnen gegen ihn sieht sie als Begleitprogramm dazu. Friedensverhandlungen zwischen Israel und den Palästinensern lehnt sie ab, weil sie in ihren Augen lediglich geeignet sind, „das koloniale Projekt“ – gemeint ist Israel – „zu stärken“. Vom „Islamischen Staat“ möchte sie sich nicht distanzieren, denn das sei eine Form von „Islamophobie“.[230] So spricht die zwischenzeitliche Chefin der größten und wichtigsten studentischen Organisation auf der Insel. Zamzam Ibrahim, die dieses

Amt vom April 2019 an ein Jahr lang bekleidete, ist ebenfalls eine BDS-Unterstützerin.[231] Es handelt sich also offenbar um ein regelrechtes Qualifikationsmerkmal für diese Position.

Die Basis der BDS-Bewegung an britischen Universitäten bilden jedoch nicht nur die Studierenden, sondern auch und gerade die Professoren sowie das wissenschaftliche Personal. Bereits im April 2002, also mehr als drei Jahre vor dem BDS-Gründungsaufruf, hatten die Professorin Hilary Rose und ihr Ehemann, Professor Steven Rose, gemeinsam mit 123 weiteren Akademikern in einem offenen Brief an die Tageszeitung *The Guardian* ein Moratorium bei der Zusammenarbeit britischer und europäischer Forschungs- und Kultureinrichtungen mit israelischen Institutionen gefordert und das mit der „gewaltsamen Repression gegen das palästinensische Volk in den besetzten Gebieten" begründet.[232] Zwei Monate später entfernte die an der Universität Manchester tätige Übersetzungswissenschaftlerin Mona Baker, eine Unterzeichnerin des offenen Briefes, die israelische Sprachwissenschaftlerin und ehemalige Vorsitzende von *Amnesty International* in Israel, Miriam Shlesinger, sowie den israelischen Literatur- und Übersetzungswissenschaftler Gideon Toury gegen deren Willen aus dem *Editorial Board* zweier wissenschaftlicher Zeitschriften. Sie wolle „unter den gegenwärtigen Umständen keine offizielle Verbindung mit einem Israeli fortsetzen", schrieb Baker in einer E-Mail an Toury. Dieser antwortete trocken: „Ich würde es begrüßen, wenn in der Bekanntmachung deutlich gemacht würde, dass ‚er' (also ich) als Gelehrter ernannt und als Israeli entlassen wurde."[233]

Die wichtigste britischen Akademikergewerkschaften – lange Zeit waren das die *Association of University Teachers* (AUT) und die *National Association of Teachers in Further and Higher Education* (NATFHE), bevor sie sich im Jahr 2006 zur *University and College Union* (UCU) vereinigten – riefen in den folgenden Jahren zu anti-israelischen Boykottmaßnahmen auf: Die AUT beschloss im April 2005 – also ebenfalls noch vor der offiziellen Gründung von BDS –, nicht mehr mit der Universität Haifa und der Bar-Ilan-Universität zu kooperieren, weil diese kritische Dozenten gemaßregelt hätten beziehungsweise „direkt in die Besatzung palästinensischer Gebiete involviert" seien.[234] Erst nach deutlicher Kritik und heftigen Protesten – unter anderem von jüdischen Studentenverbänden und vom israelischen Botschafter in London[235] – zog die Gewerkschaft ihre Entscheidung wieder zurück.[236] Die NATFHE verabschiedete im Mai 2006 gar eine Resolution, in der sie einen Boykott sämtlicher israelischer Akademiker forderte, die sich nicht ausdrücklich gegen die israelische Regierung aussprechen.[237]

Die UCU wiederum, mit 120.000 Mitgliedern die größte Hochschulgewerkschaft der Welt[238], rief das Lehrpersonal an britischen Hochschulen im Mai 2007 dazu auf, „die moralischen Implikationen von bestehenden und geplanten Verbindungen zu akademischen Einrichtungen in Israel zu bedenken" – ein kaum verhohlener Boykottaufruf.[239] Zwei Jahre später wurde auf der Jahresversammlung der UCU mit großer Mehrheit ein Beschluss angenommen, der gänzlich unverblümt ein Ende jeglicher Kooperation mit israelischen Akademikern und akademischen Einrichtungen im jüdischen Staat forderte. Zahlreiche Delegierte bezeichneten israelische Wissenschaftler als „Komplizen" der israelischen Regierung. Auf Anraten von Anwälten erklärte die Gewerkschaft ihre Resolution jedoch schließlich für unwirksam – nicht wegen eines plötzlichen Umdenkens, sondern weil sie juristische Konsequenzen befürchtete.[240] Im Jahr 2010 stimmte die UCU auf ihrer Hauptversammlung für einen Abbruch ihrer Beziehungen mit der *Histadrut*, dem Dachverband der Gewerkschaften Israels, weil dieser im Januar 2009 den „israelischen Angriff auf Zivilisten in Gaza" unterstützt habe und daher den Namen einer Gewerkschaftsorganisation nicht verdiene.[241]

Außerdem beschloss die Vereinigung, sich aktiv an der BDS-Kampagne zu beteiligen, und bezog sich dabei zustimmend auf einen „Aufruf des Palästinensischen Nationalkomitees für einen Boykott" zur „Isolation Israels". Im Jahr darauf entschied sie erneut, einen akademischen und kulturellen Boykott Israels zu unterstützen.[242] Diesmal gab es auch keine juristischen Bedenken mehr. Ein- und Widersprüche – auch organisationsinterne – gegen die Vorschläge und Beschlüsse der UCU, Israel zu boykottieren und die BDS-Bewegung zu unterstützen, sind zwar regelmäßig zu vernehmen. Doch diejenigen Mitglieder, die sich kritisch oder ablehnend zu israelfeindlichen Maßnahmen äußern, befinden sich in der Minderheit und werden immer wieder scharf angegangen, bedrängt und unter Druck gesetzt. Manche sind aus diesem Grund frustriert aus der Gewerkschaft ausgetreten.

Im Jahr 2011 entschied die UCU schließlich auch noch, die oben erörterte Arbeitsdefinition zum Antisemitismus zurückzuweisen, die von der *Europäischen Stelle zur Beobachtung von Rassismus und Fremdenfeindlichkeit* (EUMC) formuliert worden war und in die auch der israelbezogene Antisemitismus einbezogen ist.[243] Die Ablehnung der Definition war letztlich nur folgerichtig, denn anti-israelische Boykottaktivitäten sind nach dieser Begriffsbestimmung unzweifelhaft antisemitisch. Auf diesen Schritt der UCU reagierten das *Board of Deputies of British Jews* – die bedeutendste Repräsentanz der britischen Juden –, der jüdische *Community Security Trust* und das *Jewish Leadership Council*, ein Dachverband jüdischer Organisationen in Großbritannien, mit einer bemerkenswerten Erklärung, in der es unter anderem hieß: „In all den Jahren, in denen sie diskriminierende Boykotte unterstützt und den Rückzug von Dutzenden jüdischen Mitgliedern ignoriert hat, hat die UCU die Warnungen vor Antisemitismus in ihren Reihen nie ernst genommen. Nun, in einer finalen Beleidigung ihrer jüdischen Mitglieder und einem Akt des Zynismus, hat die UCU den Antisemitismus einfach so umdefiniert, dass ihre eigenen tief verwurzelten Probleme und Ressentiments damit nichts mehr zu tun haben."[244]

Die BDS-Bewegung ist in Großbritannien aber nicht nur in den Hochschulen verankert, sondern darüber hinaus in diversen Verbänden und Vereinigungen, weiteren gewerkschaftlichen Organisationen und teilweise auch in Stadträten und Kommunalparlamenten. So riefen beispielsweise die *Architects and Planners for Justice in Palestine* (im Jahr 2006), die *National Union of Journalists*, die *Transport and General Workers' Union*, die Gewerkschaft der Staatsbediensteten (UNISON) und die Wohlfahrtsorganisation *War on Want* (alle 2007) zum Boykott gegen Israel und israelische Institutionen sowie Unternehmen auf, beispielsweise gegen israelische Architekten, Baufirmen und die Ärzteorganisation *Israel Medical Association*.[245] Ein weiterer Antrag auf einer Delegiertenversammlung der *National Union of Journalists* im April 2014, israelische Waren zu boykottieren und die BDS-Bewegung zu unterstützen, fand dagegen keine Mehrheit.[246]

Im Jahr 2014 beschloss der Stadtrat von Leicester, Produkte aus israelischen Siedlungen im Westjordanland zu boykottieren; mehrere Kommunalparlamente, etwa in Swansea und Bristol oder im Londoner Stadtbezirk Tower Hamlets, erklärten ebenfalls ihre Unterstützung der BDS-Bewegung.[247] Eine Folge davon war beispielsweise die Beendigung von Kooperationen mit Firmen, die man beschuldigte, durch ihre Geschäftstätigkeit die israelische Siedlungspolitik zu begünstigen.

Im Februar 2016 untersagte die britische Regierung allen staatlichen und lokalen Einrichtungen und Behörden grundsätzlich, zu Boykotten aufzurufen oder Boykottmaßnahmen zu ergreifen, die nicht auch von der Regierung getragen werden.[248] Israel wird in dieser Verfügung zwar nicht explizit erwähnt, aber es liegt auf der Hand, dass diese aufgrund der kommunalen Boykottbeschlüsse und -aktivitäten zum Nachteil des jüdischen Staates erlassen wurde. Die *Palestine Solidarity Campaign* ging dagegen gerichtlich vor und gewann im April 2020 in letzter Instanz vor dem *Supreme Court*.[249] Bereits im Dezember 2019 hatte die konservative britische Regierung allerdings angekündigt, einen Gesetzentwurf zu erarbeiten, mit dem es beispielsweise öffentlichen Körperschaften und Universitäten verboten werden solle, „direkte oder indirekte Boykotte, Kapitalabzüge oder Sanktionskampagnen gegen ausländische Staaten" ins Werk zu setzen.[250] Daran, dass sich dieses Gesetz vor allem gegen die BDS-Bewegung richten wird, ließ Premierminister Boris Johnson keinen Zweifel.[251]

Gegenwind für die Anti-Israel-Boykotteure gibt es mittlerweile zunehmend auch an den britischen Universitäten. So protestierten jüdische Studenten beispielsweise gegen den Auftritt der BDS-Führungsfigur Omar Barghouti am Londoner *King's College*, den die Vereinigung

KCL Action Palestine zu Beginn des Jahres 2020 auch noch ausgerechnet am internationalen Holocaust-Gedenktag am 27. Januar organisiert hatte. Ein Teilnehmer des Protests berichtete anschließend, die jüdischen Studenten seien feindselig empfangen und als „Rassisten" bezeichnet worden; auch seien allerlei antisemitische Äußerungen zu vernehmen gewesen, und Israel sei mit dem nationalsozialistischen Deutschland verglichen worden. Eine Beschwerde habe die Universität zurückgewiesen. Dennoch wolle man auch künftig gegen BDS-Aktivitäten protestieren.[252]

Aryeh Miller, der Geschäftsführer der *Union of Jewish Students* in Großbritannien, berichtete in einem Interview, durch die Maßnahmen der Regierung gegen die BDS-Bewegung seien deren Aktivitäten an den Universitäten zurückgegangen. Außerdem habe der Fokus anti-israelischer Studenten zuletzt auf der Unterstützung von Jeremy Corbyn gelegen. Der israelfeindliche, inzwischen abgelöste Vorsitzende der *Labour Party* hatte sich im Jahr 2019 vergeblich bemüht, neuer Premierminister zu werden. „Das Level der Feindseligkeit gegenüber Israel auf dem Campus hat ebenfalls abgenommen", so Miller. Das sei nicht zuletzt „auf Hunderte von pro-israelischen Veranstaltungen zurückzuführen, die wir jährlich organisieren". Von 300 Veranstaltungen im Jahr 2019 habe es nur bei zehn Störungen gegeben. „Es stimmt, dass Demonstrationen jüdischer Studenten gegen anti-israelische Veranstaltungen die Positionen der anderen Seite nicht verändern", sagte Miller. „Aber die Studenten selbst fühlen sich besser, wenn sie sich behaupten und ohne Angst die israelische Fahne schwenken können."[253]

USA: Einschüchterung und Gegenwind

Auch an amerikanischen Colleges und Universitäten ist die BDS-Bewegung in besonderem Maße aktiv. Wie in Großbritannien stören ihre Aktivisten immer wieder Vorträge israelischer Wissenschaftler und Gastredner, etwa durch permanente Zwischenrufe, durch das Skandieren von Parolen oder durch ein regelrechtes Niederbrüllen. So geschehen beispielsweise auf einer Veranstaltung mit dem damaligen israelischen

Botschafter in den USA, Michael B. Oren, an der *University of California* in Irvine im Februar 2010. Oder, an derselben Hochschule, im Oktober 2015 bei einem Vortrag des früheren Vorsitzenden des Obersten Gerichtshofes in Israel, Aharon Barak – trotz dessen Einsatz für die Rechte der Palästinenser. Oder bei einer Veranstaltung mit dem arabisch-israelischen Menschenrechtler Bassam Eid im Februar 2016 an der *University of Chicago*. Oder im April 2016, als der Jerusalemer Bürgermeister Nir Barkat an der *San Francisco State University* sprechen wollte.[254]

Viele jüdische Studentinnen und Studenten in den Vereinigten Staaten berichten von einem Klima der Angst und der Einschüchterung an ihren Universitäten, das von BDS-Aktivisten und anderen israelfeindlichen Studierenden erzeugt werde. Die „safe spaces" – also die Schutzräume vor Diskriminierungen –, die linke Studierende für Minderheiten einfordern, gelten nicht für sie. Denn während palästinensische Studenten zu den schutzwürdigen Opfern gezählt werden, sehen sich ihre jüdischen Kommilitonen oftmals dem Vorwurf ausgesetzt, zu den „Weißen" zu gehören und „Kollaborateure" oder „Komplizen des Zionismus" zu sein. Arielle Mokhtarzadeh beispielsweise, eine aus dem Iran stammende Jüdin, und ihr Freund Ben Rosenberg berichteten dem *Tower Magazine*, die an der Universität von Berkeley regelmäßig stattfindende *Students of Color Conference* sei im November 2015 in eine Manifestation des Hasses gegen Israel und des Antisemitismus ausgeartet. „So wurde dort zum Beispiel behauptet, Israel vergifte das Trinkwasser im Westjordanland", erzählte Rosenberg, und Mokhtarzadeh ergänzte: „Die Ermordung der Juden wurde gerechtfertigt, gleichzeitig wurde der Holocaust geleugnet. Dass Juden ein Recht haben, in Israel zu leben, wurde in Abrede gestellt, und die BDS-Bewegung, deren Ziel die Zerstörung des jüdischen Staates ist, wurde glorifiziert." Als sie versucht habe zu protestieren, hätten fast alle Teilnehmer in die Parole „Free, free Palestine" eingestimmt. Ihr und Rosenberg sei schließlich nichts anderes übrig geblieben, als die feindselige Konferenz zu verlassen.[255]

Dort, wo die BDS-Bewegung an den Hochschulen aktiv ist, häufen sich die antisemitischen Vorfälle. An den Universitäten in Los Angeles und Stanford beispielsweise sind jüdische Kandidaten für Hochschulämter selektiv nach ihrer „Loyalität“ und ihrem Verhältnis zu Israel befragt worden.[256] Monitoring-Organisationen in den USA wie *Camera* und *Amcha* berichten über massive Einschüchterungen, Bedrohungen und Beleidigungen jüdischer Studenten und Professoren, auch wenn diese sich gar nicht zu Israel äußern.[257] Immer wieder werden in diesem Zusammenhang die *National Students for Justice in Palestine* (NSJP) erwähnt, eine anti-israelische studentische Organisation, die nach eigenen Angaben an über 200 amerikanischen Hochschulen tätig ist.[258] Vielfach ist sie es, die BDS-Aktivitäten organisiert, dazu aufruft, Veranstaltungen mit israelischen Rednern zu stören, und bei entsprechenden Aktivitäten vorangeht. An den Hochschulen, an denen die NSJP aktiv sind, ist es für jüdische und pro-israelische Studenten und Dozenten erheblich wahrscheinlicher, verbal oder sogar körperlich angegriffen zu werden, als an Hochschulen ohne NSJP-Dependance.[259]

Dass die BDS-Bewegung an amerikanischen Universitäten über Einfluss verfügt, zeigt sich auch an der renommierten *American Studies Association* (ASA), die im Dezember 2013 bei einer Abstimmung unter ihren Mitgliedern mit einer Zweidrittelmehrheit für einen Boykott israelischer Universitäten und akademischer Einrichtungen im jüdischen Staat votierte.[260] In einer Erklärung der ASA hieß es: „Wir glauben, dass der Aufruf zum Boykott durch die ASA gerechtfertigt ist angesichts der militärischen und sonstigen Unterstützung Israels durch die USA, der Verletzung des Völkerrechts und der UN-Resolutionen durch Israel, der nachweislichen Auswirkungen der israelischen Besatzung auf palästinensische Gelehrte und Studenten sowie des Ausmaßes, in dem israelische Hochschuleinrichtungen an einer staatlichen Politik beteiligt sind, die die Menschenrechte verletzt.“[261] Auf ihrer Website macht die ASA deutlich, dass sie ausdrücklich die BDS-Bewegung unterstützt.[262] Es war das erste Mal seit ihrer Gründung im Jahr 1951, dass die Akademikerorganisation, die sich den weltweiten wissenschaftlichen Austausch auf die Fahnen geschrieben hat, einen Boykottaufruf gegen ein Land formulierte.

Die Entscheidung schlug hohe Wellen: Auf der einen Seite verzeichnete die Vereinigung viele Neumitgliedschaften[263], und es schlossen sich mehrere akademische Vereinigungen in den USA dem Boykottaufruf in eigenen Erklärungen an, beispielsweise die *Native American and Indigenous Studies Association*, die *African Literature Association*, the *Critical Ethnic Studies Association* und die *Middle East Studies Association*.[264]

Auf der anderen Seite gingen viele renommierte Mitglieder auf Distanz oder kündigten gar ihre Mitgliedschaft, wie das *Bard College*, die *Brandeis University*, die *Indiana University*, das *Kenyon College*, das *Penn State Harrisburg* und die *University of Texas* in Dallas.[265] Mehr als 250 amerikanische Universitäten – darunter so renommierte wie Harvard, Yale, Princeton, Johns Hopkins, Stanford, Columbia, Chicago, New York und Washington – erklärten öffentlich, einen Boykott des jüdischen Staates abzulehnen[266], ebenso mehrere große und wichtige akademische Vereinigungen und Zusammenschlüsse wie das *American Council on Education*, in dem Führungspersönlichkeiten von 1.700 Universitäten, Colleges und anderen höheren Bildungseinrichtungen vertreten sind, die *Association of American Universities*, in der 65 Universitäten zusammengeschlossen sind, und die *American Association of University Professors*, eine Vereinigung von Universitätsprofessoren und weiteren hochrangigen Akademikern.[267] Der Rektor der *Washington University* in St. Louis sagte: „Wir sind fest davon überzeugt, dass ein Boykott akademischer Institutionen die akademische Freiheit verletzt, die eine der fundamentalen Prinzipien nicht nur unserer Universität, sondern überhaupt des amerikanischen Hochschulwesens ist." Der Präsident der *Loyola University Maryland* erklärte: „Der Effekt dieses Beschlusses – wenn nicht sogar seine Intention – ist antisemitisch."[268] Ähnlich äußerten sich viele weitere Universitätsfunktionäre.

Im Januar 2014 richteten 134 Mitglieder des Kongresses – 69 Demokraten und 65 Republikaner – einen gemeinsamen Brief an ASA-Präsident Curtis Marez und seine designierte Nachfolgerin Lisa Duggan, in dem sie der ASA eine „moralisch unehrliche Doppelmoral" vorwarfen. Im Schreiben hieß es weiter: „Wie alle Demokratien ist Israel nicht perfekt. Aber Israel hervorzuheben, während die Beziehungen zu Universitäten in autokratischen und repressiven Ländern intakt bleiben, deutet auf kaum verhohlene Bigotterie und Voreingenommenheit hin."[269] An einigen amerikanischen Hochschulen entstanden Gegeninitiativen, die Produkte und Firmen, zu deren Boykott die BDS-Bewegung aufruft, explizit empfahlen und die Websites wie *stopbds.com*, *buycottisrael.com* und *BuyIsraeliProducts.com* programmierten. Auch ein „BDS Cookbook" mit „Rezepten" zur Bekämpfung der Anti-Israel-Boykottbewegung wurde angeboten.[270]

Zwischen Juli 2005 und August 2020 haben Studentenschaften an Hochschulen in den USA insgesamt 133-mal über Resolutionsentwürfe abgestimmt, die sich positiv auf die BDS-Bewegung bezogen und zum Boykott, zum Kapitalabzug und/oder zu Sanktionen zum Nachteil Israels aufriefen. 91 davon wurden abgelehnt, 42 fanden eine Mehrheit. Über zwei Drittel dieser Resolutionsbegehren der BDS-Aktivisten wurden also abgeschmettert. Die Abstimmungen fanden an insgesamt 68 Hochschulen statt – einige stimmten also mehrmals ab –, das sind etwa zwei Prozent aller amerikanischen Hochschulen. An 38 davon, das ist weniger als ein Prozent, wurde eine Pro-BDS-Resolution angenommen.

Von den 68 Hochschulen, an denen abgestimmt wurde, zählen zwar 11 zu den 20 am besten bewerteten; allerdings fielen dort überdurchschnittlich viele Resolutionsentwürfe durch, nämlich 11 von 15, das sind 73 Prozent.[271] So lautstark und einschüchternd sich die Israel-Boykotteure auch in Szene setzen mögen: Nur eine kleine Minderheit an amerikanischen Hochschulen identifiziert sich mit der BDS-Bewegung und teilt deren Forderungen.

Die Leitungen von Colleges und Universitäten betrachten die BDS-Aktivitäten sogar als Angriff auf die akademische Freiheit und lehnen sie nicht zuletzt aus diesem Grund ab. Boykottbeschlüsse von Akademikervereinigungen oder Studentenvertretungen, die rechtlich ohnehin keine bindende Wirkung haben, führen deshalb nicht dazu, dass eine Hochschule den entsprechenden Forderungen nachkommt. An der *University of Michigan* beispielsweise, wo die studentische Gruppe *Students Allied for Freedom and Equality* (SAFE) schon seit dem Beginn dieses Jahrtausends immer wieder versucht hat, Resolutionen gegen den jüdischen Staat durchzusetzen, verabschiedete das *Central Student Government* im November 2017 im zwölften Anlauf nach stundenlanger Debatte mit 23 zu 17 Stimmen bei fünf Enthaltungen den Beschluss, die Universität aufzufordern, keine Geschäfte mehr mit Unternehmen zu tätigen, die Handelsbeziehungen zu Israel unterhalten. Konkret ging es dabei um die Konzerne *Boeing*, *Hewlett-Packard* und *United Technologies*, denen die Studentenvertretung vorhielt, Waffen und Informationssysteme zu produzieren, die Israel für sein „Apartheidsystem" gegenüber den Palästinensern benötige.[272] Das Rektorat der Universität wies die Resolution jedoch zurück und erklärte, „strikt gegen jede Aktivität für einen Boykott, Kapitalabzug oder Sanktionen gegen Israel" zu sein.[273]

Folgerichtig gab es an dieser Hochschule dann auch Konsequenzen für einen Professor, der sich im September 2018 geweigert hatte, einer Studentin das gewünschte und ursprünglich zugesagte Empfehlungsschreiben für ein Auslandssemester zukommen zu lassen, als er erfuhr, dass Israel das Ziel dieser Studentin ist. „Wie Sie vielleicht wissen, haben sich viele Universitätsfakultäten für einen akademischen Boykott gegen Israel ausgesprochen, um die in Palästina lebenden Palästinenser zu unterstützen", schrieb der Professor in einer E-Mail. „Dieser Boykott umfasst auch Empfehlungsschreiben für Studenten, die ein Studium in Israel planen."[274]

Nachdem die E-Mail öffentlich wurde und 58 zivilgesellschaftliche Organisationen in einem Schreiben an den Präsidenten der *University of Michigan* Konsequenzen für den Professor forderten[275], rügte die Hochschule diesen und zog disziplinarische Konsequenzen, die unter anderem in der Aussetzung einer Gehaltserhöhung bestanden. In einem Brief der zuständigen Dekanin an den Professor hieß es, dieser sei zwar frei, seine politische Meinung kundzutun, er dürfe Studierenden aber nicht aus politischen Gründen ein Empfehlungsschreiben verweigern, sondern ausschließlich deren akademische Leistung zum Maßstab machen.[276]

In der amerikanischen Politik und Öffentlichkeit ist BDS ebenfalls ein wiederkehrendes Thema. Die *National Women's Studies Association* beispielsweise, die größte feministische Organisation in den Vereinigten Staaten, beschloss im November 2015, sich der BDS-Bewegung anzuschließen. Sie wirft Israel unter anderem vor, „sexuelle und geschlechtsspezifische Gewalt" gegen Palästinenser und andere Araber auszuüben.[277] Auch die *Green Party* unterstützt BDS; Jill Stein, ihre Kandidatin bei den Präsidentschaftswahlen 2016, hatte die Forderung nach einem Ende der militärischen und ökonomischen Unterstützung des jüdischen Staates durch die USA sogar in ihr Wahlprogramm aufgenommen.[278] Die prominente antizionistische muslimische Aktivistin Linda Sarsour, Mitorganisatorin des *Women's March* gegen Donald Trump, sprach sich ebenfalls für die BDS-Bewegung aus.[279] Bernie Sanders, Präsidentschaftskandidat der Demokraten bei den Vorwahlen in den Jahren 2016 und 2020, hält Antisemitismus zwar für eine der Triebfedern der BDS-Bewegung[280], berief im Mai 2016 mit Cornel West aber dennoch einen BDS-Unterstützer in die Programmkommission der Demokraten.[281]

Die wohl prominenteste Parteinahme für BDS kommt in den USA jedoch von den beiden ersten muslimischen Abgeordneten im Repräsentantenhaus, den Demokratinnen Ilhan Omar und Rashida Tlaib. Omar hatte zwar vor der Kongresswahl im November 2018 noch bekundet, BDS sei „nicht hilfreich", wenn es um die Zweistaatenlösung gehe, änderte ihre Position dann jedoch.[282] In Minnesota stimmte sie gegen die Verabschiedung eines Anti-BDS-Gesetzes, zudem sagte sie, die Unterstützung für die BDS-Bewegung dürfe nicht kriminalisiert werden. Außerdem hätten Boykottmaßnahmen zum Ende der Apartheid in Südafrika beigetragen.[283] Tlaib sagte im Dezember 2018: „Ich persönlich unterstütze die BDS-Bewegung", denn Wirtschaftsboykotte seien eine Möglichkeit, die Aufmerksamkeit auf „Themen wie den Rassismus und die internationalen Menschenrechtsverletzungen durch Israel" zu lenken.[284]

Beide hatten schon vor ihrer Wahl mehrmals mit antisemitischen Äußerungen von sich reden gemacht[285], auch danach fielen sie immer wieder damit auf. So behauptete Ilhan Omar etwa, die generell israelfreundliche Haltung der Vereinigten Staaten sei auf finanzielle Zuwendungen zurückzuführen. Das heißt also: US-Politiker, so die Unterstellung, verträten nicht die Interessen des eigenen Landes, sondern seien in Wahrheit von pro-israelischen Lobbyisten gekauft. Nachdem sie dafür auch in der eigenen Partei scharf kritisiert wurde, bat sie für ihre „Ausdrucksweise" um Entschuldigung, distanzierte sich jedoch nicht vom Inhalt ihrer Äußerung.[286]

Rashida Tlaib wiederum verbreitete unter anderem das antisemitische Gerücht, „eine Herde gewalttätiger israelischer Siedler" habe einen siebenjährigen arabisch-palästinensischen Jungen entführt, getötet und in einen Brunnen geworfen.[287] Wegen ihrer expliziten Unterstützung der BDS-Bewegung verweigerte Israel den beiden Politikerinnen im August 2019 die Einreise. Tlaib bat daraufhin um Erlaubnis für einen Besuch ihrer Großmutter aus humanitären Gründen und erhielt eine Genehmigung, wobei sie versprach, jegliche Einschränkungen zu akzeptieren und bei ihrem Besuch nicht für Boykotte zu werben. Letztlich entschied sich jedoch gegen einen Besuch und sagte ihn ab.[288]

Omar und Tlaib gehörten auch zu den 16 demokratischen Abgeordneten, die am 23. Juli 2019 mit Nein votierten[289], als das Repräsentantenhaus über eine gemeinsame Resolution von Republikanern und Demokraten abstimmte, in der die BDS-Bewegung verurteilt wird.[290] Eine weitere Gegenstimme kam aus dem Lager der Republikaner, während sich insgesamt fünf Abgeordnete enthielten und 398, also eine sehr deutliche Mehrheit, für die Resolution stimmten. Die BDS-Bewegung, so heißt es darin, versuche, „den Staat Israel und das israelische Volk aus dem wirtschaftlichen, kulturellen und akademischen Leben der übrigen Welt auszuschließen". Sie untergrabe die Möglichkeit einer Verhandlungslösung für den israelisch-palästinensischen Konflikt, „indem sie Zugeständnisse von nur einer Partei fordert und die Palästinenser dazu ermutigt, Verhandlungen zugunsten von internationalem Druck abzulehnen". Außerdem sei sie gegen das Existenzrecht Israels sowie gegen das Recht des jüdischen Volkes auf Selbstbestimmung und richte sich

„nicht nur gegen die israelische Regierung, sondern auch gegen israelische akademische, kulturelle und zivilgesellschaftliche Institutionen sowie gegen einzelne israelische Bürger aller politischen Überzeugungen, Religionen und Ethnien und in einigen Fällen sogar gegen Juden anderer Nationalitäten, die Israel unterstützen". Deshalb positioniere sich das Repräsentantenhaus gegen die BDS-Bewegung und „ihre Versuche, US-Unternehmen ins Visier zu nehmen, die sich an kommerziellen Aktivitäten beteiligen, die nach US-Recht legal sind", sowie „gegen alle Bemühungen, den Staat Israel zu delegitimieren". Man wolle die amerikanisch-israelischen Beziehungen in allen Bereichen weiter stärken und trete im Übrigen weiterhin für Verhandlungen zwischen Israelis und Palästinensern, eine Zweistaatenlösung und das Recht auf freie Rede ein.[291]

Die parteiübergreifende Resolution war ein deutliches Signal an die BDS-Bewegung, und es war nicht das einzige: Bis zum August 2020 hatten 32 Bundesstaaten Gesetze, Verordnungen oder Resolutionen gegen BDS-Aktivitäten verabschiedet[292]; den Anfang machte Tennessee im April 2015. Zumeist erklärt der jeweilige Bundesstaat, keine Geschäftsbeziehungen mit Unternehmen zu unterhalten, die die BDS-Bewegung unterstützen und Israel boykottieren, und derartige Beziehungen ausdrücklich zu verbieten. In einigen Bundestaaten, etwa in Kansas, Arizona und Texas, stoppten Gerichte die Verfügungen zwischenzeitlich und bestanden auf Änderungen, weil sie das Recht auf freie Rede eingeschränkt sahen – insbesondere dort, wo auch Individuen und Kleinstbetriebe davon tangiert waren und nicht nur mittlere oder große Unternehmen. Die Vorlagen wurden dann jeweils nachgebessert und angepasst.

Insgesamt lässt sich für die Vereinigten Staaten von Amerika feststellen, dass die BDS-Bewegung dort ebenfalls lautstark, aggressiv und einschüchternd auftritt, vor allem an den Hochschulen. Der Gegenwind ist insgesamt allerdings beträchtlich. Von den Universitäten selbst positionieren sich viele ausdrücklich und entschieden gegen BDS, Gleiches gilt für bedeutende akademische Organisationen. Einige zu Prominenz gelangte demokratische Politikerinnen ergreifen zwar Partei für die BDS-Bewegung, aber sowohl die gemeinsame Resolution von Republikanern und Demokraten im Repräsentantenhaus als auch die Verfügungen sowohl republikanisch wie auch demokratisch regierter Bundesstaaten gegen BDS wiegen einstweilen deutlich schwerer. Nicht zuletzt der Boykottbeschluss der *American Studies Association* Ende 2013 und die häufigen Störungen von Universitätsveranstaltungen durch BDS-Aktivisten vor allem in den darauf folgenden Jahren wurden zu Recht als Angriffe auf die akademische Freiheit und die Freiheit der Rede betrachtet, denen energisch entgegengetreten werden müsse und werde.

Deutschland: Verurteilungen von Bund und Ländern

Ende November 2015 zogen BDS-Aktivisten in auffälliger Kleidung durch die Bremer Innenstadt. Sie trugen weiße Schutzmäntel, wie um eine gefährliche Kontamination abzuwehren. Auf diesen hatten sie selbstgebastelte Schilder befestigt, die sie als „Inspekteure" ausweisen sollten. „Kennzeichnungspflicht von Waren aus den illegalen israelischen Siedlungen" stand unter dem Wort „Inspektion" geschrieben. Zielsicher suchten die Männer und Frauen Orte auf, an denen sie derartige Erzeugnisse vermuteten: ein großes Kaufhaus, den Markt, eine Drogerie.[293]

Kurz zuvor hatte die EU-Kommission beschlossen, dass künftig Erzeugnisse israelischer Firmen, die ihren Standort im Westjordanland, in Ostjerusalem oder auf den Golanhöhen haben, bei der Einfuhr in Mitgliedsländer der Europäischen Union gesondert gekennzeichnet werden müssen und nicht mehr die Herkunftsangabe „Israel" tragen dürfen.[294] Doch die Umsetzung dieser Verordnung ging den BDS-Bewegten offenbar nicht schnell genug. Daher schritten sie, gewissermaßen als Bürgerwehr organisiert, nun schon einmal selbst zur Tat. „Wir gehen nach Verdacht vor", sagte ihr Bremer Sprecher Claus Walischewski, gleichzeitig Bezirkssprecher von *Amnesty International* in Bremen.[295] Auf der Grundlage dieses Verdachts markierten Walischewski und seine Gesinnungsgenossen alle israelischen Produkte, derer sie habhaft werden konnten, mit Papierfähnchen. „Vorsicht, das Produkt könnte aus einer illegalen israelischen Siedlung stammen", hatten sie darauf geschrieben. In einer Drogerie erhielten sie dafür ein Hausverbot.[296]

Auch in Berlin[297], Bonn[298] und Hamburg[299] gab es am selben Tag solche „Wareninspektionen". In Bonn liefen die BDS-Aktivisten dabei ebenfalls in weißen Schutzmänteln auf und hatten sogar eigens erstellte Formulare mitgebracht, auf denen sie unter der Überschrift „Deutsche Zivilgesellschaft – Inspektion der Produkte israelischer Unternehmen" mit der sprichwörtlichen deutschen Gründlichkeit die Ergebnisse ihrer gestrengen Prüfungen festhielten. Die Rubriken hießen „Artikel", „Herkunftsangabe", „tatsächliche Herkunft", „angegebene israelische Firma", „angegebene deutsche Firma", „Barcode" sowie „Verdacht". Schließlich sollte niemand behaupten können, bei der Dokumentation von vermeintlichen Verbrechen des jüdischen Staates gehe es in Deutschland nicht bürokratisch korrekt zu.

Einen Sinn für Symbolik muss man den Damen und Herren von der BDS-Bewegung attestieren, und diese Symbolik verdeutlicht die ideologische Grundlage und Motivation ihres Tuns: Die uniformartige weiße Schutzkleidung, mit der eine Seuchengefahr suggeriert wird; die bandenförmige Organisierung als selbst ermächtigte Vollstrecker des vermeintlichen Volkswillens unter dem wohlklingenden Label „Zivilgesellschaft"; die gründliche Inspektion und detaillierte Erfassung in Listen als Vorstufe zur Säuberung; der Verdacht, also das Gerücht über die Juden, wie Adorno den Antisemitismus definierte; die Kennzeichnung, also Stigmatisierung von allem, was für jüdisch gehalten wird, und schließlich der Aufruf zum Boykott – so sieht menschenrechtlich verbrämter, israelbezogener Antisemitismus aus, mögen BDS-Aktivisten diesen Befund auch noch so entrüstet zurückweisen.

Gleiches gilt für die Störung einer Veranstaltung an der Berliner Humboldt-Universität im Juni 2017. Dort sprachen die israelische Knesset-Abgeordnete Aliza Lavie und die damals 82 Jahre alte Shoah-Überlebende Deborah Weinstein zum Thema „Leben in Israel – Terror, Voreingenommenheit und Chancen für eine Friedenslösung", doch drei

Aktivisten der BDS-Bewegung versuchten, die Veranstaltung zum Abbruch zu bringen. Sie riefen unter anderem „Das Blut des Gaza-Streifens klebt an Ihren Händen“ und „Kindermörder“ und sorgten im Hörsaal für Tumulte. Die drei wurden des Raumes verwiesen, wobei sie um sich schlugen, und versuchten danach, durch Hämmern gegen die Hörsaaltür die Veranstaltung weiter zu stören. Im August 2020 wurde eine Störerin wegen Körperverletzung zu einer Geldstrafe von 450 Euro oder 30 Tagen Gefängnis verurteilt. Es war die erste strafrechtliche Verurteilung eines BDS-Aktivisten oder einer BDS-Aktivistin wegen gewalttätigen Verhaltens in Deutschland.[300]

Rund zwei Monate später war, ebenfalls in Berlin, das große Festival *Pop-Kultur* mit der BDS-Bewegung konfrontiert. Denn nachdem diese herausgefunden hatte, dass die israelische Botschaft in Berlin für eine israelische Künstlerin einen Reisekostenzuschuss in Höhe von 500 Euro beigesteuert und damit einer von vielen Partnern des Festivals war, riefen BDS-Aktivisten die Musiker und Bands aus dem arabischen Raum dazu auf, ihre Zusage zurückzuziehen. 500 Euro sind im Budget einer solchen Großveranstaltung zwar nicht viel – doch die vier arabischen Bands, die in Berlin auftreten sollten, hätten ihre Teilnahme an der *Pop-Kultur* vermutlich auch dann abgesagt, wenn die Botschaft bloß einen Cent gegeben hätte. Der Rapper Abu Hajar und der DJ *Hello Psychaleppo* aus Syrien, die Sängerin Emel Mathlouthi aus Tunesien sowie die Gruppe *Islam Gipsy & EEK* aus Ägypten blieben dem Festival schließlich fern. Sie alle wollten dort nicht spielen, weil der Staat Israel die Veranstaltung förderte.[301]

Dass er das tun würde, stand schon länger fest; seine Vertretung in der deutschen Hauptstadt wurde bereits seit einer ganzen Weile auf der Website von *Pop-Kultur* als Partner aufgeführt. Doch erst nach einem Aufruf der BDS-Bewegung, wegen der israelischen Unterstützung nicht beim Festival aufzutreten, zogen die vier Acts ihre ursprüngliche Zusage zurück. BDS-Aktivisten hätten „immensen Druck auf alle arabischen Künstler*innen in unserem Line-up ausgeübt“, schrieben die Veranstalter in einer Erklärung. Zudem hätten auch Künstler aus Deutschland und anderen europäischen Ländern sowie aus den USA berichtet, „dass sie E-Mails, Kommentare auf Facebook oder Twitter-Nachrichten von BDS-Aktivist*innen erhalten haben".[302] Einige Tage nach den arabischen Musikern sagten vier weitere – britische respektive finnische – Bands ihren Auftritt ab, darunter mit den *Young Fathers* aus Schottland auch der Top-Act des Festivals.[303]

Ein Jahr später ergab sich ein ähnliches Bild: Wieder beteiligte sich die israelische Botschaft mit einem Reisekostenzuschuss an der Finanzierung des Festivals – diesmal in Höhe von 1.200 Euro[304] –, wieder rief die BDS-Bewegung zum Boykott der *Pop-Kultur* auf, wieder folgten mehrere Künstler diesem Aufruf und sagten ab. Doch dabei blieb es nicht: Eine Podiumsdiskussion zum Auftakt des Festivals, bei der unter anderem die israelische Schriftstellerin Lizzie Doron und der Berliner Kultursenator Klaus Lederer über das Thema Boykott sprachen, wurde massiv gestört, wie unter anderem die *taz* berichtete:

„Sofort nach der Vorstellungsrunde verschafften sich BDS-Aktivisten [...] Gehör, fingen an, auf Hebräisch, Arabisch und Englisch herumzubrüllen, autoritär und herrisch im Ton, ihr Auftreten martialisch. Grüppchen saßen strategisch verteilt und schwenkten Plakate, wie ‚Your discussion kills my family'. Man wähnte sich in einem absurden Theaterstück. Lederer sprach davon, dass ihn die Fixierung auf Israel besonders ärgere. Dann rannte der israelische Filmemacher Udi Aloni auf die Bühne, baute sich vor Lederer auf und forderte ihn zum Rücktritt auf. Das Oberkommando hatte ein älterer Brite, der ZuschauerInnen, die lautstark gegen die BDS-Aktivisten protestierten, filmte. Lederer wurde von einer jungen Frau mehrfach bezichtigt, Antisemit zu sein. Lizzie Doron wiederum wurde beschuldigt, Palästinenser zu unterdrücken, als sie von ihrem Buch ‚Sweet Occupation' erzählen wollte, in dem es um den Konflikt zwischen Israel und den Palästinensern geht. [...] Das Publikum reagierte ängstlich, buhte dann. Am Ende wurde auf Geheiß des Briten ein palästinensischer Mann auf die Bühne beordert, der über die Gewalt der Israelis monologisierte. Dann war die traurige Vorstellung vorbei."[305]

Im Frühjahr und Sommer des Jahres 2020 wiederum gab es vor allem in den Feuilletons verschiedener Medien eine wochenlange Debatte um den kamerunischen Philosophen und Historiker Achille Mbembe, der in der Vergangenheit unter anderem zweimal in Petitionen zu einem akademischen Boykott Israel aufgerufen[306] und im Vorwort zum Buch „Apartheid Israel. The Politics of an Analogy"[307], dessen Erlös ausweislich des Impressums der BDS-Organisation *Palestinian Campaign for the Academic and Cultural Boycott of Israel* (PACBI) zugutekam, geschrieben hatte, die gegenwärtige israelische „Apartheid" sei „weitaus tödlicher" als die südafrikanische in der Vergangenheit. Überdies hatte Mbembe im Winter 2018 die Ausladung der israelischen Psychologin Shifra Sagy von einer Konferenz an der Universität Stellenbosch in Südafrika erzwungen, indem er damit gedroht hatte, sich selbst zurückzuziehen, falls Sagy und weitere zur Konferenz eingeladene Israelis sprechen sollten. Damit hatte er sich der Forderung der südafrikanischen BDS-Bewegung nach einer Ausladung der israelischen Teilnehmerinnen und Teilnehmer angeschlossen. Tatsächlich waren die Veranstalter dieser Forderung nachgekommen.[308]

Zu der Debatte über Mbembe kam es, weil sich Kritik daran regte, dass dieser im August 2020 auf dem großen Kulturfestival *Ruhrtriennale* in Bochum die Eröffnungsrede halten sollte.[309] Eingeladen hatte ihn die Intendantin des Festivals, Stefanie Carp, die bereits zwei Jahre zuvor in die Kritik geraten war, weil sie die *Young Fathers* – also eine jener Bands, die 2017 dem Aufruf der BDS-Bewegung, die *Pop-Kultur* in Berlin zu boykottieren, gefolgt waren – bei der *Ruhrtriennale* auftreten lassen wollte. Als es Proteste gab, sagte Carp der Gruppe ab, revidierte diese Entscheidung jedoch nochmals, woraufhin die *Young Fathers* von sich aus verzichteten.[310] Nun sollte mit Achille Mbembe erneut jemand, der BDS-Positionen vertritt, einen Programmpunkt des Festivals übernehmen, was Lorenz Deutsch, den kulturpolitischen Sprecher der FDP-Fraktion im nordrhein-westfälischen Landtag, zu einem offenen Brief an Stefanie Carp veranlasste. Darin bat er die Intendantin, „die ausgesprochene Einladung zu überdenken".[311]

Da die *Ruhrtriennale* aufgrund der Corona-Pandemie schließlich ausfiel, hatte sich die Frage nach dem Auftritt Mbembes zwar erledigt. Doch da war die Diskussion über den postkolonialen Philosophen und seine Ansichten zum jüdischen Staat – Mbembe wirft Israel nicht nur vor, mit den Palästinensern weitaus schlimmer zu verfahren als Südafrika während der Apartheid mit seinen schwarzen Bürgern, sondern auch, „Techniken der materiellen und symbolischen Auslöschung“ anzuwenden und eine „fanatische Zerstörungspolitik“ zu betreiben, weshalb es eine „weltweite Isolation“ verdiene – längst in vollem Gange.

Mbembe selbst hielt die Äußerungen seiner Kritiker, die ihm eine Dämonisierung und Delegitimierung Israels vorhielten, allen Ernstes für „völlig unbegründete, verrückte und bösartige Angriffe aus rechten und rechtsextremen Kreisen in Deutschland“, für eine „Hetzkampagne“ und sogar für einen „Lynchmord“. Mit BDS habe er nichts zu tun. Lorenz Deutsch warf er vor, rassistische Gründe für seinen offenen Brief zu haben, diese Gründe jedoch nicht offen aussprechen zu können und ihn, Mbembe, deshalb zum Zwecke der Diskreditierung zum Antisemiten erklärt zu haben. Einige von Mbembes Verteidigern argumentierten ähnlich. Andere behaupteten, Mbembes Äußerungen über Israel seien irrelevant für sein Gesamtwerk, und die Kritiker suchten in denunziatorischer Absicht nach Ausführungen zum jüdischen Staat, um dem Philosophen Antisemitismus unterstellen und ihn so politisch erledigen zu können. Gegen den Antisemitismusbeauftragten der Bundesregierung, Felix Klein, gab es sogar Rücktrittsforderungen, nachdem dieser sich kritisch über Mbembe und dessen Einladung zur *Ruhrtriennale* geäußert hatte.[312]

Anders als in den vorgenannten Fällen war hier zwar nicht die BDS-Bewegung als solche am Werk; weder Stefanie Carp noch Achille Mbembe sind klassische, organisierte BDS-Aktivisten. Dennoch ist eine Affinität der beiden zu BDS-Positionen evident, und die Causa hat deutlich werden lassen, dass diese Positionen im deutschen Kulturbetrieb eine gewichtige Rolle spielen können. Dabei ging es dem FDP-Mann Lorenz Deutsch übrigens keineswegs um ein generelles Redeverbot für Mbembe.

Vielmehr wies er in seinem offenen Brief an Carp darauf hin, dass es sich bei der *Ruhrtriennale* um eine Veranstaltung des Landes Nordrhein-Westfalen handelt – also nicht um ein mit privatem Kapital bestrittenes Festival – und dass eine solche mit öffentlichen Mitteln finanzierte Veranstaltung „für antisemitische ‚Israelkritik', Holocaustrelativierungen und extremistische Desinformation [...] keine Bühne bieten" dürfe.[313]

Bislang ist die BDS-Bewegung in Deutschland gleichwohl eher klein, verglichen etwa mit Großbritannien. In den ersten Jahren nach der Veröffentlichung des palästinensischen BDS-Gründungsaufrufes gab es nur vereinzelte und zahlenmäßig kleine BDS-Aktivitäten, beispielsweise im September 2009 in Berlin, wo einige BDS-Aktivisten vor einem Bioladen eine Kundgebung unter dem Motto „Die Besatzung verdirbt den Appetit auf Bio aus Israel" abhielten[314], oder im März 2011 in Bremen, wo Mitglieder des örtlichen *Friedensforums* vor einem Supermarkt mit Plakaten und Flugblättern zu einem Boykott israelischer Waren aufriefen.[315] Zu einem „deutschlandweiten BDS-Aufruf" des *BDS-Koordinierungsgremiums in Deutschland*, das darin die Unterstützung für den BDS-Gründungsaufruf vom Juli 2005 erklärt, die dort genannten drei Kernforderungen bekräftigt und „Gruppen und Personen der deutschen Zivilgesellschaft" auffordert, „sich der internationalen BDS-Kampagne anzuschließen", kam es erst Ende Juni 2015.[316] Diesen Aufruf haben bis Mitte Juni 2020 insgesamt 24 Gruppierungen und Organisationen unterzeichnet, darunter neben den BDS-Gruppen in Bonn, Bremen und Nürnberg beispielsweise die *Deutsch-Palästinensische Gesellschaft* mit mehreren Regionalgruppen, die *Palästinensische Gemeinde Deutschland*, die *Marxistisch-Leninistische Partei Deutschlands* (MLPD), der *Deutsche Freidenker-Verband* und die *Jüdische Stimme für gerechten Frieden in Nahost*.[317]

BDS-Kampagnen richteten sich, so steht es im Aufruf zu lesen, „vor allem gegen die israelische Politik der Kolonisierung, Apartheid und Besatzung"; sie umfassten „Aktionen gegen die wirtschaftliche, militärische, wissenschaftliche, kulturelle und sonstige gesellschaftliche Zusammenarbeit des Auslands mit Israel". Das *BDS-Koordinierungsgremium* und die unterzeichnenden Gruppen kündigen an, „BDS-Aktionen" durchzuführen, „bis Israel das Völkerrecht einhält und die unveräußerlichen Rechte der PalästinenserInnen einschließlich des Rechts auf Selbstbestimmung anerkennt". Deutschland fördere, so heißt es weiter, „eine stark privilegierte wirtschaftliche, militärische und wissenschaftliche Zusammenarbeit mit Israel" und begründe dies „mit seiner besonderen historischen Verantwortung". Doch solange Israel diese Zusammenarbeit „auch zu Menschen- und Völkerrechtsverletzungen gegen die PalästinenserInnen" missbrauche, mache sich „unser Land dieser Verletzungen mitschuldig".

„Verantwortungsvoller Umgang mit unserer Geschichte bedeutet für uns, sich dieser die palästinensischen Grundrechte missachtenden Zusammenarbeit zu widersetzen", schreibt das *Koordinierungsgremium* ferner. „Das ist eine für uns maßgebliche Schlussfolgerung aus der deutschen Geschichte." Folgt man also der BDS-Bewegung, dann soll für „unser Land" die wesentliche Konsequenz aus der Vernichtung der Juden durch die Deutschen sein, nicht mit dem Land der Überlebenden dieses Menschheitsverbrechens und deren Nachkommen zu kooperieren, sondern es vielmehr mit Boykott, Kapitalabzug und Sanktionen zu überziehen.

Mögen die Vereinigungen, die die BDS-Bewegung in Deutschland tragen, auch überwiegend nicht sehr groß sein, so brauchen sie für ihre Aktivitäten meist aber auch nicht viel Personal, um Aufsehen zu erregen oder eine Störung herbeizuführen. Für „Wareninspektionen" wie die erwähnten in Bremen und Bonn genügen eine bis zwei Handvoll Aktivisten; um eine Referentin oder einen Diskutanten durch Zwischenrufe und Pöbeleien zu unterbrechen und bei einer Veranstaltung tumultartige Szenen auszulösen wie in Berlin, sind ebenfalls nicht mehr Menschen vonnöten. Schriftliche Aufrufe zum Boykott sind rasch verfasst und über die Social-Media-Kanäle wie *Facebook* und *Twitter* oder per E-Mail verbreitet. Wenn die Adressaten den Aufrufen dann folgen wie diverse Bands bei der *Pop-Kultur*, haben die BDS-Aktivisten mit einem vergleichsweise geringen Aufwand einen vergleichsweise großen

Wirbel verursacht, einen propagandistischen Erfolg erzielt und politischen Schaden angerichtet.

Die Aktivitäten der BDS-Bewegung in Deutschland, die seit der Veröffentlichung des deutschlandweiten Aufrufs Mitte 2015 spürbar zugenommen haben, bleiben allerdings nicht ohne Widerspruch und nicht ohne politische Gegenmaßnahmen. Wo BDS auftaucht oder agiert, kommt es häufig zu Protesten, beispielsweise von pro-israelischen Initiativen oder jüdischen Organisationen. So etwa im September 2016, als in der Mitgliederzeitschrift des Oldenburger Kreisverbands der *Gewerkschaft Erziehung und Wissenschaft* (GEW) der anti-israelische Boykottaufruf eines BDS-Aktivisten erschien und das erst die Kritik der örtlichen Arbeitsgemeinschaft der *Deutsch-Israelischen Gesellschaft* hervorrief, bevor es auch GEW-intern zu Unmutsäußerungen kam.[318] Oder im Juni 2017, als der *Deutsche Koordinationskreis Palästina Israel*, der die BDS-Bewegung unterstützt, in Frankfurt eine antizionistische Konferenz durchführte und rund 250 Menschen dagegen demonstrierten.[319]

In den vergangenen Jahren wurde zudem eine Fülle von Beschlüssen und Erklärungen verabschiedet, in denen die BDS-Bewegung unumwunden als antisemitisch bewertet und jede Form der politischen, finanziellen und logistischen Unterstützung oder Zusammenarbeit mit ihr kategorisch ausgeschlossen wird. Diese Resolutionen und Maßnahmen stammen beispielsweise vom Deutschen Bundestag und den Landesparlamenten von Baden-Württemberg, Thüringen und Nordrhein-Westfalen sowie vom Berliner Senat; vom CDU-Bundesparteitag, vom Parteivorstand der LINKEN, von der Berliner SPD, den Grünen in Bayern, Sachsen und Niedersachsen, der Grünen Jugend Bremen und den Jungen Liberalen Nordrhein-Westfalen; von den Städten München, Frankfurt am Main, Berlin, Bielefeld, Leipzig, Köln, Dortmund, Bonn, Mannheim, Essen und Oldenburg; von mehreren Hochschulgruppen und Studentenparlamenten sowie von der Hochschulrektorenkonferenz; von der DGB-Jugend und den Gesellschaften für Christlich-Jüdische Zusammenarbeit.[320]

Hervorzuheben ist insbesondere der Beschluss des Bundestages vom 17. Mai 2019, dem ein Antrag der Fraktionen von Union, SPD, FDP und den Grünen zugrundelag.[321] Er trägt den Titel „Der BDS-Bewegung entschlossen entgegentreten – Antisemitismus bekämpfen" und hält unmissverständlich fest;

> „Die Argumentationsmuster und Methoden der BDS-Bewegung sind antisemitisch. Die Aufrufe der Kampagne zum Boykott israelischer Künstlerinnen und Künstler sowie Aufkleber auf israelischen Handelsgütern, die vom Kauf abhalten sollen, erinnern zudem an die schrecklichste Phase der deutschen Geschichte. ‚Don't Buy'-Aufkleber der BDS-Bewegung auf israelischen Produkten wecken unweigerlich Assoziationen zu der NS-Parole ‚Kauft nicht bei Juden!' und entsprechenden Schmierereien an Fassaden und Schaufenstern."

Das Parlament entschied deshalb, „die BDS-Kampagne und den Aufruf zum Boykott von israelischen Waren oder Unternehmen sowie von israelischen Wissenschaftlerinnen und Wissenschaftlern, Künstlerinnen und Künstlern oder Sportlerinnen und Sportlern zu verurteilen"; „Räumlichkeiten und Einrichtungen, die unter der Bundestagsverwaltung stehen, keinen Organisationen, die sich antisemitisch äußern oder das Existenzrecht Israels in Frage stellen, zur Verfügung zu stellen"; „keine Organisationen finanziell zu fördern, die das Existenzrecht Israels in Frage stellen", und „keine Projekte finanziell zu fördern, die zum Boykott Israels aufrufen oder die die BDS-Bewegung aktiv unterstützen".[322] Für den Antrag stimmten Union, SPD, FDP und große Teile der Grünen; dagegen votierten zahlreiche Abgeordnete der Linksfraktion und ein kleiner Teil der Grünen-Fraktion. Die AfD-Fraktion sowie einige Parlamentarier der LINKEN und der Grünen enthielten sich. Es gab zwei weitere Anträge, die jedoch abgelehnt wurden: Die AfD wollte die BDS-Bewegung verbieten, die Linksfraktion wollte sie nicht per se als antisemitisch bezeichnen.[323]

Es war abzusehen, dass Organisationen und Personen, die der BDS-Bewegung angehören, sie zumindest gutheißen oder mit BDS-Gruppierungen kooperieren, gegen die angenommene Resolution des Bundestages protestieren würden. So sagte beispielsweise der Grünen-Politiker Jürgen Trittin in einem Interview der *taz*: „BDS in toto für antisemitisch zu erklären, bedeutet, weite Teile der palästinensischen Zivilbevölkerung, die seit mehr als 50 Jahren unter der Besatzung leidet, in die antisemitische Ecke zu stellen. Es bedeutet auch, Gruppierungen, die sich gewaltfrei für die Zwei-Staaten-Lösung starkmachen, mit dem Label ‚Antisemiten' zu belegen."[324] Ähnlich äußerte sich Barbara Unmüßig, die Leiterin der den Grünen nahestehenden Heinrich-Böll-Stiftung, in einem Interview von *Spiegel Online*: „Wir fürchten eine Pauschalverurteilung unserer palästinensischen Partner, die nun mit Antisemiten gleichgesetzt werden."[325] Es ist so bemerkenswert wie bezeichnend, wie Trittin und Unmüßig argumentieren: Sie tun so, als wäre BDS in den palästinensischen Gebieten eine Art Naturgesetz, das nun mal hinzunehmen ist und nicht grundsätzlich infrage gestellt werden darf. Der FDP-Abgeordnete Frank Müller-Rosentritt, der zu den maßgeblichen Initiatoren des interfraktionellen Antrags gehört, wies das dann auch zurück. Gegenüber der *taz* sagte er: „Viele Kritiker suggerieren, dass es ohne die – ausgesprochen problematische – BDS-Bewegung keine zivilgesellschaftliche Aktivität und keinen Einsatz für Menschenrechte aufseiten der Palästinenser geben könne."[326] Das sei jedoch nicht der Fall.

Offenbar ahnen Einrichtungen und Vereinigungen, die mit palästinensischen NGOs zusammenarbeiten – von denen etliche die BDS-Bewegung unterstützen –, dass der Bundestagsbeschluss für sie Konsequenzen haben könnte. „Viele Stiftungen und kirchliche sowie nichtkirchliche Organisationen befürchten, dass dies ihre Projekte in Israel und Palästina massiv gefährden wird", meinte Jürgen Trittin.[327] Tatsächlich müssten die Bundestagsfraktionen, die für den Antrag gestimmt haben, eigentlich auch gegenüber NGOs im Nahen Osten, die BDS unterstützen, und teilweise sogar gegenüber ihren eigenen Parteistiftungen konsequent sein, wenn sie ihren eigenen Beschluss ernst meinen. Und das Auswärtige Amt, das die Förderung von Projekten mit staatlichen Mitteln – etwa durch politische Stiftungen und Hilfswerke – vorab prüft, müsste seine Freigabepraxis ändern.

Dass das wirklich geschehen wird, darf man allerdings bezweifeln. So reiste beispielsweise Niels Annen, parlamentarischer Staatssekretär im Außenministerium, im Juni 2019 in den Nahen Osten und traf sich dort unter anderem mit Vertretern der palästinensischen NGO *Al-Haq*, die zu den führenden Organisationen der BDS-Bewegung gehört. Ihr Direktor Shawan Jabarin wird vom Obersten Gerichtshof Israels zu den wichtigsten Aktivisten der *Volksfront zur Befreiung Palästinas* (PFLP) gerechnet, die im jüdischen Staat, in der EU und in den USA auf der Liste der Terrororganisationen steht. *Al-Haq* zufolge beschwichtigte Annen bei dem Treffen: Der Bundestagsbeschluss sei „kein Gesetz" und stehe „einer Unterstützung der palästinensischen Zivilgesellschaft nicht im Weg", habe er versichert. Das heißt: BDS-Organisationen müssen nicht befürchten, künftig von der deutschen Förderung ausgeschlossen zu werden.[328]

Dabei böte der Beschluss des Bundestages eine echte Chance, die Kooperation von Stiftungen, Hilfswerken und anderen Organisationen mit palästinensischen Vereinigungen, die zur BDS-Bewegung gehören oder sie unterstützen, zu beenden und die diesbezügliche staatliche Förderpraxis zu ändern. Schließlich ist die Zusammenarbeit mit NGOs, die die Existenz des jüdischen Staates bekämpfen, ihn delegitimieren und dämonisieren und glauben, Israelis mit Boykotten, Drohungen und Sanktionen begegnen zu müssen, ein Friedenshindernis. Und die BDS-Bewegung ist weder alternativlos noch eine Errungenschaft der palästinensischen Zivilgesellschaft, sondern vielmehr ein antisemitischer Störfaktor.

Für die Gruppierungen und Organisationen, die die BDS-Bewegung in Deutschland unterstützen, bedeuten die Beschlüsse des Bundestages, der Landesparlamente und der Städte zunächst einmal konkret, dass ihnen im buchstäblichen wie im übertragenen Sinne Raum genommen wird und sie nicht mehr auf öffentliche Gelder hoffen können. Darüber hinaus beeinflussen die Resolutionen und Erklärungen zweifellos die gesellschaftliche Sicht auf BDS-Aktivitäten und verringern die Zahl möglicher Bündnispartner der BDS-Bewegung. Zwar gibt es durchaus

Stimmen, die finden, hier werde gewissermaßen mit Kanonen auf Spatzen geschossen, weil die BDS-Aktivisten in Deutschland, anders als beispielsweise in Großbritannien und den USA, nicht sehr zahlreich und auch kein wesentlicher Faktor etwa an den Hochschulen seien, weshalb man sie mit den Beschlüssen unnötig größer mache und dadurch aufwerte. Dem gegenüber stehen allerdings, wie gezeigt, öffentlichkeitswirksame BDS-Aktionen, deren antisemitischer Gehalt unerträglich ist und die eben keineswegs nur eine Form von Kritik an der israelischen Regierung darstellen.

Weitere Länder: Vielfach ein Fall für die Gerichtsbarkeit

In **Österreich** macht vor allem *BDS Austria* seit Mai 2014 mit anti-israelischen Boykottaktivitäten von sich reden. So rief die Gruppe beispielsweise dazu auf, das Jüdische Filmfestival im Oktober 2014 zu boykottieren, weil es vom israelischen Staat unterstützt werde. Im gleichen Monat protestierten die Vereinigung gegen einen Israel-Workshop an der Wiener Universität und den Besuch des israelischen Knesset-Vorsitzenden Yuli Edelstein in Österreich. Bereits im August 2014 hatte *BDS Austria* einen Boykott der gastronomischen Einrichtung Tel-Aviv-Beach in Wien gefordert, weil sie Teil einer „propagandistischen Legitimierung israelischer Staatspolitik" sei.[329] Protagonisten der Vereinigung gehören zu jenem „anti-imperialistischen" Milieu, das in der Vergangenheit immer wieder durch – teilweise gewaltsame – antisemitische Aktivitäten aufgefallen ist. Dazu gehört zum Beispiel die massive Störung einer Veranstaltung am 9. November 2003 zum Gedenken an die Novemberpogrome von 1938.[330]

BDS Austria ist Teil eines österreichischen Netzwerks linker Antizionisten und islamischer Gruppierungen. Dazu zählen beispielsweise die *Palästinensische Jugend Österreich* und *Dar al-Janub*[331], ein Verein, der nach eigenen Angaben antirassistische und friedenspolitische Ziele verfolgt, aber nach Einschätzung der *Österreichisch-Israelischen Gesellschaft* zum Beispiel im Oktober 2011 bei einem Symposium mit dem Titel „Remapping Palestine" unter dem Deckmantel wissenschaftlicher Auseinandersetzung anti-israelische Hetze verbreitete.[332] Aktivisten aus diesem Spektrum führten im August 2014 während des Gazakriegs vor der Wiener Staatsoper eine Art Straßentheater auf, bei dem sie die Exekution palästinensischer Kinder durch israelische Soldaten schauspielerisch darstellten. Die „Soldaten“ waren dabei im Nazi-Stil durch blau-weiße Armbinden mit dem Davidstern gekennzeichnet.[333] Seit 2015 beteiligt sich *BDS Austria* mit Veranstaltungen und Aktionen an der internationalen „Israeli Apartheid Week“.

Gegen Aktivitäten des österreichischen BDS-Ablegers protestieren regelmäßig Bündnisse, zu denen beispielsweise die *Israelitische Kultusgemeinde Wien*, das *Forum gegen Antisemitismus*, die *Initiative Liberaler Muslime*, die *Jungen Grünen Wien* und verschiedene Universitätsgruppen gehören. Als *BDS Austria* im März 2017 im Rahmen der „Israeli Apartheid Week“ einen Vortrag in Wien mit einer Beraterin der palästinensischen NGO *Al-Haq* zur angeblichen Apartheid in Israel durchführen wollte, lehnten es nacheinander ein Kulturzentrum, zwei Hotels und ein Café ab, dafür einen Raum zur Verfügung zu stellen. Die Veranstaltung fand schließlich in den Räumlichkeiten von *Dar al-Janub* statt.[334] Auch der Vortrag des Theologen und Vorsitzenden von *BDS South Africa* Farid Esack, den *BDS Austria* im Juni 2017 in einem Wiener Hotel stattfinden lassen wollte, musste verlegt werden, nachdem das Hotel seine Zusage zurückzog.[335]

Die Österreichische *Hochschülerinnen- und Hochschülerschaft* beschloss im Herbst 2017, BDS-Unterstützergruppen nicht mehr zu finanzieren.[336] Zuvor hatte sich bereits die Studentenvertretung der Universität Wien gegen BDS ausgesprochen und dabei deutlich gemacht: „Als Studierendenvertretung ist es uns wichtig, gerade den akademischen Boykott Israels zu kritisieren, denn dieser schließt israelische Wissenschaftler_innen in ihrer Gesamtheit aus dem akademischen Diskurs aus.“[337] Ende Juni 2018 entschied auch die Stadt Wien, sich „gegen die antisemitische BDS-Kampagne“ zu positionieren, „städtische Räume nicht für BDS-Kampagnen oder Veranstaltungen, Ausstellungen oder Demonstrationen zur Verfügung [zu stellen], welche die Ziele von

BDS verfolgen", und keine Veranstaltungen zu unterstützen, die für BDS werben.[338] Eine direkte Konsequenz aus diesem Beschluss war beispielsweise die Absage einer Veranstaltung von *BDS Austria* mit dem südafrikanischen BDS-Unterstützer Ronnie Kasrils, die im März 2019 im Wiener Volkskundemuseum stattfinden sollte.[339]

Am 27. Februar 2020 verabschiedete schließlich auch der österreichische Nationalrat, also die Abgeordnetenkammer des Parlaments, den Beschluss, „die BDS-Bewegung und ihre Ziele, insbesondere den Aufruf zum Boykott von israelischen Produkten, Unternehmen, Künstlerinnen und Künstlern, Wissenschaftlerinnen und Wissenschaftlern oder Sportlerinnen und Sportlern, scharf zu verurteilen". Organisationen und Vereinen, die sich antisemitisch äußern oder das Existenzrecht Israels in Frage stellen, sollen keine Räumlichkeiten und keine Infrastruktur zur Verfügung gestellt bekommen, und Veranstaltungen der BDS-Bewegung oder von Gruppen, die deren Ziele verfolgen, seien weder finanziell noch in anderer Form zu fördern.[340]

Auch in der **Schweiz** gibt es eine BDS-Vereinigung, die sich beispielsweise mit Vorträgen und Filmvorführungen in Bern, Basel, Genf und Lausanne an der „Israeli Apartheid Week" beteiligt.[341] Auf ihrer Website spricht sie ein bürgerliches Publikum an, „die ‚Personengalerie' zeigt Architekten, Dozenten und Künstler", wie Stefan Frank zusammenfasst.[342] Unter den Personen, die dort mit Foto abgebildet sind, sind auch die sozialdemokratischen Nationalräte Carlo Sommaruga, Margret Kiener Nellen und Ex-Nationalrat Andrea Hämmerle sowie zwei Ex-Nationalräte der Grünen, Geri Müller und Therese Frösch.[343] Doch auch in der Schweiz muss die BDS-Bewegung immer wieder Raumkündigungen hinnehmen, wenn den Betreibern der jeweiligen Räumlichkeiten klar wird, wer bei ihnen eine Veranstaltung durchführen will.

So geschehen beispielsweise im Oktober 2018, als *BDS Schweiz* im öffentlichen Zürcher Gemeinschaftszentrum Buchegg gemeinsam mit Gruppierungen aus dem linksradikalen antizionistischen Spektrum eine „Palästina-Konferenz" stattfinden lassen wollte. Als das Zentrum darauf aufmerksam gemacht wurde, wer sich hinter den Veranstaltern verbirgt, annullierte es den Mietvertrag und erklärte, getäuscht worden zu sein: „Wir haben einen Mietvertrag an diesem Tag mit einer Privatperson für einen privaten Anlass, der nicht-öffentlich und nicht politisch geprägt sein sollte. Es liegt in diesem Fall eine Täuschung unserer Mitarbeitenden vor. Die Zürcher Gemeinschaftszentren vermieten keine Räume für öffentliche und einseitige politische Veranstaltungen. In einem solchen Fall von Täuschung wird der Vertrag von uns storniert, was in diesem Fall heute geschehen wird."[344]

In **Frankreich** sorgte zuletzt vor allem eine Entscheidung des Europäischen Gerichtshofs für Menschenrechte (EGMR) in Straßburg zur BDS-Bewegung für Schlagzeilen. Der EGMR hob im Juni 2020 das Urteil eines französischen Gerichts auf, in dem elf BDS-Aktivisten der Gruppe *Collectif Palestine 68* zu Geldstrafen in Höhe von je 5.000 Euro verurteilt worden waren. Sie hatten im September 2009 und im Mai 2010 in der elsässischen Stadt Illzach israelische Waren aus den Regalen eines Supermarkts der *Carrefour*-Kette geräumt und Kunden zum Boykott des jüdischen Staates aufgerufen.[345] Dabei hatten sie T-Shirts mit der Aufschrift „Palästina wird leben, boykottiert Israel!" getragen und Parolen wie „Israel Mörder, Carrefour Komplize" gerufen.[346] Da nach französischem Recht auch die Diskriminierung einer Nation, etwa durch Boykottaufrufe, als „Aufstachelung zu Diskriminierung, Hass oder Gewalt" betrachtet werden kann, waren die BDS-Unterstützer im Jahr 2013 schuldig gesprochen worden. Das Kassationsgericht, die höchste Instanz der französischen Gerichtsbarkeit, hatte dieses Urteil zwei Jahre später bestätigt.

Der EGMR hält derartige Aktivitäten jedoch für eine zulässige politische Meinungsäußerung und entschied, dass der französische Staat jedem der Beschuldigten 7.380 Euro Schadenersatz und der Gruppe insgesamt 20.000 Euro für die Verfahrenskosten bezahlen muss.[347] Francis Kalifat, der Präsident des Dachverbandes jüdischer Organisationen in Frankreich (CRIF), fürchtet deshalb, „dass das Straßburger Gerichtsurteil zu einer erheblichen Zunahme von Hassreden und Aktionen gegen französische Juden führen wird".[348]

Im Juli 2009 hatte der EGMR in einer ähnlichen Angelegenheit noch anders entschieden: Weil der Bürgermeister der französischen Kleinstadt Seclin unter anderem auf der Website der Stadt die Gaststätten zum Boykott israelischer Waren aufgerufen hatte, war er im September 2003 gerichtlich zu einer Geldstrafe von 1.000 Euro verurteilt worden. Der EGMR hatte in diesem Richterspruch seinerzeit keine Verletzung der Meinungsfreiheit gesehen und seinerseits den Aufruf des Bürgermeisters als „diskriminierende Handlung" bewertet.[349]

In **Spanien** haben über 50 Städte und Gemeinden entschieden, BDS zu unterstützen.[350] Zu den treibenden Kräften gehört vor allem die ultralinke, überaus israelfeindliche Partei *Podemos,* die seit Januar 2020 der spanischen Regierung angehört; ihr Generalsekretär Pablo Iglesias Turrión ist stellvertretender Ministerpräsident. Turrión bezeichnet Israel als „Verbrecherstaat", gegen den „mit äußerster Härte" vorzugehen sei, und wirft dem jüdischen Staat eine „Politik der Apartheid" gegenüber den Palästinensern vor.[351] *Podemos* und öffentliche Institutionen, die von der Partei kontrolliert werden, arbeiten in ganz Spanien eng mit der BDS-Bewegung zusammen.

Im Juni 2018 beschloss der Stadtrat von Valencia – in dem linke Parteien, darunter *Podemos,* die Mehrheit stellen – sogar, die Stadt zur „Israel-Apartheid-freien Zone" zu erklären[352]; den städtischen Einrichtungen und Mitarbeitern wurde außerdem jeglicher Kontakt und jegliche Kooperation mit Israel untersagt.[353] Mindestens 24 Unterstützungserklärungen der Gebietskörperschaften wurden von spanischen Gerichten allerdings als diskriminierend verurteilt und anschließend annulliert.[354] Das gilt auch für den Beschluss des Stadtrates von Valencia: Ein Gericht entschied, dass der Rat durch seine Beteiligung an der BDS-Boykottkampagne gegen den Artikel 14 der spanischen Verfassung verstoßen hatte, der „jegliche Diskriminierung aufgrund von Geburt, Rasse, Geschlecht, Religion, Meinung oder irgendeines anderen persönlichen oder gesellschaftlichen Umstandes" verbietet.[355] Einige Gemeinden zogen ihre Erklärungen nach Klageandrohungen der pro-israelischen Organisation ACOM (*Acción y Comunicación sobre Medio Oriente*) zurück.[356]

Für besondere Schlagzeilen sorgte im August 2015 das große Reggae-Festival *Rototom Sunsplash* in der Nähe von Valencia. Dort sollte der Sänger Matisyahu auftreten, doch die Veranstalter luden ihn plötzlich wieder aus.[357] Der Grund: Matisyahu, mit bürgerlichem Namen Matthew Miller, hatte sich ihrer Aufforderung verweigert, eine öffentliche Stellungnahme gegen Israel und für die Gründung eines Staates Palästina abzugeben. Entscheidend vorangetrieben worden war die Ausladung von der lokalen BDS-Dependance in Valencia. Matisyahu ist zwar kein israelischer, sondern ein amerikanischer Staatsbürger, aber er ist Jude. Und damit war er für BDS Valencia hinreichend verdächtig, ein Zionist zu sein und damit „einen Staat zu verteidigen, der Apartheid und ethnische Säuberungen betreibt".[358]

Für die Gruppe stand deshalb fest: Dieser Mann darf nicht auf dem *Rototom Sunsplash*-Festival auftreten. Also versuchte sie, die Veranstalter zu einer Ausladung zu nötigen. Diese hielten zunächst noch stand – Matisyahus mögliche Sympathie für Israel bedeute ja nicht, dass er die israelische Politik vollumfänglich befürworte, schrieben sie[359] –, doch dann knickten sie ein. Sie bedrängten den Sänger, einen Brief oder ein Video zu veröffentlichen und darin „Position zum Zionismus und zum israelisch-palästinensischen Konflikt zu beziehen". Als der sich auf diesen Gesinnungstest nicht einlassen wollte, trafen sie flugs ihr Urteil. Matisyahu habe es nicht vermocht, „sich eindeutig in Bezug auf den Krieg und insbesondere hinsichtlich des Rechts des palästinensischen Volkes auf einen eigenen Staat zu erklären", hieß es in einer Stellungnahme auf der offiziellen Website von *Rototom Sunsplash*.[360] Deshalb habe man sich entschlossen, seinen Auftritt abzusagen. Schließlich habe das Festival in der Vergangenheit stets seine Verbundenheit mit den Palästinensern gezeigt und sich gegen die israelische Besatzung positioniert.

Matisyahu wurde daraufhin deutlich: „Die Veranstalter des Festivals bestanden darauf, dass ich mich persönlich äußere, was ganz klar der Versuch war, mich zu einer Zustimmung zur politischen Agenda der BDS-Bewegung zu drängen", schrieb er auf seiner Facebook-Seite.[361]

„Ganz ehrlich: Es war schrecklich und widerwärtig, dass sie versucht haben, ausgerechnet mich, den einzigen jüdisch-amerikanischen Künstler auf dem Festival, zu politischen Statements zu nötigen. Musste irgendein anderer Künstler politisch Stellung beziehen, um auftreten zu dürfen?“ Nach deutlicher Kritik, unter anderem vom *Verband Jüdischer Gemeinden* in Spanien, ruderten die Organisatoren von *Rototom Sunsplash* schließlich zurück und luden Matisyahu wieder ein. Man lehne Antisemitismus ab und bitte den Künstler um Verzeihung für das Geschehene, erklärten sie in einer weiteren Stellungnahme.[362] Der Musiker solle wie geplant auf der Hauptbühne des Festivals auftreten. Man habe den Fehler gemacht, der von „Druck, Nötigung und Drohungen“ geprägten Boykottkampagne der BDS-Gruppe in Valencia nachzugeben, weil man geglaubt habe, dass andernfalls der ungestörte Ablauf des Festivals in Gefahr wäre.

In der **Tschechischen Republik** beschloss das Parlament am 22. Oktober 2019 mit deutlicher Mehrheit, „alle Manifestationen des Antisemitismus, die sich gegen Einzelpersonen, religiöse Institutionen, Organisationen sowie den Staat Israel richten, einschließlich der Leugnung des Holocaust“, zu verurteilen. In der Resolution heißt es weiter, man lehne „jede Infragestellung des Existenz- und Verteidigungsrechts des Staates Israel“ ab und verurteile „alle Aktivitäten und Äußerungen von Gruppen, die zum Boykott des Staates Israel, seiner Waren, Dienstleistungen oder Bürger auffordern“. Das Parlament rief die Regierung in Prag dazu auf, Gruppen, die einen Boykott Israels befürworten, finanziell nicht zu unterstützen.[363] Auch das Unterhaus in **Kanada** positionierte sich im Februar 2016 mit großer Mehrheit gegen die BDS-Bewegung und forderte die Regierung auf, „alle Versuche kanadischer Organisationen, Gruppen oder Einzelpersonen zu verurteilen, die BDS-Bewegung sowohl im In- als auch im Ausland zu fördern“. Denn diese Bewegung treibe „die Dämonisierung und Delegitimierung des Staates Israel“ voran.[364]

Die **Niederlande**[365], **Irland**[366], **Schweden**[367] und die **Europäische Union**[368] dagegen betrachten BDS als legitime, zivilgesellschaftliche Bewegung, die von der Rede- und Versammlungsfreiheit geschützt ist. Parlamentarische Beschlüsse gegen die Bewegung wie in Deutschland, Österreich, Tschechien und weiteren Ländern gibt es dort nicht. In Irland stand unlängst sogar ein Gesetz kurz vor der Verabschiedung, das zum Boykott von israelischen Waren aus den umstrittenen Gebieten verpflichtet hätte.[369] Die neue irische Regierung hat dieses Vorhaben jedoch im Juni 2020 zurückgewiesen.[370]

Internationales BDS-Propagandaritual: die „Israeli Apartheid Week"

Länderübergreifend zählt zu den größten und wichtigsten Aktivitäten der BDS-Bewegung die „Israeli Apartheid Week", die alljährlich im Februar oder März an zahlreichen Orten auf der Welt stattfindet.[371] Mit Veranstaltungen soll, wie es *BDS Austria* formuliert hat, „gegen die israelische Besatzung der Westbank und Gaza, gegen die rassistische Gesetzgebung Israels gegenüber der palästinensischen Bevölkerung in Israel und für das Recht der Rückkehr der Vertriebenen seit 1948"[372] protestiert werden. Besonders beliebt sind dabei Sprecher aus Südafrika, die auf regelrechten Tourneen von einem Veranstaltungsort zum nächsten weitergereicht werden, um die Verbindung von BDS mit dem südafrikanischen Anti-Apartheidkampf zu betonen und den Israel-Boykotteuren auf diesem Weg einen Anschein von Legitimität zu verleihen.

Durchgeführt werden diese internationalen Festivals des Israelhasses seit 2005, die erste Austragung fand also bereits statt, bevor im Juli desselben Jahres der Gründungsaufruf von BDS veröffentlicht wurde. Im Jahr 2019 sollen laut eigenen Angaben Veranstaltungen in 30 Ländern durchgeführt worden sein, oftmals an Universitätsstandorten. In den USA etwa sollen Aktionen an 20 Colleges und Universitäten in zehn Bundesstaaten stattgefunden haben.[373] Im Vergleich dazu nehmen sich die „Israeli Apartheid Weeks" in Deutschland und Österreich eher bescheiden aus, und deren Veranstalter sind oft mit enormen Problemen konfrontiert. Angekündigte Veranstaltungen können, wenn überhaupt, vielfach nicht wie geplant stattfinden, da private Anbieter oft ihre Raumzusagen zurückziehen, wenn sie darauf aufmerksam gemacht werden, wer bei ihnen auftreten will. Öffentliche Räume, besonders an den Hochschulen, kommen aufgrund von Anti-BDS-Beschlüssen ohnehin nicht in Betracht. Manche Veranstaltungen versinken regelrecht in Lächerlichkeit, so etwa im März 2019 in Oldenburg, wo die örtliche BDS-Gruppe beim Versuch, unter freiem Himmel einen anti-israelischen Film zu zeigen, mit einem Stromgenerator kämpfte, der mal dröhnte und mal ausfiel, und für die Vorführung ausgerechnet auf israelische Technologie angewiesen war.[374]

Insgesamt ist es BDS bisher im deutschsprachigen Raum kaum gelungen, aus der ideologischen Schmuddelecke herauszukommen. Wenn BDS überhaupt so etwas wie Erfolge feiern kann, dann am ehesten noch in manchen kirchlichen Milieus[375] und im Kunst- und Kulturbereich, wie die Debatten um die *Ruhrtriennale* und deren künstlerische Leiterin Stefanie Carp zeigen. Anders als in Großbritannien und den USA spielen Israel-Boykotteure im deutschsprachigen universitären Bereich bislang keine bedeutende Rolle. Und es lässt sich nicht ernsthaft behaupten, dass die BDS-Bewegung auf dem Weg ist, gesellschaftliche Akzeptanz zu erlangen. Diese im internationalen Vergleich äußerst magere Erfolgsbilanz im deutschsprachigen Raum dürfte nicht zuletzt darauf zurückzuführen sein, dass der für die BDS-Propaganda so zentrale Vorwurf der Apartheid sich hier als nicht annähernd so zugkräftig erweist wie im angelsächsischen Raum.

„In der Vergangenheit", schrieb der ehemalige britische Großrabbiner Jonathan Sacks, „wurden Juden gehasst, weil sie reich waren und weil sie arm waren, weil sie Kapitalisten waren und weil sie Kommunisten waren, weil sie unter sich blieben und alles infiltrierten, weil sie hartnäckig an ihrer abergläubischen Religion festhielten und weil sie wurzellose Kosmopoliten waren, die an gar nichts glaubten".[376] Bei allem Wandel, den der Judenhass im Laufe der Jahrhunderte vollzog, blieb eines doch stets gleich: Immer wurden die Juden mit dem aus der jeweiligen Sicht Schlimmstmöglichen in Verbindung gebracht und für das größte denkbare Übel verantwortlich gemacht. In Zeiten christlicher Vorherrschaft galten die Juden als Gottesmörder; im Zeitalter der Aufklärung als Verkörperung überkommener, rückständiger Religiosität; für die Nazis wiederum waren sie die „Gegenrasse", von deren Vernichtung nicht weniger als die Rettung Welt abhänge.

An diesem Muster der Dämonisierung hat sich auch mit der Übertragung des Antisemitismus auf Israel als dem „kollektiven Juden der Nationen" nichts geändert – jetzt werden dem jüdischen Staat die schlimmsten Verbrechen vorgeworfen, darunter eben bevorzugt Apartheid, die seit der Verabschiedung der „Internationalen Konvention über die Unterdrückung und Bestrafung des Verbrechens der Apartheid" durch die Vereinten Nationen 1973 als „Verbrechen gegen die Menschheit" gilt.

Die britischen Boykotteure der ersten Stunden griffen in ihrer Propaganda auf die Vorwürfe zurück, die ihnen zur Dämonisierung Israels am naheliegendsten erschienen. In dem Land, das ehemals das größte Kolonialreich der Welt unterhalten und das rassistische System Südafrikas unterstützt hatte, lauteten diese Vorwürfe: Kolonialismus und rassistische Unterdrückung. Die linken britischen Akademiker, die am Beginn der Boykottbewegung standen, projizierten das, was sie für die verwerflichsten Bestandteile britischer Kolonialgeschichte hielten, auf Israel, dem sie „Siedlerkolonialismus" und „Apartheid" vorwarfen – genau die Anschuldigungen also, die in der BDS-Propaganda beständig wiederholt werden.

Wie Matthias Becker in seiner Analyse anti-israelischer Projektionen unter der Leserschaft der deutschen *Zeit* und des britischen *Guardian* zeigt, verbinden sich in dem linken Milieu des Königreichs, aus dem sich auch die BDS-Aktivisten rekrutieren, eine distanziert-kritische Haltung zu wesentlichen Aspekten britischer Vergangenheit und das Bedürfnis, sich von der Last dieser Vergangenheit zu befreien, mit einer ausgeprägt anti-israelischen Haltung. Der jüdische Staat erscheint dergestalt als aktualisierte Fortsetzung der verachteten Aspekte britischer Kolonialgeschichte. „Durch die dämonisierende Behauptung, Israel betreibe eine solche Form der Herrschaftsausübung im 21. Jahrhundert" wie ehemals das britische Empire, „werden Kolonialverbrechen in der britischen Vergangenheit relativiert und die britische Wir-Gruppe entlastet", schreibt Becker.[377] Das Ergebnis dieser ideologischen Gemengelage ist eine besondere Ausprägung von Entlastungsantisemitismus, die eine ähnliche Funktion erfüllt, wie es bei Gleichsetzungen Israels mit dem Nationalsozialismus in Deutschland oder Österreich der Fall ist.

Genau hier liegt das Problem für die Israel-Boykotteure im deutschsprachigen Raum: Der Apartheidvorwurf gegen Israel funktioniert in Großbritannien vor dem Hintergrund der britischen Geschichte; er funktioniert in den USA, die zwar keine vergleichbare Kolonialgeschichte aufweisen, aber mit ihrer Geschichte von Sklaverei und rassistischer Diskriminierung kämpfen; und er funktioniert in anderen Teilen der Welt, die ehemals dem europäischem Kolonialismus unterworfen waren. Er funktioniert aber nicht im nationalen und historischen Kontext Österreichs, das nie eine Kolonialmacht war, und Deutschlands, das zwar Kolonien hatte und dort rassistische Verbrechen beging, in dem dieser Teil der Vergangenheit aber keinen hohen Stellenwert hat, weil in beiden Ländern das historische Negativbild eindeutig der Holocaust ist. Die Wahrnehmung von jüdischem Leben und insbesondere von Israel wird maßgeblich von der NS-Vergangenheit und der systematischen Ermordung der europäischen Juden geprägt.

Unter diesen Umständen bringt es den Israel-Boykotteuren in Deutschland und Österreich nur wenig, zur Dämonisierung Israels auf den Apartheidvorwurf zu setzen. Um eine vergleichbare Wirkung zu erziehen wie ihre Gesinnungsgenossen im Vereinigten Königreich oder in den USA, müssten sie im hiesigen Kontext eigentlich voll auf die Gleichsetzung Israels mit dem Nationalsozialismus setzen. Doch dieser Weg ist ihnen verbaut. Zwar werden in Debatten über Israel immer wieder auch NS-Vergleiche formuliert, doch geschieht dies meist in Form von Anspielungen und Analogien und nur selten in Form expliziter Gleichsetzungen.[378] Und trotz weit verbreiteter Ressentiments gegen Israel ist doch den meisten klar, wie monströs derartige Vergleiche sind – selbst eingefleischte Gegner des jüdischen Staates sind sich der den Nationalsozialismus verharmlosenden und den Holocaust relativierenden Implikationen dieser Art von Dämonisierung in aller Regel bewusst.

Setzte die BDS-Propaganda statt auf Apartheidvorwürfe auf Holocaustvergleiche, so würde der antisemitische Charakter ihrer Agitation, den sie selbst immer vehement in Abrede stellt, allzu offensichtlich. BDS würde sich noch mehr ins politische Abseits manövrieren, als es das ohnehin schon tut. Die Israel-Boykotteure würden unweigerlich die Unterstützung fast all jener Juden verlieren, auf die sie angewiesen sind, um sich gegen den Vorwurf des Antisemitismus zu immunisieren. (Ganz abgesehen von der Frage, was die palästinensischen Partner davon halten würden, wenn ihre deutschsprachigen Kameraden plötzlich dauernd über den Holocaust sprechen würden.) Zudem hätten sie noch ein anderes Problem: Ihnen geht es darum, Israel als Täter zu präsentieren. Kaum etwas käme ihnen weniger gelegen, als ihr Augenmerk auf eine historische Realität zu legen, in der Juden zuerst einmal als Verfolgte vorkommen und die am Ende beim Publikum noch die Einsicht in die Notwendigkeit der Existenz eines jüdischen Staates befördern könnten.

Das ist das Dilemma, in dem sich die Israel-Boykotteure im deutschsprachigen Raum befinden: Sie übernehmen den Apartheiddiskurs der angelsächsisch geprägten internationalen BDS-Bewegung, mit dem in Deutschland und Österreich aber kaum ein Blumentopf zu gewinnen ist, weil er an die hiesigen nationalen Kontexte, die nicht von Debatten um Kolonialismus und Apartheid, sondern vor allem vom Nationalsozialismus und von der Shoah geprägt sind, nicht recht anschlussfähig ist. Der einzige Weg, das zu verändern, steht ihnen aber nicht offen, weil sie sich damit nur noch weiter in die Isolation manövrieren und viel mehr verlieren als gewinnen würden. Es ist eine Sackgasse – zum Glück.

Kapitel 7:

Eine Bilanz 15 Jahre nach dem BDS-Gründungsaufruf

Etwas mehr als 15 Jahre nach der Veröffentlichung des BDS-Gründungsaufrufs lässt sich festhalten: Gemessen daran, dass ein umfassender wirtschaftlicher Boykott Israels ein wesentlicher Bestandteil der Kampagne war und ist, hat die BDS-Bewegung diesbezüglich nur wenig vorzuweisen. Kein einziger Staat hat sich dem Aufruf zum ökonomischen Boykott angeschlossen, auch ansonsten halten sich die Auswirkungen auf Israels Wirtschaft in Grenzen. Wie eine Studie zeigt, die das israelische Ministerium für strategische Angelegenheiten in Auftrag gegeben hat, ist die Diskrepanz zwischen der öffentlichen Aufmerksamkeit für die BDS-Bewegung und ihrer tatsächlichen Wirkung im wirtschaftlichen Sektor enorm. Der diesbezügliche Schaden belief sich demnach in den Jahren 2010 bis 2017 laut den Angaben betroffener Unternehmen kumuliert auf gerade einmal 0,004 Prozent des Umsatzes.[379] „Anders ausgedrückt: Wenn das Gesamteinkommen der israelischen Wirtschaft im Jahr im Schnitt eine Million Schekel betragen würde, dann würde sich der Schaden auf 40 Schekel belaufen – ein völlig vernachlässigbarer Betrag“, schrieb Adam Reuter in der israelischen Wirtschaftszeitung *Globes*.[380] Zwischen 2005 und 2015 hat sich das Handelsvolumen der israelischen Exporte nach Europa zudem fast verdoppelt.[381]

Bisweilen haben die Boykottaufrufe sogar einen gegenteiligen Effekt, wie Reuter am Beispiel der Filiale eines israelischen Unternehmens in London zeigte, vor der BDS-Aktivisten während des Gazakrieges im Sommer 2014 mehrere Tage demonstriert hatten. Als das journalistische Interesse nachgelassen habe, seien die Demonstranten abgezogen und die Kunden in größerer Zahl als zuvor zurückgekehrt: „Die Zahl der Käufer in dem Geschäft war viermal so hoch wie an einem normalen

Tag. Dabei handelte es sich um nichtjüdische Einheimische, die Israel mochten und speziell zum Einkaufen in den Laden kamen, um ihre Sympathie für den jüdischen Staat zu demonstrieren."

Wirtschaftliche Boykotte: Der Schaden ist marginal

BDS schreibt es sich gleichwohl auf die Fahnen, mehrere bedeutende Firmen außerhalb Israels dazu gebracht zu haben, nicht länger Geschäfte im jüdischen Staat zu tätigen. So beispielsweise die französischen Unternehmen *Veolia* und *Alstom*, die am Bau der Straßenbahn in Jerusalem beteiligt waren. Diese Bahn verbindet die westlichen Stadtteile der israelischen Hauptstadt mit den umstrittenen östlichen, was die BDS-Bewegung zu einer jahrelangen Kampagne gegen die beiden Konglomerate veranlasste. Als *Veoloia* seine Investitionstätigkeit im jüdischen Staat schließlich einstellte, führte BDS das auf seine Boykott- und Kapitalabzugskampagnen zurück und behauptete, diese hätten dem Unternehmen einen wirtschaftlichen Schaden in Höhe von 20 Milliarden Dollar beschert.[382] Die *Veoloia*-Tochtergesellschaft *Transdev* gab jedoch an, eine rein ökonomische Entscheidung getroffen zu haben und nicht von Kampagnen beeinflusst worden zu sein.[383]

Bei anderen Firmen, die sich aus Israel zurückgezogen haben, verhält es sich ähnlich: Während die BDS-Bewegung diesen Schritt auf ihre Aktivitäten zurückführte, nannten die Unternehmensleitungen fast immer andere Gründe. Das *Leibniz-Institut Hessische Stiftung Friedens- und Konfliktforschung* (HSFK) hat insgesamt 77 Desinvestitionen zwischen 2005 und 2018 gezählt und die Begründungen dafür ausgewertet. Unmittelbare Bezüge auf die BDS-Kampagne suche man im Großteil der Statements vergeblich, heißt es in der Analyse: „In nur 10 % der betrachteten Fälle wird BDS überhaupt namentlich erwähnt, bei der Hälfte dieser Nennungen distanzieren sich Unternehmen und Investoren von der Bewegung. Nur vier Statements enthalten eindeutigen Zuspruch für BDS. Eine umfassende Unterstützung für BDS, wie es die PR der weltweiten Kampagne vermuten ließe, sieht anders aus."[384]

Dass der ökonomische Boykott Israels nicht einmal entfernt so erfolgreich ist wie jener gegen Südafrika zur Zeit der Apartheid – der für die BDS-Bewegung ja das Vorbild und die Blaupause ist –, hat nicht zuletzt wirtschaftliche Gründe: Südafrikas damalige Exportgüter wie Mineralien, Metalle und landwirtschaftliche Produkte waren zu über 60 Prozent substituierbar, das heißt, es ließ sich problemlos ein Ersatz finden. Die seinerzeitige südafrikanische Wirtschaft war völlig anders strukturiert und aufgestellt, als es die israelische heute ist. Viele israelische Produkte, Technologien und Entwicklungen sind hochmodern, sehr gefragt und auf dem Weltmarkt nicht ohne Weiteres zu ersetzen.[385] In Israel wurden beispielsweise der USB-Stick, die Tröpfchenbewässerung in der Landwirtschaft und der erfolgreichste *Intel*-Computerprozessor erfunden.[386] Große IT-Konzerne unterhalten dort Forschungszentren, bedeutende medizinische Gerätschaften und pharmazeutische Erzeugnisse stammen aus dem jüdischen Staat. In den Weltmarkt ist Israel voll integriert. Selbst den meisten BDS-Aktivisten dürfte es deshalb nicht gelingen, Produkte aus Israel oder mit israelischer Beteiligung konsequent zu boykottieren. Die Einschränkungen, die das mit sich bringen würde, werden die wenigsten hinzunehmen bereit sein.

Der wirtschaftliche Schaden, den BDS anzurichten imstande ist, trifft die Palästinenser außerdem stärker als die Israelis. Denn vor allem sie sind es, die ihre Arbeitsplätze verlieren, wenn sich israelische Firmen aus dem Westjordanland und den darin etablierten sogenannten gemeinsamen Wirtschaftszonen zurückziehen. So wie *SodaStream*, das im Jahr 2015 sein Werk in Ma'ale Adumim schloss und damit großen Jubel bei der BDS-Bewegung auslöste, die zuvor jahrelang eine Kampagne gegen den Hersteller von Trinkwassersprudelgeräten gefahren hatte. Omar Barghouti sprach von einem „klaren Sieg gegen eine abscheulich mitschuldige israelische Firma“[387] – und nahm dabei achselzuckend in Kauf, dass 500 Palästinenser dadurch arbeitslos wurden.

Insgesamt rund 18.000 Palästinenser arbeiten in israelischen Betrieben und Werken im Westjordanland, ihre Löhne liegen dabei deutlich über denen, die in den palästinensischen Gebieten gezahlt werden, wo die Arbeitslosigkeit überdies hoch ist.[388] Am Beispiel der Reaktion der BDS-Bewegung auf die Schließung des *SodaStream*-Werkes zeigt sich einmal mehr, dass Leuten, die sich und ihre Aktivitäten als „pro-palästinensisch" inszenieren, das Schicksal und die Lebensbedingungen von Palästinensern schlicht egal sind und sie auch aktiv auf deren Schädigung hinarbeiten, wenn es der Delegitimierung Israels dient.

Kulturelle Boykotte: Absagen und Drohungen, aber auch Widerstand

Im kulturellen Bereich wiederum gelingt es BDS-Aktivisten regelmäßig, insbesondere Musiker mit Aufrufen, Kampagnen und Protestaktionen bei Konzerten zur Absage von geplanten Auftritten in Israel oder zu einem Boykott des jüdischen Staates zu bringen.[389] Zur Begründung für die entsprechende Aufforderung heißt es stets, mit einem Konzert oder einer anderen Performance würden israelische Kriegsverbrechen und weitere Menschenrechtsverletzungen gegenüber den Palästinensern unterstützt. Zu den bekanntesten Künstlern, die der Aufforderung der BDS-Bewegung folgten und nicht wie angekündigt in Israel auftraten, gehören Elvis Costello[390], Sinéad O'Connor[391] und die *Pixies*.[392]

Einige Größen ihrer Branche sehen sich sogar selbst als Teil von BDS, agitieren beispielsweise auf Konzerten gegen den jüdischen Staat und rufen dazu auf, diesen zu boykottieren, wo es nur geht. Hier ist zuvorderst Roger Waters zu nennen, der frühere Frontsänger der Band *Pink Floyd*. Er unterstützt BDS seit dem Jahr 2011[393] und tritt seitdem mit aggressivem Antisemitismus in Erscheinung: Auf seinen Konzerten lässt Waters schon mal ein aufblasbares Schwein in die Luft steigen, auf dem ein Davidstern prangt; er schwadroniert von der „Macht der jüdischen Lobby", vergleicht die israelische Regierung, die er als „systematisches rassistisches Apartheidregime" bezeichnet, mit den Nationalsozialisten und wirft Israel unter anderem „ethnische Säuberungen" vor.[394] Nick Cave zufolge sind manche Musiker, die in Israel auftreten, außerdem regelrecht gezwungen, „eine Art öffentliche Demütigung von Roger Waters durchzumachen".[395] Mehrere ARD-Fernsehsender gingen im

Herbst 2017 wegen Waters' hasserfüllter Haltung zu Israel auf Distanz und sagten die Übertragung von dessen Konzerten in Deutschland ab.[396] Über den Druck der BDS-Bewegung auf Künstler hinaus gibt es gemeinsame Boykottaufrufe, die teilweise von einer großen Zahl von BDS-Unterstützern und -Sympathisanten aus dem Kulturbereich initiiert und getragen werden. So beispielsweise ein halbes Jahr nach dem Gazakrieg im Sommer 2014, als über 700 britische Künstler in einem Appell mit dem Titel „Artists for Palestine" ankündigten, nicht in Israel aufzutreten und keine Gelder von Institutionen oder Einrichtungen anzunehmen, die über Verbindungen zur israelischen Regierung verfügen, bis Israel „seine koloniale Unterdrückung der Palästinenser beendet".[397] Schließlich würden Israels Kriege „auch an der kulturellen Front ausgetragen", wie es im Appell hieß.

Nach dem Sieg der israelischen Sängerin Netta beim *Eurovision Song Contest* (ESC) im Mai 2018 riefen ebenfalls zahlreiche Künstler dazu auf, den Wettbewerb im folgenden Jahr zu boykottieren, da er dann im jüdischen Staat stattfinden werde und Israel seine „schweren, jahrzehntelangen Verletzungen der palästinensischen Menschenrechte" fortsetze. Zu den Unterzeichnern des Aufrufs gehörten beispielsweise die Filmregisseure Aki Kaurismäki und Ken Loach, der Sänger Brian Eno und einmal mehr Roger Waters.[398] Der Appell blieb jedoch letztlich ohne nennenswerte Konsequenzen. Zwar organisierte die BDS-Bewegung eine „Globalvision" genannte Gegenveranstaltung in verschiedenen Städten[399], doch weder Fernsehanstalten noch Bands folgten dem Boykottaufruf. Stattdessen gab es deutliche Kritik[400], besonders am Logo der BDS-Kampagne gegen den ESC in Israel: Es bestand aus dem mit Stacheldraht umwickelten Eurovision-Schriftzug; in der Mitte war der zum Herzen stilisierte Buchstabe „v" so zerbrochen, das sich daraus eine SS-Rune ergab. Eine erneute Dämonisierung Israels in Form der Gleichsetzung des jüdischen Staates mit dem nationalsozialistischen Deutschland also.

Mittlerweile wächst die Zahl der Künstlerinnen und Künstler, die BDS ablehnen und den Boykottaufrufen der Bewegung trotzen. Zu den prominenten Gegnern eines kulturellen Boykotts gehören beispielsweise die Sängerinnen und Sänger Johnny Lydon[401], Rihanna, Madonna, Lady Gaga sowie die *Red Hot Chili Peppers*[402] und die *Rolling Stones*.[403] Auch Nick Cave zählt dazu; im Herbst 2017 erklärte er auf einer Pressekonferenz in Tel Aviv, wie BDS bei ihm eine Jetzt-erst-recht-Haltung auslöste: „Letztlich gibt es zwei Gründe, warum ich hier bin. Einer ist, dass ich Israel und die Israelis liebe. Der andere ist, einen grundlegenden Standpunkt zu beziehen gegen jeden, der versucht, Musiker zu zensieren und mundtot zu machen. Also kann man in gewisser Weise sagen, BDS hat mich dazu gebracht, in Israel zu spielen."[404]

Viele Musikerinnen und Musiker – darunter beispielsweise Paul McCartney, Eric Burdon, Justin Timberlake und Alicia Keys – berichten von Einschüchterungen, Belästigungen und handfesten Drohungen durch BDS-Aktivisten, zu denen es gekommen sei, weil sie sich geweigert hätten, ihren Auftritt in Israel abzusagen.[405] Die Sängerin Sarah McTernan, die 2019 beim *Eurovision Song Contest* in Tel Aviv für Irland ins Rennen ging, wurde von der Wucht der Angriffe gänzlich unvorbereitet getroffen. „Ich bekam Drohungen, ich bekam Briefe. Schreckliche Sachen im Internet, wo jemand drohte, mir etwas anzutun", sagte sie. „Hunderte und Aberhunderte schickten mir Messages und sagten die schrecklichsten Sachen. Sie sagten mir: ‚Du musst vorsichtig sein', ‚Pass auf, wohin du gehst', „Du weißt nie, wo ich sein werde', Sieh dich vor, wer in deiner Nähe ist' – solche Dinge."[406]

Neben dem akademischen Sektor vor allem in Großbritannien und den USA ist der kulturelle Bereich trotz des Widerstandes einiger bekannter und beliebter Größen ein Tummelplatz für die BDS-Bewegung, auf dem sie vergleichsweise viel Gehör und großen Anklang findet. Das gilt nicht nur für das Feld der Musik, sondern beispielsweise auch für jenes der Literatur, wo vor allem die amerikanische Schriftstellerin Alice Walker für Aufsehen sorgte, als sie es im Juni 2012 ablehnte, ihr preisgekröntes Buch „The Color Purple" ins Hebräische übersetzen zu lassen. Zur Begründung sagte Walker, Israel sei „der Apartheid und der Verfolgung des palästinensischen Volkes innerhalb Israels und in den besetzten Gebieten schuldig", weshalb sie die BDS-Bewegung unterstütze.[407] Offenbar zählt sie jeden und jede, der und die Hebräisch spricht, zu diesen kollektiv Schuldigen. Aber eine solche Haltung ist keine Seltenheit: Im Kultursektor, der im Unterschied zur Wirtschaft deutlich politisch links geprägt ist, ist es fast schon selbstverständlich, mit unheilbar gutem Gewissen gegen Israel zu sein und deshalb auch aggressiv-antisemitische Boykottkampagnen gegen den jüdischen Staat zu befürworten. Dort findet BDS eine größere Resonanz und sorgt immer wieder für Schlagzeilen.

Europäische Union und BDS: Augenwischerei und Echokammer

Auf der großen politischen Bühne in Europa wiederum geht man offiziell zwar auf Distanz zur BDS-Bewegung, unternimmt aber einiges, was ihren Beifall findet, und unterstützt sie außerdem indirekt. Federica Mogherini etwa, bis zum 30. November 2019 die Außenbeauftragte der Europäischen Union, sagte, die EU lehne „die Versuche der BDS-Bewegung ab, Israel zu isolieren, und stellt sich gegen jeglichen Boykott Israels".[408] Das klingt eindeutig, ist aber bestenfalls die halbe Wahrheit. Schließlich gibt es beispielsweise die bereits erwähnte EU-Richtlinie zur Produktkennzeichnung vom November 2015[409], nach der Waren aus israelischen Ortschaften im Westjordanland, in Ost-Jerusalem oder auf den Golanhöhen besonders gekennzeichnet werden müssen und nicht mehr die Herkunftsangabe „Israel" tragen dürfen.

Offiziell soll das keine anti-israelische Maßnahme und kein Beitrag zu einem Boykott sein, sondern der „Konsumenteninformation" dienen. Das ist allerdings Augenwischerei, wenn man bedenkt, dass es weltweit etliche Territorialkonflikte gibt, und von denen aber keiner von der EU so behandelt wird wie der israelisch-palästinensische – die Kennzeichnungspflicht gilt zum Beispiel nicht für Waren aus dem türkisch besetzten Teil Zyperns oder aus der von Marokko okkupierten Westsahara. Das Ziel der Richtlinie ist es mithin nicht, die Verbraucher zu informieren, sondern vielmehr, Druck auf Israel auszuüben. Damit liegt zwar noch kein Boykott vor, aber das Vorgehen folgt einer Boykottlogik. Denn es wird nicht nur eine hochgradig einseitige Darstellung des Konflikts zulasten Israels übernommen, wie sie auch für die BDS-Bewegung charakteristisch ist. Der Text der Richtlinie weist vielmehr auch auffällige Ähnlichkeiten, teilweise sogar wörtliche Übereinstimmungen[410] mit der Broschüre „Trading away peace: How Europe helps sustain illegal Israeli settlements“[411] auf, die auf das Konto von 22 BDS-nahen NGOs geht und im Herbst 2012 veröffentlicht wurde. In ihr wird die Kennzeichnung von israelischen Produkten aus umstrittenen Gebieten nur als erster Schritt von vielen weitergehenden gefordert. Die EU-Richtlinie ist eine Art „Boykott light“, denn letztlich sollen die betreffenden Produkte mit einem Makel behaftet werden und der Kundschaft dadurch unattraktiv erscheinen. Der BDS-Bewegung wird so ein lang gehegter Traum erfüllt. Hinzu kommt, dass sich die EU zwar offiziell von der BDS-Bewegung distanzieren mag, gleichzeitig aber beträchtliche Summen in Gruppierungen und Organisationen pumpt, die BDS zum Programm haben. So schafft sich die Europäische Union eine Echokammer: Sie finanziert NGOs, die Israel in Berichten dämonisieren, auf die sich die EU dann wiederum bezieht, wenn es darum geht, politische Maßnahmen gegen den jüdischen Staat zu begründen. Laut einer Studie des israelischen Ministeriums für strategische Angelegenheiten vom Mai 2018 flossen allein im Jahr 2016 über fünf Millionen Euro direkt an Vereinigungen, die zur BDS-Bewegung gehören oder ihr zumindest nahestehen.[412] Dazu gesellten sich monetäre Förderungen auf indirektem Weg, das heißt: Sie gingen von der EU an eine dritte Partei, die ihrerseits antiisraelische NGOs finanziert. Und sogar Organisationen mit Verbindungen zu Terrororganisationen erhielten Geld von der Europäischen Union.[413]

Gilad Erdan, der ehemalige israelische Minister für strategische Angelegenheiten, zu dessen Aufgabengebiet der Kampf gegen die Delegitimation des jüdischen Staates gehörte, hielt deshalb fest, dass die Europäische Union im Widerspruch zu ihren eigenen Grundsätzen einer der wichtigsten Geldgeber der BDS-Bewegung ist.[414] Die EU wies das zurück und tat es trotz aller Belege einfach als „Desinformation“

ab.[415] Unterdessen durfte Omar Barghouti auf Einladung der Fraktion der *Progressiven Allianz der Sozialdemokraten*, der auch die SPD und die SPÖ angehören, seine anti-israelische Hetze im Europaparlament zum Besten geben[416], was die BDS-Bewegung erwartungsgemäß als großen Triumph verbuchte. Verwunderlich war dieser Schritt nicht: Die *Sozialistische Internationale* hatte im Sommer 2018 eine Resolution verabschiedet, in der sie „alle Regierungen und zivilgesellschaftlichen Organisationen" aufrief, „BDS-Maßnahmen gegen die israelische Besatzung, alle an der Besatzung beteiligten Institutionen und die illegalen israelischen Siedlungen zu ergreifen". Dazu gehöre „ein vollständiges Embargo gegen alle Formen des Waffenhandels und der militärischen Zusammenarbeit mit Israel, solange es seine Politik der Besatzung und Apartheid gegen das palästinensische Volk fortsetzt".[417]

Die eigentliche Gefahr – und was zu tun wäre

In der Übernahme dieser Rhetorik zeigt sich die eigentliche Gefahr, die von BDS für Israel ausgeht. Während sich der wirtschaftliche Schaden relativ gering ausnimmt und es unwahrscheinlich ist, dass die Boykottaktivitäten hinsichtlich ihrer Größenordnung und ihrer Folgen eine Dimension erreichen, wie es in Südafrika während der Apartheid der Fall war, ist BDS andererseits Teil einer Kampagne zur Diffamierung, Delegitimierung, Kriminalisierung und letztlich zur Zerstörung des jüdischen Staates, die weit über die Reihen der BDS-Fanatiker hinausgeht. Forderungen, Ziele, Methoden und Vokabular der BDS-Bewegung werden längst von einflussreichen Akteuren geteilt, nicht nur bei der *Sozialistischen Internationalen* und mindestens indirekt bei der Europäischen Union, sondern vor allem auch bei den Vereinten Nationen, wo Israel als Pariastaat behandelt und Jahr für Jahr in Resolutionen häufiger verurteilt wird als alle anderen Länder der Welt zusammen.[418]

Auf dem vermeintlichen Rückkehrrecht der palästinensischen „Flüchtlinge" beispielsweise, das für die BDS-Bewegung zentral ist, besteht auch und vor allem das Flüchtlingshilfswerk der UNO für die Palästinenser, die UNRWA, obwohl – oder gerade weil – man dort weiß, dass die „Rückkehr" von weit über fünf Millionen Menschen nach Israel das Ende des jüdischen Staates bedeuten würde. Dieses angebliche Recht ist für die UNRWA jedenfalls unveräußerlich, eine andere Lösung der Flüchtlingsproblematik – etwa die Integration der Geflüchteten respektive von deren Nachkommen in die Gesellschaften jener Länder, in denen sie seit Generationen leben – kommt für sie nicht in Betracht. Damit ist eine Kernforderung von BDS auch eine Kernforderung der größten Einzelorganisation der Vereinten Nationen, die über ein jährliches Budget von 1,2 Milliarden US-Dollar verfügt und mehr Mitarbeiter beschäftigt als das andere Flüchtlingshilfswerk der UNO, der UNHCR, der für alle übrigen, tatsächlich Geflüchteten auf dieser Welt zuständig ist.[419]

Auch die im Februar 2020 von der UNO veröffentlichte Schwarze Liste mit 112 Unternehmen, die Geschäftsbeziehungen in oder mit israelischen Siedlungen im Westjordanland, in Ost-Jerusalem oder auf den Golanhöhen unterhalten[420], atmet den Ungeist von BDS. Diese Liste sei „antisemitisch in Absicht und Wirkung", befand die Organisation *UN Watch*. Sie basiere auf dem Input von BDS-Gruppen, von denen viele „erhebliche finanzielle Mittel von der EU und den europäischen Regierungen erhalten". 85 der 112 Unternehmen auf der Schwarzen Liste seien „auch in der Datenbank der BDS-NGO *Who Profits* zu finden", und es sei klar, „dass die UNO sich auf diese und andere BDS-Gruppierungen als Informationsquellen stützte".[421] Dass das Anprangern der Unternehmen durch die Vereinten Nationen einem Boykottaufruf gleichkommt, liegt auf der Hand. Die Weltorganisation agiert hier wie eine BDS-Gruppierung, auch ohne dieses Label zu verwenden.

Nicht unterschätzt werden sollte zudem die Wirkung von BDS im akademischen und im kulturellen Bereich, insbesondere in den angelsächsischen Ländern. Auch wenn die Bewegung vor allem in den USA an den Hochschulen viel Gegenwind bekommt, sorgt sie doch vielerorts für eine Atmosphäre der Einschüchterung und Angst, gerade bei jüdischen und pro-israelischen Studenten. In Großbritannien, wo auch die Akademikergewerkschaft auf der Seite von BDS steht, gilt das erst recht.

Und im kulturellen Sektor muss jede halbwegs bekannte Musikerin und jede einigermaßen populäre Band, die sich für einen Auftritt im jüdischen Staat entscheidet, zumindest damit rechnen, massiv unter Druck gesetzt, belästigt, bedroht und mit einem Shitstorm überzogen zu werden. Der „Erfolg" der BDS-Bewegung ist also längst nicht nur daran zu messen, ob sie Exportzahlen und die diplomatischen Beziehungen eines Landes oder einer Staatengemeinschaft zu Israel beeinträchtigt, sondern auch daran, inwieweit sie das politische und gesellschaftliche Klima für Juden und Israel beeinflusst.

Bisweilen erfährt die BDS-Bewegung sogar Unterstützung von vordergründig unerwarteter Seite: Sie sei eine „nach ihrer Intention nicht judenfeindliche und das Existenzrecht Israels nicht bedrohende Boykottbewegung", die „ohne Gewalt mit ökonomischen Mitteln eine Änderung der israelischen Politik in den besetzten palästinensischen Gebieten herbeiführen wolle", weshalb die gegen sie gerichtete Bundestagsresolution vom Mai 2019 „ein drastisches Exempel für Willfährigkeit gegenüber politischem Druck" sei und „von interessierter Seite" ausgenutzt werde, „um ausschließlich eine einzige Version von Antisemitismus zum Nutzen Israels und zulasten aller Kritiker zu etablieren".[422] Was sich liest wie dem Flugblatt einer BDS-Gruppierung entnommen, stammt, wie schon in der Einleitung dieses Buches ausgeführt, aus der Feder des zwar mittlerweile emeritierten, aber immer noch prominentesten deutschen Antisemitismusforschers, Wolfgang Benz, der allerdings schon seit Jahren vor allem dadurch auffällt, dass er vom Gegenstand seiner Untersuchung einen recht beschränkten Begriff hat.[423] Es sind auch solche – an der Realität völlig vorbeigehende, BDS verharmlosende – Äußerungen von als seriös gehandelten Personen des öffentlichen Lebens, die BDS als diskutable Option erscheinen lassen.

Umso richtiger und wichtiger ist es, dieser antisemitischen Bewegung samt ihren Verteidigern und Sympathisanten auf allen Ebenen entschlossen entgegenzutreten, ihr den Raum zu nehmen und deutlich zu machen, was ihr tatsächliches Ziel ist: eine Welt ohne den jüdischen Staat Israel. In diesem Zusammenhang sind auch parlamentarische

Beschlüsse wie in Deutschland und Österreich sehr zu begrüßen. Allerdings sollte dabei auf zweierlei unbedingt gedrängt werden: Zum einen darauf, dass der Beschluss, nicht mit Organisationen der BDS-Bewegung oder ihr nahestehende Gruppierungen zu kooperieren, auch für entsprechende Vereinigungen in den palästinensischen Gebieten gilt. Und zum anderen darauf, dass die Entscheidung nicht beispielsweise dadurch unterlaufen wird, dass die Europäische Union BDS-kompatible Beschlüsse trifft und BDS-Organisationen finanziell unterstützt. Wenn nicht alles täuscht, hält sich der diesbezügliche Druck bislang jedoch in engen Grenzen. Dabei sollte es nicht bleiben.

Anmerkungen

1 Benz, Wolfgang: Warum dieses Buch?, in: Ders. (Hrsg.): Streitfall Antisemitismus. Anspruch auf Deutungsmacht und politische Interessen, Berlin 2020, S. 7–17, hier S. 12 f.

2 Mit Desinvestition ist der Rückzug oder die Unterlassung von Investitionen in Israel gemeint.

3 Biskamp, Floris: Mitmachen gegen Israel. Teil 1 von 3 einer Mini-Serie über die israelfeindliche BDS-Kampagne, florisbiskamp.com, 8. August 2018, http://blog.florisbiskamp.com/2018/08/08/mitmachen-gegen-israel-teil-1-von-3-einer-mini-serie-ueber-die-israelfeindliche-bds-kampagne/.

4 Zur Haltung der Vereinten Nationen zu Israel vgl. Feuerherdt, Alex/Markl, Florian: Vereinte Nationen gegen Israel. Wie die UNO den jüdischen Staat delegitimiert, Berlin 2018.

5 Historiker: „Es machen sich viele so einfach", *Deutschlandfunk*, 30. Juli 2020, https://www.deutschlandfunk.de/antisemitismus-historiker-es-machen-sich-viele-so-einfach.694.de.html?dram:article_id=481463.

6 Vgl. Senor, Dan/Singer, Saul: Start-Up Nation. Was wir vom innovativsten Land der Welt lernen können, München 2012; Jorisch, Avi: Thou Shalt Innovate. How Israeli Ingenuity Repairs the World, Jerusalem 2018.

7 Vgl. Nelson, Walter Henry/Prittie, Terence: The Economic War Against the Jews, New York 1977, S. 9. Zur Person Amin el-Husseinis vgl. Gensicke, Klaus: Der Mufti von Jerusalem und die Nationalsozialisten. Eine politische Biographie Amin el-Husseinis, Darmstadt 2007; Herf, Jeffrey: Nazi Propaganda for the Arab World, New Haven/London 2009; Rubin, Barry/Schwanitz, Wolfgang G.: Nazis, Islamists, and the Making of the Modern Middle East, New Haven/London 2014.

8 Zit. nach Sarna, Aaron J.: Boycott and Blacklist. A History of Arab Economic Warfare Against Israel, Totowa 1986, S. 6.

9 Vgl. Feiler, Gil: From Boycott to Economic Cooperation. The Political Economy of the Arab Boycott of Israel, New York/London 2011, S. 23.

10 Vgl. Küntzel, Matthias: „Manifestation der Judeophobie". Über den Bludan-Kongress von 1937, *Mena-Watch*, 26. August 2017, https://www.mena-watch.com/manifestation-der-judeophobie-ueber-den-arabischen-bludan-kongress-von-1937.

11 Vgl. zu dieser Broschüre und ihrer späteren Verwendung in der Nazi-Propaganda Küntzel, Matthias: Nazis und der Nahe Osten. Wie der islamische Antisemitismus entstand, Berlin/Leipzig 2019, S. 63 ff.

12 Vgl. Kedourie, Elie: The Bludan Congress on Palestine, September 1937, in: *Middle Eastern Studies*, Vol. 17, No. 1 (Jan., 1981), S. 107–125, hier S. 111.

13 Vgl. Chill, Dan S.: The Arab Boycott of Israel. Economic Aggression and World Reaction, New York 1976, S. 1 f.

14 Der Jemen war bei der Unterzeichnung des Pakts im März 1945 noch nicht dabei, wohl aber bei dessen Inkrafttreten im Mai. Im Laufe der Jahre sind etliche neue Mitglieder aufgenommen worden – heute hat die Arabische Liga 22 Mitglieder (auch wenn Syrien gegenwärtig suspendiert ist).

15 Zit. nach: Chill: Arab Boycott of Israel, S. 1.

16 Zur Teilungsresolution der Vereinten Nationen und den folgenden Entwicklungen vgl. Feuerherdt/Markl: Vereinte Nationen gegen Israel, S. 67 ff.

17 Boutros-Ghali, Boutros: The Arab League, 1945-1955: Ten Years of Struggle, in: *International Conciliation* 30 (1954), S. 385–448, hier S. 413.

18 Zit. nach Nelson/Prittie: Economic War Against the Jews, S. 41. Ähnlich argumentierte auch eine kurze Broschüre über den Boykott, die noch vor dem Sechstagekrieg von der PLO veröffentlicht wurde. Vgl. Iskander, Marwan: The Arab Boycott of Israel, Beirut 1966.

19 Boutros-Ghali: The Arab League, S. 421.

20 Vgl. Feiler: From Boycott to Economic Cooperation, S. 33.

21 Vgl. Directorate of Intelligence: The Arab Boycott of Israel: New Efforts and Old Problems. An Intelligence Assessment, o. O. 1982, S. 1.

22 Vgl. Nelson/Prittie: Economic War Against the Jews, S. 13.

23 Vgl. UN-Sicherheitsrat: Resolution 95 (1951), https://undocs.org/S/RES/95(1951).

24 Eine 2009 erschienene Studie über den Zeitraum von 1914 bis 2000 erfasste 174 Fälle der Verhängung ökonomischer Zwangsmaßnahmen und mindestens 13 weitere Fälle in der Zeit danach. Vgl. Hufbauer, Gary Clyde/Schott, Jeffrey J./Elliott, Kimberly Ann/Oegg, Barbara: Economic Sanctions RECONSIDERED, Washington DC 2009, S. 20 ff.

25 Vgl. Muir, J. Dapray: The Boycott in International Law, in: *Journal of International Law and Economics*, vol. 9, no. 2, August 1974, S. 187–204.

26 Charta der Vereinten Nationen, in: Gareis, Sven Bernhard/Varwick, Johannes: Die Vereinten Nationen. Aufgaben, Instrumente und Reformen, Opladen/Toronto 2014, S. 365–379, hier. S. 366.

27 Ebd.

28 Ebd., S. 371. Vgl. auch Blum, Yehuda Z.: Economic Boycotts in International Law, in: *Texas International Law Journal*, vol. 12, no. 1, Winter 1977, S. 5–15, hier S. 13.

29 Vgl. Feiler: From Boycott to Economic Cooperation, S. 35 f.

30 Vgl. zur anti-israelischen Welle der Vereinten Nationen Feuerherdt/Markl: Vereinte Nationen gegen Israel, S. 129 ff.

31 Vgl. Sarna: Boycott and Blacklist, S. 40.

32 Zit. nach Nelson/Prittie: Economic War Against the Jews, S. 29 f.

33 Vgl. Sarna: Boycott and Blacklist, S. 15.

34 Vgl. Reuters: Coke Winning Its Way Back Into Arab World, *Los Angeles Times*, 12. Juli 1988, https://www.latimes.com/archives/la-xpm-1988-07-12-fi-5674-story.html.

35 Vgl. Hundley, Tom: Israel Braces for New Conflict: The Soda War, *Chicago Tribune*, 19. Mai 1992, https://www.chicagotribune.com/news/ct-xpm-1992-05-19-9202140910-story.html.

36 Vgl. Associated Press: Arabs End Boycott of 2 U.S. Firms but Blacklist 5, *Los Angeles Times*, 19. Juli 1985, https://www.latimes.com/archives/la-xpm-1985-07-19-mn-6529-story.html.

37 Vgl. Sarna: Boycott and Blacklist, S. 26.

38 Zit. nach ebd., S. 20 f.

39 Zit. nach ebd., S. 21.

40 Vgl. Chill: Arab Boycott of Israel, S. 32.

41 Vgl. Sarna: Boycott and Blacklist, S. 16.

42 Vgl. ebd., S. 17.

43 Vgl. Gilat, Eliyau Zeev: The Arab Boycott of Israel. Economic Political Warfare Against Israel, Monterey 1992, S. 16. Die Daten stammen aus seiner Untersuchung, die 1970 beim Institute of Palestine in Beirut erschienen ist.

44 Vgl. ebd., S. 27.

45 Vgl. Chill: Arab Boycott of Israel, S. 28.

46 Vgl. Sarna: Boycott and Blacklist, S. 173.

47 Vgl. ebd., S. 159.

48 Weingardt, Markus A.: Deutsche Israel- und Nahostpolitik. Die Geschichte einer Gratwanderung seit 1949, Frankfurt am Main 2002, S. 102.

49 Vgl. Töchter geächtet, *Der Spiegel*, 17. März 1975, https://www.spiegel.de/spiegel/print/d-41599873.html.

50 Vgl. Sarna: Boycott and Blacklist, S. 161.

51 Vgl. Millionenzahlungen nach Damaskus, *Der Spiegel*, 30. April 2007, https://www.spiegel.de/spiegel/print/d-51373561.html.

52 Vgl. Feiler: From Boycott to Economic Cooperation, S. 219.

53 Vgl. ebd., S. 221 f.
54 Vgl. Chill: Arab Boycott of Israel, S. 22.
55 Vgl. U.S. Names on Arab League's Blacklist, *The New York Times*, 27. Februar 1975.
56 Vgl. Gilat: The Arab Boycott of Israel, S. 16.
57 Vgl. ebd., S. 52.
58 Vgl. Feuerherdt/Markl: Vereinte Nationen gegen Israel, S. 133 ff.
59 Nelson/Prittie: Economic War Against the Jews, S. 5 f.
60 Vgl. ebd., S. 64ff. sowie Arab League boycott of Israel, https://en.wikipedia.org/wiki/Arab_League_boycott_of_Israel#Notable_targets_of_the_blacklist.
61 Nelson/Prittie: Economic War Against the Jews, S. 66.
62 Vgl. ebd., S. 66 f.
63 Zit. nach ebd., S. 48.
64 Vgl. Sarna: Boycott and Blacklist, S. 164.
65 Vgl. Weit gekommen, *Der Spiegel*, 6. Dezember 1975, https://www.spiegel.de/spiegel/print/d-41119584.html.
66 Zit. nach Hecking, C./Tauber, A./Werner K./Heiny, L.: Wie der Gaddafi-Clan reich wurde, *stern*, 5. März 2011, https://www.stern.de/politik/ausland/libyen-wie-der-gaddafi-clan-reich-wurde-3668870.html.
67 Zit. nach Nelson/Prittie: Economic War Against the Jews, S. 31.
68 Zit. nach ebd., S. 32.
69 Vgl. ebd., S. 33.
70 Vgl. Chill: Arab Boycott of Israel, S. 16.
71 Vgl. Sarna: Boycott and Blacklist, S. 49.
72 Vgl. ebd., S. 49 f.
73 Vgl. Nelson/Prittie: Economic War Against the Jews, S. 77 f.
74 Zit. nach ebd., S. 129 f.
75 Zit. nach ebd., S. 23.
76 Zit. nach Nelson/Prittie: Economic War Against The Jews, S. 62.
77 Zit, nach Farnsworth, Clyde H.: Mancroft Bars Return to Board, *The New York Times*, 12. Dezember 1963.
78 Vgl. Arabs Oppose Honor for Mancroft, *The New York Times*, 20. Juli 1964.
79 Zit. nach Nelson/Prittie: Economic War Against the Jews, S. 107.
80 Vgl. Überblick bei Sarna: Boycott and Blacklist, S. 90 ff.
81 Ebd, S. 89.
82 Vgl. ebd., S. 113.
83 Vgl. zu den einzelnen Bestimmungen ebd., S. 104 f. Eine Liste von Unternehmen, die entsprechende Geldstrafen erhielten, findet sich in Appendix C (ebd., S. 210 ff.)
84 Vgl. Office of Antiboycott Compliance, https://www.bis.doc.gov/index.php/enforcement/oac.
85 Vgl. Feiler: From Boycott to Economic Cooperation, S. 200 f.
86 Zit. nach Wren, Christopher S.: Egypt to Obstruct Arab League's Shift, *The New York Times*, 8. April 1979.
87 Vgl. Weiss, Martin A.: Arab League Boycott of Israel, Congressional Research Service, 25. August 2017, S. 3 f.
88 May, David: War by Other Means. A History of Anti-Israel Boycotts, From the Arab League to BDS, Januar 2020, https://www.fdd.org/wp-content/uploads/2020/01/fdd-report-war-by-other-means-a-history-of-anti-israel-boycotts-from-the-arab-league-to-bds.pdf, S. 10.
89 Vgl. den Überblick über die verschiedenen Schätzungen bei Feiler: From Boycott to Economic Cooperation, S. 279 ff.
90 Vgl. ebd., S. 121.

91 Vgl. Nelson/Prittie: Economic War Against the Jews, S. 98 f.
92 Vgl. ebd., S. 99.
93 Zit. nach ebd., S. 102.
94 Barghouti, Omar: Boykott – Desinvestment – Sanktionen. Die weltweite Kampagne gegen Israels Apartheid und die völkerrechtliche Besatzung Palästinas, Köln/Karlsruhe 2012, S. 10.
95 Das Kapitel beruht zu großen Teilen auf Markl, Florian: Der Ursprung der Israel-Boykottbewegung, in: *sans phrase. Zeitschrift für Ideologiekritik*, Heft 11, Herbst 2017, S. 49–55.
96 Lantos, Tom: The Durban Debacle. An Insider's View of the World Racism Conference at Durban, in: *The Fletcher Forum of World Affairs*, Volume 26.1, Winter/Spring 2002, S. 31–52, http://dl.tufts.edu/catalog/tufts:UP149.001.00051.00005, hier S. 34.
97 Ebd.
98 Ebd., S. 35.
99 Vgl. Freedman, Rosa: Failing to Protect. The UN and the Politicisation of Human Rights, London 2014, S. 23 f.
100 United Nations: World Conference Against Racism, Racial Discrimination, Xenophobia and Related Intolerance. Draft Resolution. Proposal made by the Group of 21, A/CONF.189/PC.3/7, https://documents-dds-ny.un.org/doc/UNDOC/GEN/G01/145/70/PDF/G0114570.pdf?OpenElement, S. 13.
101 Vgl. Lantos: The Durban Debacle, S. 37.
102 Ebd., S. 44.
103 Zit. nach World Conference against Racism 2001, https://en.wikipedia.org/wiki/World_Conference_against_Racism_2001#Draft_text_prior_to_the_conference.
104 Lantos: The Durban Debacle, S. 46.
105 Zit. nach Hirsh, David: Contemporary Left Antisemitism, Abingdon/New York 2018, S. 141 f.
106 Human Rights Voices: Durban Watch, http://www.humanrightsvoices.org/EYEontheUN/antisemitism/durban/?l=26&p=3487.
107 Zit. nach Matas, David: Aftershock. Anti-Zionism and Antisemitism, Toronto 2005, S. 18.
108 Zit. nach Schoenberg, Harris O.: Demonization in Durban: The World Conference Against Racism, in: *American Jewish Year Book*, Vol. 102 (2002), S. 85–111, hier S. 101.
109 Zit. nach Matas: Aftershock, S. 21.
110 Zit. nach ebd., S. 22.
111 World Forum against Racism: NGO Forum Declaration, http://i-p-o.org/racism-ngo-decl.htm.
112 Zit. nach Matas: Aftershock, S. 24.
113 Babbin, Jed/London, Herbert: The BDS War against Israel. The Orwellian Campaign to Destroy Israel Through the Boycott, Divestment and Sanctions Movement, London 2014, S. 18.
114 Nelson, Cary: Introduction, in: Ders./Brahm, Gabriel Noah (Hrsg.): The Case Against Academic Boycotts of Israel, Chicago/New York 2015, S. 12–29, hier S. 13.
115 Vgl. Hirsh: Contemporary Left Antisemitism, S. 97 ff. Mehr zur BDS-Bewegung in Großbritannien und den USA findet sich in Kapitel 6.
116 Vgl. Steinberg, Gerald: No, Omar Barghouti is not a co-founder of the Israel boycott movement BDS, *The Jewish Chronicle*, 8. Oktober 2019, https://www.thejc.com/comment/opinion/no-omar-barghouti-is-not-a-co-founder-of-the-israel-boycott-movement-bds-1.489828.
117 Wertheim, Peter: The Role of Governments in the Assault on Israel's Legitimacy. Part I – Israel among the Nations, in: Ryvchin, Alex: The Anti-Israel Agenda. Inside the Political War on the Jewish State, Jerusalem/New York 2017, S. 79–103, hier S. 86.
118 Ilan Pappe destroys BDS, claims its central pillar is not true, https://www.youtube.com/watch?v=IjPJSvTezSo.
119 Palästinensische Zivilgesellschaft ruft zu Boykott, Investitionsentzug und Sanktionen gegen Israel auf, bis es internationalem Recht und den universellen Prinzipien der Menschenrechte nachkommt, BDS Movement, 9. Juli 2005, https://bdsmovement.net/call#German.

120 PACBI: Call for an Academic and Cultural Boycott of Israel, BDS Movement, 6. Juli 2004, https://bdsmovement.net/pacbi/pacbi-call.

121 Dieser Satz fehlt in der deutschen Fassung, in der englischen ist er jedoch enthalten. Wörtlich heißt es dort: „Endorsed by: The Palestinian political parties, unions, associations, coalitions and organizations below represent the three integral parts of the people of Palestine: Palestinian refugees, Palestinians under occupation and Palestinian citizens of Israel." Vgl. Palestinian Civil Society Call for BDS, BDS Movement, 9. Juli 2005, https://bdsmovement.net/call.

122 Vgl. „Boycotts work": An interview with Omar Barghouti, *Electronic Intifada*, 31. Mai 2009, https://electronicintifada.net/content/boycotts-work-interview-omar-barghouti/8263.

123 Biskamp, Floris: Mitmachen gegen Israel. Teil 1 von 3 einer Mini-Serie über die israelfeindliche BDS-Kampagne, florisbiskamp.com, 8. August 2018, http://blog.florisbiskamp.com/2018/08/08/mitmachen-gegen-israel-teil-1-von-3-einer-mini-serie-ueber-die-israelfeindliche-bds-kampagne/.

124 Ebd.

125 Ebd.

126 Die folgenden Überlegungen stützen sich auf Markl, Florian: Israel-Boykotteure in der Sackgasse, *sans phrase. Zeitschrift für Ideologiekritik*, Nr. 15 Herbst 2019, S. 5–10.

127 Barghouti: Boykott – Desinvestition – Sankionen, S. 61.

128 Vgl. Adalah: Discriminatory Laws in Israel, https://www.adalah.org/en/law/index.

129 Vgl. NGO Monitor: Adalah's Misleading Charges of Racism, https://www.ngo-monitor.org/press-releases/adalah_s_misleading_charges_of_racism/.

130 Leber, Sebastian: Wie BDS gegen Israel hetzt, *Tagesspiegel*, 18. November 2017, https://www.tagesspiegel.de/themen/reportage/anti-israel-kampagne-wie-bds-gegen-israel-hetzt/20573168.html.

131 Vgl. Theodorou, Angelina E.: 64 countries have religious symbols on their national flags, *Pew Research Center*, 25. November 2014, https://www.pewresearch.org/fact-tank/2014/11/25/64-countries-have-religious-symbols-on-their-national-flags/.

132 Zit. nach BDS: In Their Own Words, Jewish Virtual Library, https://www.jewishvirtuallibrary.org/bds-in-their-own-words.

133 Vgl. Der erste arabisch-israelische Krieg. Interview mit Benny Morris, Bundeszentrale für politische Bildung, 28. März 2008, https://www.bpb.de/internationales/asien/israel/44999/interview-benny-morris.

134 Ebd.

135 Vgl. Levik, Adam: How 30,000 Remaining Palestinian Refugees From '48 Morph Into 5 Million, *The Algemeiner*, 24. März 2014, https://www.algemeiner.com/2014/03/24/how-30000-remaining-palestinian-refugees-from-%E2%80%9948-morph-into-5-million/ und Schanzer, Jonathan: Status Update, Foreign Policy, 21. Mai 2012, https://foreignpolicy.com/2012/05/21/status-update/.

136 UN-Generalversammlung: Resolution 194 (III). Palästina: Zwischenbericht des Vermittlers der Vereinten Nationen, 11. Dezember 1948, https://www.un.org/depts/german/gv-early/ar194-iii.pdf.

137 United Nations General Assembly: Resolution 194 (III). Palestine – Progress Report of the United Nations Mediator, 11. Dezember 1948, https://unispal.un.org/DPA/DPR/unispal.nsf/0/C758572B78D1CD0085256BCF0077E51A.

138 Vgl. Feuerherdt/Markl: Vereinte Nationen gegen Israel, S. 102–105.

139 Vgl. ebd., Kapitel 10.

140 Vgl. UNRWA: EU und UNRWA gemeinsam für Palästina-Flüchtlinge, November 2017, https://www.unrwa.org/sites/default/files/content/resources/eu_unrwa_partnership_deu_nov_2017.pdf.

141 Vgl. Albunimah, Ali: Finkelstein, BDS and the destruction of Israel, *Al-Jazeera*, 28. Februar 2012, https://www.aljazeera.com/indepth/opinion/2012/02/2012227111759385177.html. Das Interview mit Finkelstein ist u.a auf der Video-Plattform Vimeo zu finden: Arguing the Boycott Divestment and Sanctions (BDS) Campaign with Norman Finkelstein, https://vimeo.com/36854424.

142 Abu Khalil, As'ad: A Critique of Norman Finkelstein on BDS, *Al-Akhbar*, 17. Februar 2012, http://english.al-akhbar.com/blogs/angry-corner/critique-norman-finkelstein-bds.

143 Deutscher Bundestag: Der BDS-Bewegung entschlossen entgegentreten – Antisemitismus bekämpfen. Antrag der Fraktionen CDU/CSU, SPD, FDP und BÜNDNIS 90/DIE GRÜNEN, Drucksache 19/10191, 15. Mai 2019, https://dip21.bundestag.de/dip21/btd/19/101/1910191.pdf, S. 2.

144 Ebd.

145 Entschließung des Nationalrates vom 27. Februar 2020 betreffend Verurteilung von Antisemitismus und der BDS-Bewegung, https://www.parlament.gv.at/PAKT/VHG/XXVII/E/E_00012/fname_785457.pdf.

146 Zit. nach Stenographisches Protokoll. 12. Sitzung des Nationalrates der Republik Österreich. XXVII. Gesetzgebungsperiode, Donnerstag, 27. Februar 2020, https://www.parlament.gv.at/PAKT/VHG/XXVII/NRSITZ/NRSITZ_00012/fnameorig_801693.html#RU_212746, S. 208.

147 Mehr zu den Anti-BDS-Beschlüssen in Deutschland und Österreich findet sich in Kapitel 6.

148 Rabinovici, Doron/Speck, Ulrich/Snaider, Natan (Hrsg.): Neuer Antisemitismus? Eine globale Debatte, Frankfurt am Main 2004, S. 9.

149 Porat, Dina: Definitionen des Antisemitismus. Kontroversen über den Gegenstandsbereich eines streitbaren Begriffs, in Grimm, Marc/Kahmann, Bodo (Hrsg.): Antisemitismus im 21. Jahrhundert. Virulenz einer alten Feindschaft in Zeiten von Islamismus und Terror, Berlin/Boston 2018, S. 27–49, hier S. 28.

150 Wissenschaftlicher Dienst des Deutschen Bundestages: Antisemitismus-Definitionen und ihre Bedeutung für die Bekämpfung von antisemitischem Denken und die Verfolgung antisemitischer Straftaten, 26. Februar 2013, https://www.bundestag.de/resource/blob/410244/c29bae374411d0de01cf0b416f2c8cfc/WD-1-009-13-pdf-data.pdf, S. 9.

151 Vgl. Porat: Definitionen des Antisemitismus, S. 35 f.

152 Schwarz-Friesel, Monika/Reinharz, Jehuda: Die Israelisierung des Antisemitismus, *Mena-Watch*, 21. Februar 2017, https://www.mena-watch.com/die-israelisierung-des-antisemitismus/.

153 European Union Monitoring Centre on Racism and Xenophobia: Working Definition of Antisemitism, https://web.archive.org/web/20151124202101/http://kantorcenter.tau.ac.il/sites/default/files/WORKING%20DEFINITION%20OF%20ANTISEMITISM.pdf.

154 Ebd.

155 Vgl. Marcus, Kenneth L.: The Definition of Anti-Semitism, New York 2015, S. 163 f.

156 Vgl. Porat: Definitionen des Antisemitismus, S. 46.

157 Vgl. International Holocaust Remembrance Alliance: Arbeitsdefinition von Antisemitismus, https://www.holocaustremembrance.com/de/resources/working-definitions-charters/arbeitsdefinition-von-antisemitismus.

158 Vgl. Zieve, Tamara: EU Parliament votes in favor of adopting antisemitism definition, The Jerusalem Post, 1. Juni 2017, https://www.jpost.com/Diaspora/EU-Parliament-votes-in-favor-of-adopting-antisemitism-definition-494479.

159 Vgl. European Union Agency for Fundamental Rights: Antisemitism. Overview of data available in the European Union 2008-2018, https://fra.europa.eu/sites/default/files/fra_uploads/fra-2019-antisemitism-overview-2008-2018_en.pdf, S. 20 f.; vgl. Spain adopts universal definition of anti-Semitism, Jewish News Syndicate, 22. Juli 2020, https://www.jns.org/spain-adopts-universal-definition-of-anti-semitism/.

160 Sharansky, Natan: Anti-Semitism in 3D, *The Jerusalem Post*, 23. Februar 2004, https://www.aish.com/jw/s/48892657.html; Ders.: 3D Test of Anti-Semitism: Demonization, Double Standards, Delegitimization, in: *Jewish Political Studies Review* 16 (Fall 2004), S. 3 f., https://www.jcpa.org/phas/phas-sharansky-f04.htm.

161 Sharansky: 3D Test of Anti-Semitism.

162 Ebd.

163 Ebd.

164 Sharansky: Anti-Semitism in 3D.

165 U.S. Departement of State: Defining Anti-Semitism. Fact Sheet, Special Envoy To Monitor and Combat Anti-Semitism, 8. Juni 2010, https://2009-2017.state.gov/j/drl/rls/fs/2010/122352.htm.

166 Vgl. U.S. Departement of State: Defining Anti-Semitism, Office of International Religious Freedom, https://www.state.gov/defining-anti-semitism/.

167 BDS Austria: Redebeitrag Black Lives Matter Demo Wien, 4. Juni 2020, https://bds-info.at/redebeitrag-black-lives-matter-demo-wien/.

168 Ministry of Strategic Affairs and Public Diplomacy: Behind the Mask. The Antisemitic Nature of BDS Exposed, September 2019, https://4il.org.il/wp-content/uploads/2019/09/MSA-report-Behind-the-Mask.pdf, S. 54.

169 Zit. nach ebd., S. 55.

170 Vgl. ebd., S. 56. Dieselbe Karikatur wurde schon 2004 in der österreichischen Tageszeitung *Kleine Zeitung* veröffentlicht. Nach lauter Kritik bezeichnete deren Chefredakteur den Vergleich in einer Stellungnahme sodann als „unzulässig". Vgl. Markl, Florian: „Giftiges Natterngezücht". Antisemitische Argumentationsmuster in der deutschsprachigen Medienberichterstattung über Israel, in: Grimm/Kahmann: Antisemitismus im 21. Jahrhundert, S. 267–291, hier S. 276 f.

171 Zit. nach Ministry of Strategic Affairs and Public Diplomacy: Behind the Mask, S. 63; vgl. Hamideh, Abbas [@Resistance48]: #Palestine and #Auschwitz look eerily similar, Twitter, 18. April 2019, https://twitter.com/Resistance48/status/1118976137026244623.

172 Zit. nach ebd., S. 68; vgl. Hamideh, Abbas [@Resistance48]: Same Words ... Same Madness, Twitter, 13. Mai 2016, https://twitter.com/Resistance48/status/731092829955624961.

173 Zit. nach Johnson, Alan: Antisemitism in the Guise of Anti-Nazism. Holocaust Inversion in the United Kingdom during Operation Protective Edge, in: Rosenfeld, Alvin H.: Anti-Zionism and Antisemitism. The Dynamics of Delegitimization, Bloomington 2019, S. 175–199, hier S. 181 f.

174 Zit. nach ebd., S. 59.

175 BDS: FAQs. Doesn't BDS single out Israel? Why not boycott North Korea or the US?, https://bdsmovement.net/faqs#collapse16242.

176 Dershowitz, Alan: The Case for Israel, Hoboken 2003, S. 183.

177 Vgl. *Der Spiegel*, 29. Juli 2019, https://www.spiegel.de/politik/ausland/palaestinenser-im-libanon-kein-staat-keine-arbeit-keine-perspektive-a-1279532.html.

178 Toameh, Khaled Abu: Palästinenser: Gräueltaten, über die niemand spricht, *Mena-Watch*, 18. Februar 2018, https://www.mena-watch.com/palaestinenser-die-graeueltaten-ueber-die-niemand-spricht/.

179 Dershowitz, Alan: BDS is Not a Universal „Movement", in: Ders.: The Case Against BDS. Why Singling Out Israel for Boycott is Anti-Semitic and Anti-Peace, New York/Nashville 2018, S. 12–15, hier S. 14.

180 Vgl. Aktivisten in Favoriten unterwegs, *heute*, 23. Mai 2020, https://www.heute.at/s/judenfeindliche-bds-aktivisten-in-wien-favoriten-100083785.

181 BDS führt noch einen Grund an, warum ausgerechnet Israel boykottiert werden soll: „Die BDS-Bewegung wendet sich gegen die Art und Weise, in der Israel von der internationalen Gemeinschaft bevorzugt behandelt wird." (BDS: FAQs. Doesn't BDS single out Israel?). Angesichts des tatsächlichen Umgangs der sogenannten internationalen Gemeinschaft mit dem jüdischen Staat tritt an dieser Stelle der wahnhafte Aspekt der BDS-Ideologie zutage. Vgl. dazu anhand der Vereinten Nationen Feuerherdt/Markl: Vereinte Nationen gegen Israel.

182 Zit. nach Ministry of Strategic Affairs and Public Diplomacy: Behind the Mask, S. 80; vgl. Hamideh, Abbas [@Resistance48]: israel does not have a right to exist, Twitter, 19. November 2016, https://twitter.com/Resistance48/status/799983467098468352.

183 Zit. nach ebd., S. 81; vgl. Hamideh, Abbas [@Resistance48]: Impressive article on Why "Israel" Has No Right to Exist, Twitter, 22. März 2019, https://twitter.com/Resistance48/status/1109078745367937025.

184 Zit. nach ebd., S. 82; vgl. Bazian, Hatem [@HatemBazian]: The 'Jewish nation' is the central myth of Zionism, Twitter, 19. April 2018, https://twitter.com/HatemBazian/status/986966906040041472.

185 Moor, Ahmed: BDS is a long term project with radically transformative potential, *Mondoweiss*, 2. April 2010, https://mondoweiss.net/2010/04/bds-is-a-long-term-project-with-radically-transformative-potential/.

186 Zit. nach BDS: In Their Own Words.

187 Butler, Judith: Am Scheideweg. Judentum und die Kritik am Zionismus, Frankfurt/New York 2013, S. 250.

188 BDS: FAQs. Isn't a boycott of Israel anti-Semitic?, https://bdsmovement.net/faqs#collapse16241.

189 BDS Austria: Aufruf der Palästina Solidarität Österreich: Kritik am politischen Zionismus muss erlaubt bleiben – nein zur amtlichen Diffamierung von Muslimen und linkem Antikolonialismus!, 6. August 2019, https://bds-info.at/aufruf-der-palaestina-solidaritaet-oesterreich-kritik-am-politischen-zionismus-muss-erlaubt-bleiben-nein-zur-amtlichen-diffamierung-von-muslimen-und-linkem-antikolonialismus/.

190 Eliach, Yotav: Judaism, Zionism and the Land of Israel. The 4,000 year religious, ideological, and historical story of the Jewish Nation, Washington D.C. 2018, S. 6 f.

191 Zit. nach Gordis, Daniel: We Stand Divided. The Rift Between American Jews and Israel, New York 2019, S. 151 f.

192 Zit. nach ebd., S. 152.

193 Vgl. Lewin, Alyza D.: Zionism – The integral component of Jewish identity that Jews are historically pressured to shed, in: *Israel Affairs* 2020, Vol. 26, No. 3, S. 330–347.

194 Guski, Chajm: Das Morgengebet für Werktage, https://www.talmud.de/tlmd/das-morgengebet-fuer-werktage/.

195 Vgl. Lewis, Bernard: Die Juden in der islamischen Welt, München 2004, S. 67.

196 Vgl. Gordis: We Stand Divided, S. 231.

197 Ebd., S. 232.

198 In Bagdad hatten gar seit zweieinhalb Jahrtausenden Juden gelebt. Noch 1939 war ein Drittel seiner Einwohner jüdisch, mehr als in Warschau (29 Prozent) oder New York (27 Prozent), so die Angabe des Nahostjournalisten Tom Gross im Vorwort zu Julius, Lyn: Uprooted. How 3000 Years of Jewish Civilisation in the Arab World Vanished Overnight, London/Portland 2018, S. IX.

199 Weinstock, Nathan: Der zerrissene Faden. Wie die arabische Welt ihre Juden verlor 1947–1967, Freiburg/Wien 2019, S. 13. Vgl. auch Bensoussan, Georges: Die Juden der arabischen Welt. Die verbotene Frage, Berlin/Leipzig 2019.

200 Gordis: We Stand Divided, S. 231.

201 Vgl. Sheskin, Ira/Dashefsky, Arnold: Unites States Jewish Population, 2018, https://www.jewishdatabank.org/content/upload/bjdb/2018-United_States_Jewish_Population_(AJYB,_Sheskin,_Dashefsky)_DB_Final.pdf, S. 1.

202 Krauthammer, Charles: Essay: Zionism and the Fate of the Jews, in: Ders.: Things That Matter. Three Decades of Passions, Pastimes and Politics, New York 2013, S. 258–273, hier S. 261.

203 Ebd., S. 266.

204 Ebd., S. 26.

205 Talmon, Jacob Leib: The New Anti-Semitism, in: *The New Republic*, 18. September 1976, hier S. 18–23, S. 18.

206 Rosner, Shmuel/Fuchs, Camil: #IsraeliJudaism. Portrait of a Cultural Revolution, Jerusalem 2019, S. 3 f.

207 Ebd., S. 4.

208 Ebd., S. 79.

209 Zit. nach Sharon, Jeremy: 80% of US Jews say they are pro-Israel, study finds, *The Jerusalem Post*, 4. Februar 2020, https://www.jpost.com/diaspora/80-percent-of-us-jews-say-they-are-pro-israel-study-finds-616479.

210 European Union Agency for Fundamental Rights: Young Jewish Europeans: perceptions and experiences of antisemitism, Luxembourg 2019, https://fra.europa.eu/sites/default/files/fra_uploads/fra-2019-young-jewish-europeans_en.pdf, S. 17.

211 Sharon: 80% of Jews say they are pro-Israel.

212 Zit. nach US-Jurist Dershowitz: „Antisemitismus von Black Lives Matter nicht ignorieren", *Mena-Watch*, 22. Juli 2020, https://www.mena-watch.com/antisemitismus-nicht-ignorieren/.

213 Marcus: Definition of Anti-Semitism, S. 181.

214 Talmon: New Anti-Semitism, S. 19.

215 Krauthammer: Zionism and the Fate of the Jews, S. 260.

216 Vgl. Ottolenghi, Emanuele: Present-day Antisemitism and the Centrality of the Jewish Alibi, in: Rosenfeld, Alvin H. (Hrsg.): Resurgent Antisemitism. Global Perspectives, Bloomington 2013, S. 424–466, hier S. 427.

217 Weiniger, Otto: Geschlecht und Charakter. Eine prinzipielle Untersuchung, Wien/Leipzig 1920, S. 414. Dabei hat Weininger die Funktionsweise von Antisemitismus und Frauenhass erstaunlich präzise analysiert – und sich zugleich der Hetze angeschlossen.

218 Vgl. Halily, Yaniv: The Protocols of Gilad Atzmon, *Ynetnews*, 14. November 2011, https://www.ynetnews. com/articles/0,7340,L-4147243,00.html sowie Granting No Quarter: A Call for the Disavowal of the Racism and Antisemitism of Gilad Atzmon, *US Palestinian Community Network*, 13. März 2012, http:/uspcn.org/2012/03/13/granting-no-quarter-a-call-for-the-disavowal-of-the-racism-and-antisemitism-of-gilad-atzmon/.

219 Vgl. Cohen, Dudi: Ahmadinejad, Neturei Karta: Zionists are criminals, *Ynetnews*, 14. Dezember 2006, https://www.ynetnews.com/articles/0,7340,L-3340082,00.html.

220 Vgl. European Union Agency for Fundamental Rights: Young Jewish Europeans, S. 20.

221 Arnold, Sina: Das unsichtbare Vorurteil. Antisemitismusdiskurse in der US-amerikanischen Linken nach 9/11, Hamburg 2016, S. 280.

222 Zit. nach Gansinger, Simon: Antizionistische Identität. Der Kampf gegen Israel an US-amerikanischen Campus, in: Grimm/Kahmann: Antisemitismus im 21. Jahrhundert, S. 411–439, hier S. 428.

223 Ebd., S. 429.

224 Ebd., S. 421.

225 Hirsh: Contemporary Left Antisemitism, S. 224.

226 Vgl. Frommer, Rachel: Police Called to London University After Protesters Trap Attendees of Israel Event in Room, *The Algemeiner*, 27. Oktober 2016, https://www.algemeiner.com/2016/10/27/police-called-to-london-university-after-protesters-trap-attendees-of-israel-event-in-room/.

227 Vgl. Palestine and Israel supporters clash at university event in London, *Middle East Eye*, 28. Oktober 2016, https://www.middleeasteye.net/news/palestine-and-israel-supporters-clash-university-event-london.

228 Hen Mazzig auf Twitter, 27. Oktober 2016, https://twitter.com/HenMazzig/status/791735692506370048. Siehe dazu auch das Video „Anti-Israeli protest turns violent at UCL's Hen Mazzig talk" auf YouTube, https://www.youtube.com/watch?v=2QOZtq0-gpQ.

229 Vgl. Ali, Aftab: King's College London launches 'urgent investigation' after pro-Israel event 'attacked by pro-Palestine group', *The Independent*, 21. Januar 2016, https://www.independent.co.uk/student/news/king-s-college-london-launches-urgent-investigation-after-pro-israel-event-attacked-by-pro-palestine-a6825116.html.

230 Vgl. Liphshiz, Cnaan: Pro-BDS activist elected head of British student union, *Jewish Telegraphic Agency*, 21. April 2016, https://www.jta.org/2016/04/21/global/bds-promoter-elected-head-of-british-student-union.

231 Vgl. Frot, Mathilde: NUS president-elect has supported boycott of Israel, *The Times of Israel*, 11. April 2019, https://jewishnews.timesofisrael.com/new-nus-president-has-said-she-supports-boycott-of-israel/.

232 Vgl. More pressure for Mid East peace, *The Guardian*, 6. April 2002, https://www.theguardian.com/world/2002/apr/06/israel.guardianletters.

233 Zit. nach Goldenberg, Suzanne/Woodward, Will: Israeli boycott divides academics, *The Guardian*, 8. Juli 2002, https://www.theguardian.com/uk/2002/jul/08/highereducation.israel.

234 Vgl. Silver, Eric: How Israel sees the boycott, *The Independent*. 5. Mai 2005, https://www.independent.co.uk/news/education/higher/how-israel-sees-the-boycott-495073.html.

235 Vgl. Curtis, Polly/Taylor, Matthew/Urquhart, Conal: Lecturers vote to boycott Israeli universities, *The Guardian*, 23. April 2005, https://www.theguardian.com/uk/2005/apr/23/internationaleducationnews.highereducation.

236 Vgl. Academics vote against Israeli boycott, *The Guardian*, 26. Mai 2005, https://www.theguardian.com/education/2005/may/26/highereducation.uk1.

237 Vgl. Klug, Brian: Spare us the analogies, *The Guardian*, 30. Mai 2006, https://web.archive.org/web/20060914152824/http://commentisfree.guardian.co.uk/brian_klug/2006/05/drawing_a_line_in_the_sand.html.

238 Vgl. University and College Union: Join UCU, https://www.ucu.org.uk/join.

239 University and College Union: Circular UCU/31, 4. Juli 2007, http://www.ucu.org.uk/circ/html/ucu31.html.

240 Vgl. Shepherd, Jessica: Lecturers vote to boycott Israeli universities, *The Guardian*, 27. Mai 2009, https://www.theguardian.com/education/2009/may/27/lecturers-vote-boycott.

241 Vgl. Paul, Jonny: Britain's largest academic union cuts ties with Histadrut, *The Jerusalem Post*, 2. Juni 2010, https://www.jpost.com/International/Britains-largest-academic-union-cuts-ties-with-Histadrut.

242 Vgl. Paul, Jonny: Academic union in UK again votes to boycott Israel, *The Jerusalem Post*, 31. Mai 2011, https://www.jpost.com/Diplomacy-and-Politics/Academic-union-in-UK-again-votes-to-boycott-Israel.

243 Vgl. Hirsh, David: Defining antisemitism down, *Fathom Journal*, Winter 2013, https://fathomjournal.org/defining-antisemitism-down/. Diese Arbeitsdefinition wurde schließlich von der International Holocaust Remembrance Alliance (IHRA) übernommen und seitdem von zahlreichen Staaten, Organisationen und Stellen als Grundlage für den Umgang mit Antisemitismus anerkannt (siehe Kapitel 5 in diesem Buch). https://www.holocaustremembrance.com/de/resources/working-definitions-charters/arbeitsdefinition-von-antisemitismus.

244 Zit. nach Bright, Martin: Fightback on definition of antisemitism, *Jewish Chronicle*, 26. Mai 2011, https://www.thejc.com/news/uk/fightback-on-definition-of-antisemitism-1.23336.

245 Vgl. Julius, Anthony: Trials of the Diaspora. A History of Anti-Semitism in England, Oxford 2012, S. 443.

246 Vgl. DM2014: NUJ rejects Israeli goods boycott, 13. April 2014, https://www.nuj.org.uk/news/dm2014-nuj-rejects-israeli-goods-boycott/.

247 Vgl. Megan, Hanna: BDS movement: Lessons from the South Africa boycott, *Al-Jazeera*, 23. Februar 2016, https://www.aljazeera.com/indepth/features/2016/02/bds-movement-lessons-south-africa-boycott-160223072813078.html.

248 Vgl. Azarva, Valentina: Boycotts, International Law Enforcement and the UK's 'Anti-Boycott' Note, Jurist, 12. April 2016, https://www.jurist.org/commentary/2016/04/valentina-azarova-uk-note/ sowie Procurement Policy Note: Ensuring compliance with wider international obligations when letting public contracts, 17. Februar 2016, https://assets.publishing.service.gov.uk/government/uploads/system/uploads/attachment_data/file/500811/PPN_on_wider_international_obligations.pdf.

249 Vgl. UK Supreme Court rules against government attempt to curb BDS, *Middle East Monitor*, 29. April 2020, https://www.middleeastmonitor.com/20200429-uk-supreme-court-rules-against-government-attempt-to-curb-bds/.

250 Vgl. Gerrard, Douglas: Boris Johnson's BDS bill brings Britain closer to America and Israel further from peace, *The Independent*, 3. Januar 2020, https://www.independent.co.uk/voices/bds-boris-johnson-israel-palestine-boycott-occupation-netanyahu-a9268721.html.

251 Vgl. Boris Johnson set to move forward with anti-BDS law, *The Times of Israel*, 16. Dezember 2019, https://www.timesofisrael.com/boris-johnson-set-to-move-forward-with-anti-bds-law/.

252 Vgl. Beck, Eldad: As BDS runs rampant on UK campuses, Jewish students are fighting back, *Israel Hayom*, 11. Februar 2020, https://www.israelhayom.com/2020/02/11/as-bds-runs-rampant-on-uk-campuses-jewish-students-are-fighting-back/.

253 Ebd.

254 Vgl. Nelson, Cary/Greenberg, David: Students are shouting down pro-Israel speakers — and silencing free speech, *The Washington Post*, 7. Dezember 2016, https://www.washingtonpost.com/opinions/students-are-shouting-down-pro-israel-speakers--and-silencing-free-speech/2016/12/07/9211c3b8-bbd7-11e6-91ee-1adddfe36cbe_story.html.

255 Berteaux, Anthony: In the Safe Spaces on Campus, No Jews Allowed, *The Tower*, Februar 2016, http://www.thetower.org/article/in-the-safe-spaces-on-campus-no-jews-allowed/.

256 Vgl. Miller, Abraham H.: The common core of BDS and campus anti-Semitism, *The Hill*, 28. Mai 2015, https://thehill.com/blogs/congress-blog/civil-rights/243239-the-common-core-of-bds-and-campus-anti-semitism.

257 Vgl. Savage, Sean: Academics Unpack BDS, Antisemitism at Media Watchdog's Annual Conference, *The Algemeiner*, 9. Dezember 2016, https://www.algemeiner.com/2016/12/09/academics-unpack-bds-antisemitism-at-media-watchdogs-annual-conference/.

258 Vgl. National Students for Justice in Palestine: About us, https://www.nationalsjp.org/about-nsjp.html.

259 Vgl. Savage, Sean/Richman, Jackson: Pro-Israel Groups Urge University of Michigan to Cancel SJP Conference Featuring 'Vicious' Anti-Semites, *Jewish Journal*, 23. Januar 2020, https://jewishjournal.com/news/united-states/309847/pro-israel-groups-urge-university-of-michigan-to-cancel-sjp-conference-featuring-vicious-anti-semites/ sowie Saxe, Leonard u. a: Hotspots of Antisemitism and Anti-Israel Sentiment on US Campuses. Brandeis University, *Maurice and Marilyn Cohen Center for Modern Jewish Studies*, Waltham 2016, S. 25, https://www.brandeis.edu/ssri/pdfs/campusstudies/AntisemitismCampuses102016.pdf.

260 Vgl. Brown, Ebony: American Studies Association Passes Academic Boycott of Israel, *Jewish Times*, 19. Dezember 2013, https://www.jewishtimes.com/16755/american-studies-association-passes-academic-boycott-of-israel/news/.

261 Vgl. American Studies Association: ASA National Council Votes Unanimously To Endorse Academic Boycott of Israel, https://www.theasa.net/about/advocacy/resolutions-actions/resolutions/boycott-israeli-academic-institutions/council.

262 Vgl. American Studies Association: What Does the Boycott of Israeli Academic Institutions Mean for the ASA?, https://www.theasa.net/what-does-boycott-mean.

263 Vgl. Pérez-Peña, Richard: Scholars' Group to Disclose Result of Vote on an Academic Boycott of Israel, *New York Times*, 15. Dezember 2013, https://www.nytimes.com/2013/12/16/us/scholars-group-to-disclose-result-of-vote-on-an-academic-boycott-of-israel.html.

264 Vgl. Lewin, Tamar: Prominent Scholars, Citing Importance of Academic Freedom, Denounce Israeli Boycott, *New York Times*, 26. Dezember 2013, https://www.nytimes.com/2013/12/27/education/academic-leaders-denounce-israel-boycott.html und Nelson, Cary (Hrsg.): Dreams Deferred: A Concise Guide to the Israeli-Palestinian Conflict and the Movement to Boycott Israel, Bloomington 2016, S. 87–92.

265 Vgl. Amcha Initiative: Groups and Universities condemning academic boycott of Israel, https://amchainitiative.org/organizations-universities-condemned-american-studies-associations-academic-boycott-israel/.

266 Vgl. University Statements Rejecting Divestment and the Academic Boycott of Israel, *Jewish Virtual Library*, https://www.jewishvirtuallibrary.org/university-statements-rejecting-bds.

267 Vgl. List of Universities rejecting academic boycott of Israel, *Legal Insurrection*, 22. Dezember 2013, https://legalinsurrection.com/2013/12/list-of-universities-rejecting-academic-boycott-of-israel/.

268 Zit. nach: Jacobsen, William A.: University statements rejecting academic boycott of Israel, *Legal Insurrection*, 22. Dezember 2013, https://legalinsurrection.com/2013/12/indiana-wash-u-st-louis-gwu-northwestern-cornell-reject-academic-boycott-of-israel/.

269 Zit. nach Shwayder, Maya: 134 members of US Congress denounce ASA's Israel boycott, *The Jerusalem Post*, 19. Januar 2014, https://www.jpost.com/International/134-members-of-US-Congress-denounce-ASAs-Israel-boycott-338607.

270 Vgl. Nelson: Dreams Deferred, S. 61 f.

271 Eine Übersicht über die Pro-BDS-Resolutionen an US-Hochschulen findet sich auf der Website der Jewish Virtual Library: Anti-Semitism: Campus Divestment Resolutions in the USA (2005–2020), https://www.jewishvirtuallibrary.org/campus-divestment-resolutions.

272 Vgl. Edgar, Julie: BDS Resolution Passes at U-M, *The Jewish News*, 15. November 2017, https://thejewishnews.com/2017/11/15/bds-resolution-passes-u-m/.

273 Vgl. University of Michigan: Statement regarding CSG vote on resolution A.R. 7-019, 14. Dezember 2017, https://publicaffairs.vpcomm.umich.edu/resolution-regarding-divestment/statement-regarding-csg-vote-on-resolution-a-r-7-019/.

274 Zit. nach Silverstein, Jason: University of Michigan professor refuses to write letter for student to study abroad in Israel, *CBS News*, 18. September 2018, https://www.cbsnews.com/news/university-of-michigan-professor-john-cheney-lippold-refuses-to-write-letter-for-student-to-study-in-israel/.

275 Vgl. Slagter, Martin: Jewish groups want University of Michigan to sanction professor, *The Jerusalem Post*, 25. September 2018, https://www.jpost.com/International/Jewish-groups-want-University-of-Michigan-to-sanction-professor-567897.

276 Vgl. Bandler, Aaron: U Mich Disciplines Professor Who Denied Rec Letter to Student Studying in Israel, *Jewish Journal*, 9. Oktober 2018, https://jewishjournal.com/news/united-states/240045/u-mich-disciplines-professor-denied-rec-letter-student-studying-israel/.

277 Vgl. National Women's Studies Association votes to join international BDS movement, *Jewish Telegraphic Agency*, 30. November 2015, https://www.jta.org/2015/11/30/united-states/national-womens-studies-association-votes-to-join-international-bds-movement.

278 Vgl. Killy, Daniel: Eine Kandidatin kämpft gegen Israel, *Jüdische Allgemeine*, 12. September 2016, https://www.juedische-allgemeine.de/juedische-welt/eine-kandidatin-kaempft-gegen-israel/.

279 Vgl. Meyerson, Collier: Can You Be a Zionist Feminist? Linda Sarsour Says No, *The Nation*, 13. März 2017, https://www.thenation.com/article/archive/can-you-be-a-zionist-feminist-linda-sarsour-says-no/.

280 Vgl. Bernie Sanders says anti-Semitism is a factor in BDS, *Jewish Telegraphic Agency*, 22. März 2016, https://www.jta.org/2016/03/22/politics/bernie-sanders-says-anti-semitism-is-a-factor-in-bds.

281 Vgl. Kampeas, Rin: Sanders picks critics of Israel, BDS backer to write Democratic platform, *The Jerusalem Post*, 24. Mai 2016, https://www.jpost.com/US-Elections/Sanders-picks-critics-of-Israel-BDS-backer-to-write-Democratic-platform-454820.

282 Vgl. Pink, Aiden: Muslim Trailblazer Ilhan Omar Admits She Backs BDS — Now That Election Is Over, *Forward*, 13. November 2018, https://forward.com/news/national/414050/muslim-trailblazer-ilhan-omar-admits-she-backs-bds-now-that-election-is/.

283 Vgl. Ilhan Omar: Why Advocating for Palestine is Not Anti-Semitic, *Muslim Girl*, 11. November 2018, https://muslimgirl.com/ilhan-omar-why-advocating-for-palestine-is-not-anti-semitic/.

284 Zit. nach Fang, Lee/Kane, Alex: Rejecting Israel lobby's influence over congress, Rashida Tlaib plans to lead delegation to Palestine, *The Intercept*, 3. Dezember 2018, https://theintercept.com/2018/12/03/rashida-tlaib-palestine-israel-aipac-congress-trip/.

285 Vgl. Frank, Stefan: Die US-Demokraten drohen, von einer Anti-Israel-Welle erfasst zu werden, *Mena-Watch*, 31. Oktober 2018, https://www.mena-watch.com/die-us-demokraten-drohen-von-einer-anti-israel-welle-erfasst-zu-werden/.

286 Vgl. Markl, Florian: Wenn Antisemiten sich entschuldigen, *Mena-Watch*, 14. Februar 2019, https://www.mena-watch.com/wenn-antisemiten-sich-entschuldigen/.

287 Vgl. Frank, Stefan: Eine US-Abgeordnete verbreitet antisemitische Ritualmordlegende, *Mena-Watch*, 31. Januar 2020, https://www.mena-watch.com/us-abgeordnete-verbreitet-neuauflage-der-ritualmordlegende/.

288 Vgl. Zur Einreiseverweigerung der US-Abgeordneten, Botschaft des Staates Israel, 16. August 2019, https://embassies.gov.il/berlin/NewsAndEvents/Pages/Zur-Verweigerung-der-Einreise-der-US-Abgeordneten-Tlaib-und-Omar.aspx.

289 Vgl. Cortellessa, Eric: US House overwhelmingly passes anti-BDS resolution, *The Times of Israel*, 24. Juli 2019, https://www.timesofisrael.com/us-house-overwhelmingly-passes-anti-bds-resolution/.

290 H. Res. 246 – Opposing efforts to delegitimize the State of Israel and the Global Boycott, Divestment, and Sanctions Movement targeting Israel, 23. Juli 2019, https://www.congress.gov/bill/116th-congress/house-resolution/246/text?q=%7B%22search%22%3A%5B%22H.Res.+246%22%5D%7D&r=1&s=2.

291 Ebd.

292 Eine Übersicht, die regelmäßig aktualisiert wird, findet sich auf der Website der Jewish Virtual Library, https://www.jewishvirtuallibrary.org/anti-bds-legislation.

293 Vgl. Hein, Jan-Philipp: „Inspekteure" suchen Produkte aus Israel!, *Bild Online*, 30. November 2015, https://www.bild.de/regional/bremen/kundgebungen/inspekteure-suchen-produkte-aus-israel-43598854.bild.html.

294 Vgl. Feuerherdt, Alex: „Kauft nicht beim Juden" 2.0, *Mena-Watch*, 14. November 2015, https://www.mena-watch.com/kauft-nicht-beim-juden-2-0/.

295 Vgl. Koopmann, Jan-Paul: Vorsicht, vielleicht verboten, *taz*, 28. November 2015, https://taz.de/Inspektoren-on-tour/!5255916/.

296 Ebd.

297 Vgl. BDS-Kampagne: Protestaktion gegen SodaStream bei Galeria Kaufhof am Alexanderplatz, 29. November 2015, http://bds-kampagne.de/2015/11/29/protestaktion-gegen-sodastream-bei-galeria-kaufhof-am-alexanderplatz/.

298 Vgl. BDS-Kampagne: BDS-Inspektion bei Galeria Kaufhof in Bonn, 29. November 2015, http://bds-kampagne.de/2015/11/29/bds-inspektion-bei-galeria-kaufhof-in-bonn/.

299 Vgl. BDS-Kampagne: BDS Protestaktion vor EDEKA Center Struve & Budnikowski in Hamburg, 29. November 2015, http://bds-kampagne.de/2015/11/29/bds-protestaktion-vor-edeka-center-struve-budnikowski/.

300 Vgl. Markl, Florian: BDS-Aktivistin von Berliner Gericht verurteilt, *Mena-Watch*, 8. August 2020, https://www.mena-watch.com/bds-aktivistin-von-berliner-gericht-verurteilt/.

301 Vgl. Feuerherdt, Alex: Berliner Festival: Antisemitischer Boykott durch arabische Bands, *Mena-Watch*, 19. August 2017, https://www.mena-watch.com/berliner-festival-antisemitischer-boykott-durch-arabische-bands/.

302 Vgl. Statement: BDS-Kampagne gegen Pop-Kultur, 23. August 2017, https://www.pop-kultur.berlin/statement-bds-boykott-kampagne/.

303 Vgl. Grütters kritisiert Boykott-Aufruf gegen Pop-Festival, *Spiegel Online*, 23. August 2017, https://www.spiegel.de/kultur/musik/pop-kultur-festival-berlin-gruetters-kritisiert-boykott-aufruf-durch-bds-a-1164249.html.

304 Vgl. Uthoff, Jens: BDS trotzt mal wieder dem Pop, *taz*, 22. Mai 2018, https://taz.de/Antizionisten-gegen-Berliner-Festival/!5507290/.

305 Weber, Julian: Autoritär und herrisch, *taz*, 16. August 2018, https://taz.de/BDS-Aktivisten-stoeren-Pop-Kultur-Festival/!5528677/.

306 Vgl. University of Johannesburg petition: South African academics support the call for UJ to terminate relationship with Israeli institution, September 2010, https://web.archive.org/web/20100927171559/http:/www.ujpetition.com/2010/09/south-african-academics-support-

call.html sowie SA academics pledge support for Israeli academic boycott, Voice of the Cape, 16. Dezember 2015, https://www.vocfm.co.za/sa-academics-pledge-support-for-israeli-academic-boycott/.

307 Mbembe, Achille: On Palestine, in: Soske, Jon/Jacobs, Sean: Apartheid Israel: The Politics of an Analogy, Chicago 2015, S. VII–VIII.

308 Vgl. Cohen, Ben: Despite Passionate Defense of 'Academic Freedom,' Scholar at Center of German Antisemitism Row Campaigned to Exclude Israeli Professors, *The Algemeiner*, 4. Mai 2020, https://www.algemeiner.com/2020/05/04/despite-passionate-defense-of-academic-freedom-scholar-at-center-of-german-antisemitism-row-campaigned-to-exclude-israeli-professors/.

309 Vgl. Feuerherdt, Alex: Ruhrtriennale: Israel schlimmer als Apartheid-Südafrika?, *Mena-Watch*, 13. April 2020, https://www.mena-watch.com/ruhrtriennale-israel-schlimmer-als-apartheid-suedafrika/.

310 Vgl. Laurin, Stefan: Karneval der Israel-Hasser, *Jungle World*, 23. August 2018, https://jungle.world/artikel/2018/34/karneval-der-israel-hasser.

311 Offener Brief von Lorenz Deutsch an Stefanie Carp, 23. März 2020, https://fdp.fraktion.nrw/sites/default/files/uploads/2020/03/25/offenerbrieflorenzdeutschanstefaniecarpwegenachille-mbembe-ruhrtriennale2020.pdf.

312 Vgl. Feuerherdt, Alex: Kritik an Achille Mbembe: Alles nur Verleumdung und Hetze?, *Mena-Watch*, 12. Mai 2020, https://www.mena-watch.com/kritik-an-achille-mbembe-alles-nur-verleumdung-und-hetze/.

313 Vgl. Offener Brief von Lorenz Deutsch an Stefanie Carp.

314 Vgl. BDS-Kampagne: Die Besatzung verdirbt den Appetit auf Bio aus Israel, 1. September 2009, http://bds-kampagne.de/2009/09/01/die-besatzung-verdirbt-den-appetit-auf-bio-aus-israel/.

315 Vgl. BDS-Kampagne: Boykottaktion in der Wachmannstrasse, 11. März 2011, http://bds-kampagne.de/2011/03/11/boykottaktion-in-der-wachmannstrasse/.

316 Vgl. BDS-Kampagne: Deutschlandweiter BDS-Aufruf, 20. Juni 2015, http://bds-kampagne.de/aufruf/deutschlandweiter-bds-aufruf/.

317 Vgl. BDS-Kampagne: Unterstützende Gruppen, Organisationen und Einzelpersonen, 16. Juni 2020, http://bds-kampagne.de/aufruf/deutschlandweiter-bds-aufruf/unterstuetzende-gruppen-und-organisationen/.

318 Vgl. Feuerherdt, Alex: Boykottaufruf gegen Israel – Von der seltsamen Unkenntnis einer deutschen Bildungsgewerkschaft, *Mena-Watch*, 11. September 2016, https://www.mena-watch.com/deutsche-gewerkschaft-druckt-boykottaufruf-gegen-israel-und-distanziert-sich-nach-einigem-hin-und-her/.

319 Vgl. Culina, Kevin: Es donnert in Bockenheim, *Jungle World*, 14. Juni 2017, https://jungle.world/artikel/2017/24/es-donnert-bockenheim.

320 Eine Übersicht über diese Beschlüsse und Erklärungen inklusive Quellennachweisen findet sich in der Broschüre des Internationalen Instituts für Bildung, Sozial- und Antisemitismusforschung (IBSA): Die antisemitische Boykottkampagne BDS, Berlin 2020, S. 15–22, https://iibsa.org/fileadmin/downloads/Handreichung_Die-antisemitische-Boykottkampagne-BDS_iibsa.pdf.

321 Vgl. Antrag der Fraktionen CDU/CSU, SPD, FDP und BÜNDNIS 90/DIE GRÜNEN: Der BDS-Bewegung entschlossen entgegentreten – Antisemitismus bekämpfen, Bundestags-Drucksache 19/10191 vom 15. Mai 2019, http://dip21.bundestag.de/dip21/btd/19/101/1910191.pdf.

322 Ebd.

323 Vgl. Bundestag verurteilt Boykottaufrufe gegen Israel, Deutscher Bundestag, 17. Mai 2019, https://www.bundestag.de/dokumente/textarchiv/2019/kw20-de-bds-642892.

324 Interview mit Jürgen Trittin: „Ein Klima der Einschüchterung", *taz*, 16. Mai 2019, https://taz.de/Juergen-Trittin-zur-Boykottbewegung-BDS/!5592992/.

325 Interview mit Barbara Unmüßig: „Der Beschluss geht zu weit", *Spiegel Online*, 17. Mai 2019, https://www.spiegel.de/politik/ausland/israel-bds-resolution-im-bundestag-der-beschluss-geht-zu-weit-a-1268037.html.

326 Vgl. Hagmann, Jannis: Protestpost aus Palästina, *taz*, 28. Mai 2019, https://taz.de/Reaktionen-auf-BDS-Beschluss/!5598611/.

327 Interview mit Jürgen Trittin: „Ein Klima der Einschüchterung".

328 Vgl. Feuerherdt, Alex: Deutscher Staatssekretär Annen: „Israelkritik" als Staatsräson, *Mena-Watch*, 25. Juni 2019, https://www.mena-watch.com/niels-annen-israelkritik-als-deutsche-staatsraeson/.

329 Vgl. Feuerherdt, Alex: Israelkritik? Nein, Boykotthetze!, *Fisch + Fleisch*, 4. März 2015, https://www.fischundfleisch.com/alex-feuerherdt/israelkritik-nein-boykotthetze-3919.

330 Vgl. Pfeifer, Karl: Sedunia: Zweierlei „Recht auf Rückkehr", *haGalil.com*, 4. April 2004, https://www.hagalil.com/archiv/2004/04/sedunia.htm.

331 Vgl. Peham, Andreas: Hintergrundinformationen zum Verein „Dar al Janub", Dokumentationsarchiv des österreichischen Widerstandes, https://www.doew.at/neues/hintergrundinformationen-zum-verein-dar-al-janub.

332 Vgl. Weiss, Alexia: BDS oder: Antisemitismus in neuen Kleidern, *Wiener Zeitung*, 3. März 2016, https://www.wienerzeitung.at/meinung/blogs/juedisch_leben/804300_BDS-oder-Antisemitismus-in-neuen-Kleidern.html.

333 Vgl. Laster, Samuel: Wollen wir warten, bis aus Hetze Mord wird?, *juedische.at*, http://www.juedische.at/pages/oesterreich/wollen-wir-warten-bis-aus-hetze-mord-wird.php.

334 Vgl. Feuerherdt, Alex: Wien, Bonn, Frankfurt: Gegenwind für die Boykott-Bewegung, *Mena-Watch*, 21. März 2017, https://www.mena-watch.com/wien-bonn-frankfurt-gegenwind-fuer-die-boykott-bewegung/.

335 Vgl. Weinthal, Benjamin: Vienna hotel cancels BDS talk by South African terrorism financier, *The Jerusalem Post*, 28. Juni 2017, https://www.jpost.com/BDS-THREAT/Vienna-hotel-cancels-BDS-talk-by-South-African-terrorism-financier-498201.

336 Vgl. Kopeinig, Margaretha: Antisemitismus: „Geschichte kann sich wiederholen", *Kurier*, 3. Februar 2018, https://kurier.at/politik/inland/antisemitismus-geschichte-kann-sich-wiederholen/309.484.419.

337 ÖH Uni Wien spricht sich gegen Israeli Apartheid Week von BDS aus, März 2016, https://www.oeh.univie.ac.at/aktuelles/stories/oeh-uni-wien-spricht-sich-gegen-israeli-apartheid-week-von-bds-aus.

338 Gemeinderat, 39. Sitzung vom 27.06.2018, Wörtliches Protokoll, 27. Juni 2018, https://www.wien.gv.at/mdb/gr/2018/gr-039-w-2018-06-27-081.htm.

339 Vgl. Wien macht anti-israelischen Aktivisten einen Strich durch die Rechnung, *Israelnetz*, 22. März 2019, https://www.israelnetz.com/politik-wirtschaft/politik/2019/03/22/wien-macht-anti-israelischen-aktivisten-einen-strich-durch-die-rechnung/.

340 Entschließung des Nationalrates vom 27. Februar 2020 betreffend Verurteilung von Antisemitismus und der BDS-Bewegung, 27. Februar 2020, https://www.parlament.gv.at/PAKT/VHG/XXVII/E/E_00012/fname_785457.pdf.

341 Vgl. Israeli Apartheid Week, BDS Schweiz, https://www.bds-info.ch/index.php/de/iaw.

342 Frank, Stefan: Antisemitische Boykottbewegung: „BDS Schweiz" Hand in Hand mit Linksextremisten, *Audiatur Online*, 11. Oktober 2018, https://www.audiatur-online.ch/2018/10/11/antisemitische-boykottbewegung-bds-schweiz-hand-in-hand-mit-linksextremisten/.

343 Vgl. Personengalerie, BDS Schweiz, https://www.bds-info.ch/index.php/de/personengalerie.

344 Frank, Stefan: Antisemitische Boykottbewegung: „BDS Schweiz" Hand in Hand mit Linksextremisten.

345 Vgl. Thaidigsmann, Michael: Urteil lässt Israel-Gegner jubeln, *Jüdische Allgemeine*, 12. Juni 2020, https://www.juedische-allgemeine.de/politik/urteil-laesst-israel-gegner-jubeln/.

346 Vgl. Dietl, Andreas: Ein Urteil gegen die BDS-Bewegung, *Jüdische Allgemeine*, 28. Oktober 2015, https://www.juedische-allgemeine.de/politik/ein-urteil-gegen-die-bds-bewegung/.

347 Vgl. EGMR hebt Urteil wegen Aufrufs zu Israel-Boykott auf, ORF, 11. Juni 2020, https://orf.at/stories/3169214/.

348 Vgl. French Jews Decry European Court's Ruling in Favor of BDS Activists, *The Algemeiner*, 12. Juni 2020, https://www.algemeiner.com/2020/06/12/french-jews-decry-european-courts-ruling-in-favor-of-bds-activists/.

349 Vgl. Jackson, Willy: Wirtschaftlicher Druck auf Israel, *Le Monde diplomatique*, 11. September 2009, https://monde-diplomatique.de/artikel/!585430.

350 Vgl. Spanish courts reverse two pro-BDS municipal rulings, *The Times of Israel*, 13. Februar 2017, https://www.timesofisrael.com/spanish-courts-reverse-two-pro-bds-municipal-rulings/

351 Zit. nach: Podemos, un partido pro-iraní y anti-Israel en el Gobierno de España, ACOM, 17. Februar 2020, https://a-com.es/podemos-un-partido-pro-irani-y-anti-israel-en-el-gobierno-de-espana/; deutsche Übersetzung von Mena Watch, https://www.mena-watch.com/podemos-israel-feinde-in-der-regierung/.

352 Vgl. In First, a Spanish State Adopts BDS as Policy, *Haaretz*, 17. Juni 2018, https://www.haaretz.com/israel-news/in-first-a-spanish-state-adopts-bds-as-policy-1.6179434.

353 Vgl. Spanish Court Rules Valencia City Council Violated Constitution by Affiliating With BDS Group, *The Algemeiner*, 17. Juni 2019, https://www.algemeiner.com/2019/06/17/spanish-court-rules-valencia-city-council-violated-constitution-by-affiliating-with-bds-group/.

354 Vgl. In First, a Spanish State Adopts BDS as Policy.

355 Vgl. Podemos, un partido pro-iraní y anti-Israel en el Gobierno de España.

356 Vgl. Spain: cities rescind BDS support after threats from pro-Israel group, *Middle East Monitor*, 29. August 2018, https://www.middleeastmonitor.com/20180829-spain-cities-rescind-bds-support-after-threats-from-pro-israel-group/.

357 Vgl. Statement by Rototom Sunsplash regarding the performance of Matisyahu, August 2015, https://us4.campaign-archive.com/?u=208eee44bde3bf4f75f9cd29b&id=4ca8d57aa5&e=[UNIQID.

358 Vgl. Beauchamp, Zack: The Matisyahu Israel boycott controversy, explained, *Vox*, 19. August 2020, https://www.vox.com/2015/8/18/9173239/matisyahu-bds.

359 Vgl. Matisyahu en el Rototom 2015, 11. August 2015, https://www.facebook.com/rototomsunsplashofficial/posts/10153349930876743:0.

360 Statement by Rototom Sunsplash regarding the performance of Matisyahu.

361 Matisyahu auf Facebook, 17. August 2015, https://www.facebook.com/matisyahu/posts/10153608853029189.

362 Vgl. A Rototom Sunsplash public institutional declaration regarding the cancellation of Matisyahu, 19. August 2015, https://www.facebook.com/rototomsunsplashofficial/posts/10153366496516743.

363 Vgl. Tschechien verurteilt BDS-Bewegung, *Jüdische Allgemeine*, 23. Oktober 2019, https://www.juedische-allgemeine.de/juedische-welt/tschechien-verurteilt-bds-bewegung/.

364 Vgl. Canada officially passes Anti-BDS-motion, *The Canadian Jewish News*, 22. Februar 2016, https://www.cjnews.com/news/canada/canada-officially-passes-anti-bds-motion.

365 Vgl. Lazaroff, Tovah: In huge blow to Israel, Netherlands declares BDS 'free speech', *The Jerusalem Post*, 26. Mai 2016, https://www.jpost.com/Israel-News/Politics-And-Diplomacy/In-huge-blow-to-Israel-Netherlands-declares-BDS-free-speech-455162.

366 Vgl. Lazaroff, Tovah: Irish FM: BDS is a 'legitimate political viewpoint', *The Jerusalem Post*, 30. Mai 2016, https://www.jpost.com/Israel-News/Politics-And-Diplomacy/Irish-FM-BDS-is-a-legitimate-political-viewpoint-455467.

367 Vhl. Bandler, Aaron: Sweden's New Foreign Minister Says BDS Isn't Anti-Semitic, *Jewish Journal*, 30. Oktober 2019, https://jewishjournal.com/news/worldwide/306457/swedens-new-foreign-minister-says-bds-isnt-anti-semitic/.

368 Vgl. Ahren, Raphael: EU declares Israel boycott protected as free speech, *The Times of Israel*, 31. Oktober 2016, https://www.timesofisrael.com/eu-declares-israel-boycott-protected-as-free-speech/.

369 Vgl. Frank, Stefan: Israelboykott: Fällt Irland in die selbst gegrabene Grube?, *Mena-Watch*, 8. Juni 2019, https://www.mena-watch.com/israelboykott-faellt-irland-in-die-selbst-gegrabene-grube/.

370 Vgl. Kasnett, Israel: New Irish government rejects effort to boycott Israeli products, *Jewish News Syndicate*, 25. Juni 2020, https://www.jns.org/new-irish-government-rejects-effort-to-boycott-israeli-products/.

371 Die folgenden Überlegungen wurden erstmals veröffentlicht in Markl: Israel-Boykotteure in der Sackgasse, S. 7ff.

372 IAW – Israeli Apartheid Week, http://bds-info.at/kampagnen-aktionen/iaw-israeli-apartheid-week/.

373 Vgl. Israeli Apartheid Week, http://apartheidweek.org/.

374 Vgl. Frank, Stefan: Oldenburg: BDS ohne Strom, aber mit israelischem Computer, *Mena-Watch*, 24. März 2019, https://www.mena-watch.com/mena-analysen-beitraege/oldenburg-bds-ohne-strom-aber-mit-israelischem-computer/.

375 Vgl. Feuerherdt, Alex: Evangelische Akademie Bad Boll: Das Happening der „Israelkritiker", *Mena-Watch*, 22. September 2018, https://www.mena-watch.com/mena-analysen-beitraege/bad-boll-das-happening-der-israelkritiker/.

376 Sacks, Jonathan: Future Tense. Jews, Judaism, and Israel in the Twenty-First Century, New York 2009, S. 92.

377 Becker, Matthias J.: Analogien der „Vergangenheitsbewältigung". Antiisraelische Projektionen in Leserkommentaren der *Zeit* und des *Guardian*, Baden-Baden 2018, S. 301.

378 Vgl. dazu die Analysen der Zeit-Leserkommentare bei Becker.

379 Vgl. Reuter, Adam: BDS has zero impact on Israeli businesses, *Globes*, 9. Oktober 2018, https://en.globes.co.il/en/article-bds-has-zero-impact-on-israeli-businesses-1001255776.

380 Ebd.

381 Vgl. Brandes, Sabine: Hasskampagne ohne Erfolg, *Jüdische Allgemeine*, 8. Juni 2015, https://www.juedische-allgemeine.de/israel/hasskampagne-ohne-erfolg/.

382 Vgl. BDS Marks Another Victory As Veolia Sells Off All Israeli Operations, bdsmovement.net, 1. September 2015, https://bdsmovement.net/news/bds-marks-another-victory-veolia-sells-all-israeli-operations.

383 Vgl. Boycott Movement Claims Victory as Veolia Ends All Investment in Israel, Newsweek, 1. September 2015, https://www.newsweek.com/boycott-movement-claims-victory-veolia-ends-all-investment-israel-332337.

384 Barkhausen, David: Desinvestitionen & die globale BDS-Kampagne gegen Israel – Warum kehren Fonds & Firmen Israel den Rücken?, Blog des Leibniz-Instituts Hessische Stiftung Friedens- und Konfliktforschung, 17. April 2019, https://blog.prif.org/2019/04/17/desinvestitionen-die-globale-bds-kampagne-gegen-israel-warum-kehren-fonds-firmen-israel-den-ruecken/.

385 Vgl. Bahar, Dany/Sachs, Natan: How much does BDS threaten Israel's economy?, *Brookings*, 26. Januar 2018, https://www.brookings.edu/blog/order-from-chaos/2018/01/26/how-much-does-bds-threaten-israels-economy/.

386 Vgl. Enghusen, Mareike: Wirtschaftswunderland, *Brand eins*, 2016, https://www.brandeins.de/magazine/brand-eins-wirtschaftsmagazin/2016/digitalisierung/wirtschaftswunderland.

387 Zit. nach: Wais, Rudi: Wie Sodastream den Frieden zwischen Juden und Palästinensern fördern will, *Augsburger Allgemeine*, 30. Dezember 2019, https://www.augsburger-allgemeine.de/politik/Wie-Sodastream-den-Frieden-zwischen-Juden-und-Palaestinensern-foerdern-will-id56337566.html.

388 Vgl. Palästinensischer Menschenrechtsaktivist: BDS schadet den Palästinensern mehr als Israel, *Audiatur Online*, https://www.audiatur-online.ch/2018/11/28/palaestinensischer-menschenrechtsaktivist-bds-schadet-den-palaestinensern-mehr-als-israel/.

389 Der umgekehrte Fall – also ein Protest der BDS-Bewegung gegen den Auftritt von Israelis in Europa – ist im Kulturbereich seltener, was vor allem daran liegt, dass es dazu deutlich weniger Gelegenheiten gibt als vor allem im akademischen Sektor. Manchmal kommt er aber vor, so beispielsweise beim deutsch-israelischen Filmfestival Seret im September 2019, das von BDS-Aktivisten mehrfach gestört wurde. Vgl. Engel, Philipp Peyman: BDS-Aktivisten stören Kinoabend, *Jüdische Allgemeine*, 12. September 2019, https://www.juedische-allgemeine.de/kultur/bds-aktivisten-stoeren-kinoabend/.

390 Vgl. Dodd, Vikram/McCarthy, Rory: Elvis Costello cancels concerts in Israel in protest at treatment of Palestinians, *The Guardian*, 18. Mai 2010, https://www.theguardian.com/music/2010/may/18/elvis-costello-cancels-israel-concerts.

391 Vgl. Sinead O'Connor trying to back out of Israel concert, *Jewish Journal*, 18. Juni 2014, https://jewishjournal.com/news/worldwide/130089/.

392 Vgl. Kamin, Debra: Rihanna and Other Artists Who Play Israel Feel the Pressure, *Variety*, 16. Oktober 2013, https://variety.com/2013/biz/global/rihanna-and-other-artists-who-play-israel-feel-the-pressure-1200729050/.

393 Vgl. Read, Zen: Roger Waters Voices Support for Israel Boycott, *Haaretz*, 3. Juni 2011, https://www.haaretz.com/israel-news/culture/1.5132282.

394 Days After Defending Star of David Pig, Roger Waters Laments 'Power' of 'Jewish Lobby,' Compares Israeli Policy to Nazis, *The Algemeiner*, 8. Dezember 2013, http://www.algemeiner.com/2013/12/08/days-after-defending-star-of-david-pig-roger-waters-laments-power-of-jewish-lobby-compares-israeli-policy-to-nazi-genocide/

395 Zit. nach Melman, Lana: Cultural BDS: Artists Are Under Attack, *The Algemeiner*, 5. November 2019, https://www.algemeiner.com/2019/11/05/cultural-bds-artists-are-under-attack/.

396 Vgl. ARD-Sender steigen aus Kooperation mit Roger Waters aus, *Tagesspiegel*, 27. November 2017, https://www.tagesspiegel.de/politik/antisemitismus-ard-sender-steigen-aus-kooperation-mit-roger-waters-aus/20638526.html.

397 Letter: Over 100 artists announce a cultural boycott of Israel, *The Guardian*, 13. Februar 2015, https://www.theguardian.com/world/2015/feb/13/cultural-boycott-israel-starts-tomorrow.

398 Vgl. Boycott Eurovision Song Contest hosted by Israel, *The Guardian*, 7. September 2018, https://www.theguardian.com/tv-and-radio/2018/sep/07/boycott-eurovision-song-contest-hosted-by-israel.

399 Vgl. Riegert, Bernd: Boykott gegen den Song Contest bleibt klein, *Deutsche Welle*, 18. Mai 2019, https://www.dw.com/de/boykott-gegen-den-song-contest-bleibt-klein/a-48784344.

400 Vgl. Balzer, Jens: Lasst sie doch schreien, *Die Zeit*, 18. Mai 2019, https://www.zeit.de/kultur/musik/2019-05/eurovision-song-contest-favoriten-israel-politik-bds.

401 Vgl. Herzinger, Richard: Johnny Rotten singt in Israel – weil er Punk ist, *Die Welt*, 17. August 2010, https://www.welt.de/kultur/article9039148/Johnny-Rotten-singt-in-Israel-weil-er-Punk-ist.html.

402 Vgl. Kamin, Debra: Rihanna and Other Artists Who Play Israel Feel the Pressure, *Variety*, 16. Oktober 2013, https://variety.com/2013/biz/global/rihanna-and-other-artists-who-play-israel-feel-the-pressure-1200729050/.

403 Vgl. Lang, Alexander: Masal tow, Mick!, *Jüdische Allgemeine*, 26. Juli 2018, https://www.juedische-allgemeine.de/kultur/masal-tow-mick/.

404 Vgl. Nick Cave: Ich spiele wegen BDS in Israel, *Israelnetz*, 20. November 2017, https://www.israelnetz.com/gesellschaft-kultur/kultur/2017/11/20/nick-cave-ich-spiele-wegen-bds-in-israel/.

405 Melman: Cultural BDS: Artists Are Under Attack.

406 Zit. nach Frank, Stefan: Irlands Song-Contest-Teilnehmerin erhielt Drohungen von BDS-Aktivisten, *Mena-Watch*, 11. Juni 2019, https://www.mena-watch.com/39863-2/.

407 Vgl. Alice Walker says no to Hebrew 'Purple', *The Times of Israel*, 19. Juni 2012, https://www.timesofisrael.com/alice-walker-refuses-to-authorize-hebrew-version-of-the-color-purple/.

408 Answer given by Vice-President Mogherini on behalf of the Commission, 15. September 2016, http://www.europarl.europa.eu/doceo/document/E-8-2016-005122-ASW_EN.html?redirect#refi.

409 Ausführlich dazu Kapitel 6.

410 Vgl. NGO Monitor: NGOs, EU „Product Labeling" and BDS Warfare: What Next?, 13. Dezember 2015, https://www.ngo-monitor.org/reports/ngos-eu-product-labeling-and-bds-warfare-what-next/.

411 Trading Away Peace: How Europe helps sustain illegal Israeli settlements, Oktober 2012, https://www.fidh.org/IMG/pdf/trading_away_peace_-_embargoed_copy_of_designed_report.pdf.

412 Vgl. Ministry of Strategic Affairs and Public Diplomacy: The Money Trail. The Millions Given by EU Institutions to NGOs with Ties to Terror and Boycotts Against Israel. An In-Depth Analysis, Mai 2018, http://eipa.eu.com/publicaffairs/wp-content/uploads/The-Money-Trail_English.pdf.

413 Vgl. Feuerherdt, Alex: Mit der EU gegen Israel, *Jungle World*, 7. Juni 2018, https://jungle.world/artikel/2018/23/mit-der-eu-gegen-israel.

414 Vgl. Keinon, Herb: Gilad Erdan to Europe: You fund BDS, a movement aiding terror groups, *The Jerusalem Post*, 22. November 2018, https://www.jpost.com/Israel-News/Gilad-Erdan-to-Europe-You-fund-BDS-a-movement-aiding-terror-groups-572597.

415 Vgl. Winer, Stuart/Ahren, Raphael: EU: Israel spreads 'disinformation' by alleging we fund terror-tied BDS efforts, *The Times of Israel*, 17. Juli 2018, https://www.timesofisrael.com/eu-accuses-israel-of-disinformation-campaign-on-boycott-funding/.

416 Vgl. Frank, Stefan: EU-Parlament: Antisemitische Tagung ja, Kritik am iranischen Regime nein, *Mena-Watch*, 25. Februar 2018, https://www.mena-watch.com/mena-analysen-beitraege/europaparlament-antisemitische-konferenz-ja-kritik-am-iranischen-regime-nein/.

417 Zit. nach Frank, Stefan: Wegen BDS: Israels Arbeitspartei verlässt Sozialistische Internationale, *Mena-Watch*, 12. Juli 2018, https://www.mena-watch.com/wegen-bds-israels-arbeitspartei-verlaesst-sozialistische-internationale/.

418 Vgl. Feuerherdt, Alex: Deutschland, Israel und die UNO: Same procedure as every year, *Mena-Watch*, 16. Dezember 2019, https://www.mena-watch.com/deutschland-israel-und-die-uno-same-procedure-as-every-year/.

419 Vgl. Feuerherdt/Markl: Vereinte Nationen gegen Israel, Kapitel 10.

420 Vgl. Cumming-Bruce, Nick: U.N. Publishes List of Firms Doing Business With Israeli Settlements, *The New York Times*, 12. Februar 2020, https://www.nytimes.com/2020/02/12/world/middleeast/un-israeli-settlements-companies-list.html.

421 NGO Monitor: Analysis of the UN's Discriminatory BDS Blacklist, 13. Februar 2020, https://www.ngo-monitor.org/reports/un-blacklist-analysis/.

422 Benz: Warum dieses Buch?, S. 12 f.

423 Vgl. Heinrich, Christian J.: Eyes wide shut, *Lizas Welt*, 8. September 2009, https://lizaswelt.net/2009/09/08/eyes-wide-shut-i/.

Verwendete Literatur

A Rototom Sunsplash public institutional declaration regarding the cancellation of Matisyahu, 19. August 2015, https://www.facebook.com/rototomsunsplashofficial/posts/10153366496516743.

Abu Khalil, As'ad: A Critique of Norman Finkelstein on BDS, *Al-Akhbar*, 17. Februar 2012, http://english.al-akhbar.com/blogs/angry-corner/critique-norman-finkelstein-bds.

Academics vote against Israeli boycott, *The Guardian*, 26. Mai 2005, https://www.theguardian.com/education/2005/may/26/highereducation.uk1.

Adalah: Discriminatory Laws in Israel, https://www.adalah.org/en/law/index.

Ahren, Raphael: EU declares Israel boycott protected as free speech, *Times of Israel*, 31. Oktober 2016, https://www.timesofisrael.com/eu-declares-israel-boycott-protected-as-free-speech/.

Aktivisten in Favoriten unterwegs, *heute*, 23. Mai 2020, https://www.heute.at/s/judenfeindliche-bds-aktivisten-in-wien-favoriten-100083785.

Albunimah, Ali: Finkelstein, BDS and the destruction of Israel, *Al-Jazeera*, 28. Februar 2012, https://www.aljazeera.com/indepth/opinion/2012/02/201222711759385177.html.

Ali, Aftab: King's College London launches 'urgent investigation' after pro-Israel event 'attacked by pro-Palestine group', *The Independent*, 21. Januar 2016, https://www.independent.co.uk/student/news/king-s-college-london-launches-urgent-investigation-after-pro-israel-event-attacked-by-pro-palestine-a6825116.html.

Alice Walker says no to Hebrew 'Purple', *The Times of Israel*, 19. Juni 2012, https://www.timesofisrael.com/alice-walker-refuses-to-authorize-hebrew-version-of-the-color-purple/.

Amcha Initiative: Groups and Unversities condemning academic boycott of Israel, https://amchainitiative.org/organizations-universities-condemned-american-studies-associations-academic-boycott-israel/.

American Studies Association: ASA National Council Votes Unanimously To Endorse Academic Boycott of Israel, https://www.theasa.net/about/advocacy/resolutions-actions/resolutions/boycott-israeli-academic-institutions/council.

American Studies Association: What Does the Boycott of Israeli Academic Institutions Mean for the ASA?, https://www.theasa.net/what-does-boycott-mean.

Answer given by Vice-President Mogherini on behalf of the Commission, 15. September 2016, http://www.europarl.europa.eu/doceo/document/E-8-2016-005122-ASW_EN.html?redirect#ref1.

Anti-Israeli protest turns violent at UCL's Hen Mazzig talk, https://www.youtube.com/watch?v=2QOZtqo-gpQ.

Anti-Semitism: State Anti-BDS Legislation, *Jewish Virtual Library*, https://www.jewishvirtuallibrary.org/anti-bds-legislation.

Arab League boycott of Israel, https://en.wikipedia.org/wiki/Arab_League_boycott_of_Israel#Notable_targets_of_the_blacklist

Arabs Oppose Honor for Mancroft, *The New York Times*, 20. Juli 1964.

ARD-Sender steigen aus Kooperation mit Roger Waters aus, *Tagesspiegel*, 27. November 2017, https://www.tagesspiegel.de/politik/antisemitismus-ard-sender-steigen-aus-kooperation-mit-roger-waters-aus/20638526.html.

Arguing the Boycott Divestment and Sanctions (BDS) Campaign with Norman Finkelstein, https://vimeo.com/36854424.

Arnold, Sina: Das unsichtbare Vorurteil. Antisemitismusdiskurse in der US-amerikanischen Linken nach 9/11, Hamburg 2016.

Associated Press: Arabs End Boycott of 2 U.S. Firms but Blacklist 5, *Los Angeles Times*, 19. Juli 1985, https://www.latimes.com/archives/la-xpm-1985-07-19-mn-6529-story.html.

Azarva, Valentina: Boycotts, International Law Enforcement and the UK's 'Anti-Boycott' Note, *Jurist*, 12. April 2016, https://www.jurist.org/commentary/2016/04/valentina-azarova-uk-note/.

Babbin, Jed/London, Herbert: The BDS War against Israel. The Orwellian Campaign to Destroy Israel Through the Boycott, Divestment and Sanctions Movement, London 2014.

Bahar, Dany/Sachs, Natan: How much does BDS threaten Israel's economy?, *Brookings*, 26. Januar 2018, https://www.brookings.edu/blog/order-from-chaos/2018/01/26/how-much-does-bds-threaten-israels-economy/.

Balzer, Jens: Lasst sie doch schreien, *Die Zeit*, 18. Mai 2019, https://www.zeit.de/kultur/musik/2019-05/eurovision-song-contest-favoriten-israel-politik-bds.

Bandler, Aaron: Sweden's New Foreign Minister Says BDS Isn't Anti-Semitic, *Jewish Journal*, 30. Oktober 2019, https://jewishjournal.com/news/worldwide/306457/swedens-new-foreign-minister-says-bds-isnt-anti-semitic/.

Bandler, Aaron: U Mich Disciplines Professor Who Denied Rec Letter to Student Studying in Israel, *Jewish Journal*, 9. Oktober 2018, https://jewishjournal.com/news/united-states/240045/u-mich-disciplines-professor-denied-rec-letter-student-studying-israel/.

Barkhausen, David: Desinvestitionen & die globale BDS-Kampagne gegen Israel – Warum kehren Fonds & Firmen Israel den Rücken?, Blog des *Leibniz-Instituts Hessische Stiftung Friedens- und Konfliktforschung*, 17. April 2019, https://blog.prif.org/2019/04/17/desinvestitionen-die-globale-bds-kampagne-gegen-israel-warum-kehren-fonds-firmen-israel-den-ruecken/.

Bazian, Hatem [@HatemBazian]: The 'Jewish nation' is the central myth of Zionism, *Twitter*, 19. April 2018, https://twitter.com/HatemBazian/status/986966906040041472.

BDS Austria: Aufruf der Palästina Solidarität Österreich: Kritik am politischen Zionismus muss erlaubt bleiben – nein zur amtlichen Diffamierung von Muslimen und linkem Antikolonialismus!, 6. August 2019, https://bds-info.at/aufruf-der-palaestina-solidaritaet-oesterreich-kritik-am-politischen-zionismus-muss-erlaubt-bleiben-nein-zur-amtlichen-diffamierung-von-muslimen-und-linkem-antikolonialismus/.

BDS Austria: Redebeitrag Black Lives Matter Demo Wien, 4. Juni 2020, https://bds-info.at/redebeitrag-black-lives-matter-demo-wien/.

BDS Marks Another Victory As Veolia Sells Off All Israeli Operations, *bdsmovement.net*, 1. September 2015, https://bdsmovement.net/news/bds-marks-another-victory-veolia-sells-all-israeli-operations.

BDS: FAQs. Doesn't BDS single out Israel? Why not boycott North Korea or the US?, https://bdsmovement.net/faqs#collapse16242.

BDS: FAQs. Isn't a boycott of Israel anti-Semitic?, https://bdsmovement.net/faqs#collapse16241.

BDS: In Their Own Words, *Jewish Virtual Library*, https://www.jewishvirtuallibrary.org/bds-in-their-own-words.

BDS-Kampagne: BDS Protestaktion vor EDEKA Center Struve & Budnikowski in Hamburg, 29. November 2015, http://bds-kampagne.de/2015/11/29/bds-protestaktion-vor-edeka-center-struve-budnikowski/.

BDS-Kampagne: BDS-Inspektion bei Galeria Kaufhof in Bonn, 29. November 2015, http://bds-kampagne.de/2015/11/29/bds-inspektion-bei-galeria-kaufhof-in-bonn/.

BDS-Kampagne: Boykottaktion in der Wachmannstrasse, 11. März 2011, http://bds-kampagne.de/2011/03/11/boykottaktion-in-der-wachmannstrasse/.

BDS-Kampagne: Deutschlandweiter BDS-Aufruf, 20. Juni 2015, http://bds-kampagne.de/aufruf/deutschlandweiter-bds-aufruf/.

BDS-Kampagne: Die Besatzung verdirbt den Appetit auf Bio aus Israel, 1. September 2009, http://bds-kampagne.de/2009/09/01/die-besatzung-verdirbt-den-appetit-auf-bio-aus-israel/.

BDS-Kampagne: Protestaktion gegen SodaStream bei Galeria Kaufhof am Alexanderplatz, 29. November 2015, http://bds-kampagne.de/2015/11/29/protestaktion-gegen-sodastream-bei-galeria-kaufhof-am-alexanderplatz/.

BDS-Kampagne: Unterstützende Gruppen, Organisationen und Einzelpersonen, 16. Juni 2020, http://bds-kampagne.de/aufruf/deutschlandweiter-bds-aufruf/unterstuetzende-gruppen-und-organisationen/.

Beauchamp, Zack: The Matisyahu Israel boycott controversy, explained, *Vox*, 19. August 2020, https://www.vox.com/2015/8/18/9173239/matisyahu-bds.

Beck, Eldad: As BDS runs rampant on UK campuses, Jewish students are fighting back, *Israel Hayom*, 11. Februar 2020, https://www.israelhayom.com/2020/02/11/as-bds-runs-rampant-on-uk-campuses-jewish-students-are-fighting-back/.

Becker, Matthias J.: Analogien der „Vergangenheitsbewältigung". Antiisraelische Projektionen in Leserkommentaren der *Zeit* und des *Guardian*, Baden-Baden 2018.

Bensoussan, Georges: Die Juden der arabischen Welt. Die verbotene Frage, Berlin/Leipzig 2019

Bernie Sanders says anti-Semitism is a factor in BDS, *Jewish Telegraphic Agency*, 22. März 2016, https://www.jta.org/2016/03/22/politics/bernie-sanders-says-anti-semitism-is-a-factor-in-bds.

Berteaux, Anthony: In the Safe Spaces on Campus, No Jews Allowed, *The Tower*, Februar 2016, http://www.thetower.org/article/in-the-safe-spaces-on-campus-no-jews-allowed/.

Biskamp, Floris: Mitmachen gegen Israel. Teil 1 von 3 einer Mini-Serie über die israelfeindliche BDS-Kampagne, *florisbiskamp.com*, 8. August 2018, http://blog.floris-biskamp.com/2018/08/08/mitmachen-gegen-israel-teil-1-von-3-einer-mini-serie-ueber-die-israelfeindliche-bds-kampagne/.

Blum, Yehuda Z.: Economic Boycotts in International Law, in: *Texas International Law Journal*, vol. 12, no. 1, Winter 1977, S. 5–15.

Boris Johnson set to move forward with anti-BDS law, *The Times of Israel*, 16. Dezember 2019, https://www.timesofisrael.com/boris-johnson-set-to-move-forward-with-anti-bds-law/.

Boutros-Ghali, Boutros: The Arab League, 1945-1955: Ten Years of Struggle, in: *International Conciliation* 30 (1954), S. 385–448.

Boycott Eurovision Song Contest hosted by Israel, *The Guardian*, 7. September 2018, https://www.theguardian.com/tv-and-radio/2018/sep/07/boycott-eurovision-song-contest-hosted-by-israel.

Boycott Movement Claims Victory as Veolia Ends All Investment in Israel, *Newsweek*, 1. September 2015, https://www.newsweek.com/boycott-movement-claims-victory-veolia-ends-all-investment-israel-332337.

„Boycotts work": An interview with Omar Barghouti, *Electronic Intifada*, 31. Mai 2009, https://electronicintifada.net/content/boycotts-work-interview-omar-barghouti/8263.

Brandes, Sabine: Hasskampagne ohne Erfolg, *Jüdische Allgemeine*, 8. Juni 2015, https://www.juedische-allgemeine.de/israel/hasskampagne-ohne-erfolg/.

Bright, Martin: Fightback on definition of antisemitism, *The Jewish Chronicle*, 26. Mai 2011, https://www.thejc.com/news/uk/fightback-on-definition-of-antisemitism-1.23336.

Brown, Ebony: American Studies Association Passes Academic Boycott of Israel, *Jewish Times*, 19. Dezember 2013, https://www.jewishtimes.com/16755/american-studies-association-passes-academic-boycott-of-israel/news/.

Bundestag verurteilt Boykottaufrufe gegen Israel, *Deutscher Bundestag*, 17. Mai 2019, https://www.bundestag.de/dokumente/textarchiv/2019/kw20-de-bds-642892.

Butler, Judith: Am Scheideweg. Judentum und die Kritik am Zionismus, Frankfurt/New York 2013.

Canada officially passes Anti-BDS-motion, *The Canadian Jewish News*, 22. Februar 2016, https://www.cjnews.com/news/canada/canada-officially-passes-anti-bds-motion.

Charta der Vereinten Nationen, in: Gareis, Sven Bernhard/Varwick, Johannes: Die Vereinten Nationen. Aufgaben, Instrumente und Reformen, Opladen/Toronto 2014, S. 365–379.

Chill, Dan S.: The Arab Boycott of Israel. Economic Aggression and World Reaction, New York 1976.

Cohen, Ben: Despite Passionate Defense of 'Academic Freedom,' Scholar at Center of German Antisemitism Row Campaigned to Exclude Israeli Professors, *The Algemeiner*, 4. Mai 2020, https://www.algemeiner.com/2020/05/04/despite-passionate-defense-of-academic-freedom-scholar-at-center-of-german-antisemitism-row-campaigned-to-exclude-israeli-professors/.

Cohen, Dudi: Ahmadinejad, Neturei Karta: Zionists are criminals, *Ynetnews*, 14. Dezember 2006, https://www.ynetnews.com/articles/0,7340,L-3340082,00.html.

Cortellessa, Eric: US House overwhelmingly passes anti-BDS resolution, *The Times of Israel*, 24. Juli 2019, https://www.timesofisrael.com/us-house-overwhelmingly-passes-anti-bds-resolution/.

Culina, Kevin: Es donnert in Bockenheim, *Jungle World*, 14. Juni 2017, https://jungle.world/artikel/2017/24/es-donnert-bockenheim.

Cumming-Bruce, Nick: U.N. Publishes List of Firms Doing Business With Israeli Settlements, *The New York Times*, 12. Februar 2020, https://www.nytimes.com/2020/02/12/world/middleeast/un-israeli-settlements-companies-list.html.

Curtis, Polly/Taylor, Matthew/Urquhart, Conal: Lecturers vote to boycott Israeli universities, *The Guardian*, 23. April 2005, https://www.theguardian.com/uk/2005/apr/23/internationaleducationnews.highereducation.

Days After Defending Star of David Pig, Roger Waters Laments 'Power' of 'Jewish Lobby,' Compares Israeli Policy to Nazis, *The Algemeiner*, 8. Dezember 2013, http://www.algemeiner.com/2013/12/08/days-after-defending-star-of-david-pig-roger-waters-laments-power-of-jewish-lobby-compares-israeli-policy-to-nazi-genocide/.

Der erste arabisch-israelische Krieg. Interview mit Benny Morris, *Bundeszentrale für politische Bildung*, 28. März 2008, https://www.bpb.de/internationales/asien/israel/44999/interview-benny-morris.

Dershowitz, Alan: BDS is Not a Universal „Movement", in: Ders.: The Case Against BDS. Why Singling Out Israel for Boycott is Anti-Semitic and Anti-Peace, New York/Nashville 2018, S. 12–15.

Dershowitz, Alan: The Case for Israel, Hoboken 2003.

Deutscher Bundestag: Der BDS-Bewegung entschlossen entgegentreten – Antisemitismus bekämpfen. Antrag der Fraktionen CDU/CSU, SPD, FDP und BÜNDNIS 90/DIE GRÜNEN, Drucksache 19/10191, 15. Mai 2019, https://dip21.bundestag.de/dip21/btd/19/101/1910191.pdf.

Die antisemitische Boykottkampagne BDS, Berlin 2020, S. 15–22, https://iibsa.org/fileadmin/downloads/Handreichung_Die-antisemitische-Boykottkampagne-BDS_iibsa.pdf.

Dietl, Andreas: Ein Urteil gegen die BDS-Bewegung, *Jüdische Allgemeine*, 28. Oktober 2015, https://www.juedische-allgemeine.de/politik/ein-urteil-gegen-die-bds-bewegung/.

Directorate of Intelligence: The Arab Boycott of Israel: New Efforts and Old Problems. An Intelligence Assessment, o. O. 1982.

DM2014: NUJ rejects Israeli goods boycott, *National Union of Journalists*, 13. April 2014, https://www.nuj.org.uk/news/dm2014-nuj-rejects-israeli-goods-boycott/.

Dodd, Vikram/McCarthy, Rory: Elvis Costello cancels concerts in Israel in protest at treatment of Palestinians, *The Guardian*, 18. Mai 2010, https://www.theguardian.com/music/2010/may/18/elvis-costello-cancels-israel-concerts.

Edgar, Julie: BDS Resolution Passes at U-M, *The Jewish News*, 15. November 2017, https://thejewishnews.com/2017/11/15/bds-resolution-passes-u-m/.

EGMR hebt Urteil wegen Aufrufs zu Israel-Boykott auf, *orf.at*, 11. Juni 2020, https://orf.at/stories/3169214/.

Eliach, Yotav: Judaism, Zionism and the Land of Israel. The 4,000 year religious, ideological, and historical story of the Jewish Nation, Washington D.C. 2018.

Engel, Philipp Peymann: BDS-Aktivisten stören Kinoabend, *Jüdische Allgemeine*, 12. September 2019, https://www.juedische-allgemeine.de/kultur/bds-aktivisten-stoeren-kinoabend/.

Enghusen, Mareike: Wirtschaftswunderland, *Brand eins*, 2016, https://www.brandeins.de/magazine/brand-eins-wirtschaftsmagazin/2016/digitalisierung/wirtschaftswunderland.

Entschließung des Nationalrates vom 27. Februar 2020 betreffend Verurteilung von Antisemitismus und der BDS-Bewegung, https://www.parlament.gv.at/PAKT/VHG/XXVII/E/E_00012/fname_785457.pdf.

European Union Agency for Fundamental Rights: Antisemitism. Overview of data available in the European Union 2008-2018, https://fra.europa.eu/sites/default/files/fra_uploads/fra-2019-antisemitism-overview-2008-2018_en.pdf.

European Union Agency for Fundamental Rights: Young Jewish Europeans: perceptions and experiences of antisemitism, Luxembourg 2019, https://fra.europa.eu/sites/default/files/fra_uploads/fra-2019-young-jewish-europeans_en.pdf.

European Union Monitoring Centre on Racism and Xenophobia: Working Definition of Antisemitism, https://web.archive.org/web/20151124202101/http://kantorcenter.tau.ac.il/sites/default/files/WORKING%20DEFINITION%20OF%20ANTISEMITISM.pdf.

Fang, Lee/Kane, Alex: Rejecting Israel lobby's influence over congress, Rashida Tlaib plans to lead delegation to Palestine, *The Intercept*, 3. Dezember 2018, https://theintercept.com/2018/12/03/rashida-tlaib-palestine-israel-aipac-congress-trip/.

Farnsworth, Clyde H.: Mancroft Bars Return to Board, *The New York Times*, 12. Dezember 1963.

Feiler, Gil: From Boycott to Economic Cooperation. The Political Economy of the Arab Boycott of Israel, New York/London 2011.

Feuerherdt, Alex/Markl, Florian: Vereinte Nationen gegen Israel. Wie die UNO den jüdischen Staat delegitimiert, Berlin 2018.

Feuerherdt, Alex: „Kauft nicht beim Juden" 2.0, *Mena-Watch*, 14. November 2015, https://www.mena-watch.com/kauft-nicht-beim-juden-2-0/.

Feuerherdt, Alex: Berliner Festival: Antisemitischer Boykott durch arabische Bands, *Mena-Watch*, 19. August 2017, https://www.mena-watch.com/berliner-festival-antisemitischer-boykott-durch-arabische-bands/.

Feuerherdt, Alex: Boykottaufruf gegen Israel – Von der seltsamen Unkenntnis einer deutschen Bildungsgewerkschaft, *Mena-Watch*, 11. September 2016, https://www.mena-watch.com/deutsche-gewerkschaft-druckt-boykottaufruf-gegen-israel-und-distanziert-sich-nach-einigem-hin-und-her/.

Feuerherdt, Alex: Deutscher Staatssekretär Annen: „Israelkritik" als Staatsräson, *Mena-Watch*, 25. Juni 2019, https://www.mena-watch.com/niels-annen-israelkritik-als-deutsche-staatsraeson/.

Feuerherdt, Alex: Deutschland, Israel und die UNO: Same procedure as every year, *Mena-Watch*, 16. Dezember 2019, https://www.mena-watch.com/deutschland-israel-und-die-uno-same-procedure-as-every-year/.

Feuerherdt, Alex: Evangelische Akademie Bad Boll: Das Happening der „Israelkritiker", *Mena-Watch*, 22. September 2018, https://www.mena-watch.com/mena-analysen-beitraege/bad-boll-das-happening-der-israelkritiker/.

Feuerherdt, Alex: Israelkritik? Nein, Boykotthetze!, *Fisch + Fleisch*, 4. März 2015, https://www.fischundfleisch.com/alex-feuerherdt/israelkritik-nein-boykotthetze-3919.

Feuerherdt, Alex: Kritik an Achille Mbembe: Alles nur Verleumdung und Hetze?, *Mena-Watch*, 12. Mai 2020, https://www.mena-watch.com/kritik-an-achille-mbembe-alles-nur-verleumdung-und-hetze/.

Feuerherdt, Alex: Mit der EU gegen Israel, *Jungle World*, 7. Juni 2018, https://jungle.world/artikel/2018/23/mit-der-eu-gegen-israel.

Feuerherdt, Alex: Ruhrtriennale: Israel schlimmer als Apartheid-Südafrika?, *Mena-Watch*, 13. April 2020, https://www.mena-watch.com/ruhrtriennale-israel-schlimmer-als-apartheid-suedafrika/.

Feuerherdt, Alex: Wien, Bonn, Frankfurt: Gegenwind für die Boykott-Bewegung, *Mena-Watch*, 21. März 2017, https://www.mena-watch.com/wien-bonn-frankfurt-gegenwind-fuer-die-boykott-bewegung/.

Frank, Stefan: Antisemitische Boykottbewegung: „BDS Schweiz" Hand in Hand mit Linksextremisten, *Audiatur Online*, 11. Oktober 2018, https://www.audiatur-online.ch/2018/10/11/antisemitische-boykottbewegung-bds-schweiz-hand-in-hand-mit-linksextremisten/.

Frank, Stefan: Die US-Demokraten drohen, von einer Anti-Israel-Welle erfasst zu werden, *Mena-Watch*, 31. Oktober 2018, https://www.mena-watch.com/die-us-demokraten-drohen-von-einer-anti-israel-welle-erfasst-zu-werden/.

Frank, Stefan: Eine US-Abgeordnete verbreitet antisemitische Ritualmordlegende, *Mena-Watch*, 31. Januar 2020, https://www.mena-watch.com/us-abgeordnete-verbreitet-neuauflage-der-ritualmordlegende/.

Frank, Stefan: EU-Parlament: Antisemitische Tagung ja, Kritik am iranischen Regime nein, *Mena-Watch*, 25. Februar 2018, https://www.mena-watch.com/mena-analysen-beitraege/europaparlament-antisemitische-konferenz-ja-kritik-am-iranischen-regime-nein/.

Frank, Stefan: Irlands Song-Contest-Teilnehmerin erhielt Drohungen von BDS-Aktivisten, *Mena-Watch*, 11. Juni 2019, https://www.mena-watch.com/39863-2/.

Frank, Stefan: Israelboykott: Fällt Irland in die selbst gegrabene Grube?, *Mena-Watch*, 8. Juni 2019, https://www.mena-watch.com/israelboykott-faellt-irland-in-die-selbst-gegrabene-grube/.

Frank, Stefan: Oldenburg: BDS ohne Strom, aber mit israelischem Computer, *Mena-Watch*, 24. März 2019, https://www.mena-watch.com/mena-analysen-beitraege/oldenburg-bds-ohne-strom-aber-mit-israelischem-computer/.

Frank, Stefan: Wegen BDS: Israels Arbeitspartei verlässt Sozialistische Internationale, *Mena-Watch*, 12. Juli 2018, https://www.mena-watch.com/wegen-bds-israels-arbeitspartei-verlaesst-sozialistische-internationale/.

Freedman, Rosa: Failing to Protect. The UN and the Politicisation of Human Rights, London 2014.

French Jews Decry European Court's Ruling in Favor of BDS Activists, *The Algemeiner*, 12. Juni 2020, https://www.algemeiner.com/2020/06/12/french-jews-decry-european-courts-ruling-in-favor-of-bds-activists/.

Frommer, Rachel: Police Called to London University After Protesters Trap Attendees of Israel Event in Room, *The Algemeiner*, 27. Oktober 2016, https://www.algemeiner.com/2016/10/27/police-called-to-london-university-after-protesters-trap-attendees-of-israel-event-in-room/.

Frot, Mathilde: NUS president-elect has supported boycott of Israel, *The Times of Israel*, 11. April 2019, https://jewishnews.timesofisrael.com/new-nus-president-has-said-she-supports-boycott-of-israel/.

Gansinger, Simon: Antizionistische Identität. Der Kampf gegen Israel an US-amerikanischen Campus, in: Grimm, Marc/Kahmann, Bodo (Hrsg.): Antisemitismus im 21. Jahrhundert. Virulenz einer alten Feindschaft in Zeiten von Islamismus und Terror, Berlin/Boston 2018, S. 411–439.

Gemeinderat, 39. Sitzung vom 27.06.2018, Wörtliches Protokoll, 27. Juni 2018, https://www.wien.gv.at/mdb/gr/2018/gr-039-w-2018-06-27-081.htm.

Gensicke, Klaus: Der Mufti von Jerusalem und die Nationalsozialisten. Ein politische Biographie Amin el-Husseinis, Darmstadt 2007.

Gerrard, Douglas: Boris Johnson's BDS bill brings Britain closer to America and Israel further from peace, *The Independent*, 3. Januar 2020, https://www.independent.co.uk/voices/bds-boris-johnson-israel-palestine-boycott-occupation-netanyahu-a9268721.html.

Gilat, Eliyau Zeev: The Arab Boycott of Israel. Economic Political Warfare Against Israel, Monterey 1992.

Goldenberg, Suzanne/Woodward, Will: Israeli boycott divides academics, *The Guardian*, 8. Juli 2002, https://www.theguardian.com/uk/2002/jul/08/highereducation.israel.

Gordis, Daniel: We Stand Divided. The Rift Between American Jews and Israel, New York 2019.

Granting No Quarter: A Call for the Disavowal of the Racism and Antisemitism of Gilad Atzmon, *US Palestinian Community Network*, 13. März 2012, http://uspcn.org/2012/03/13/granting-no-quarter-a-call-for-the-disavowal-of-the-racism-and-antisemitism-of-gilad-atzmon/.

Grütters kritisiert Boykott-Aufruf gegen Pop-Festival, *Spiegel Online*, 23. August 2017, https://www.spiegel.de/kultur/musik/pop-kultur-festival-berlin-gruetters-kritisiert-boykott-aufruf-durch-bds-a-1164249.html.

Guski, Chajm: Das Morgengebet für Werktage, https://www.talmud.de/tlmd/das-morgengebet-fuer-werktage/.

Hagmann, Jannis: Protestpost aus Palästina, *taz*, 28. Mai 2019, https://taz.de/Reaktionen-auf-BDS-Beschluss/!5598611/.

Halily, Yaniv: The Protocols of Gilad Atzmon, *Ynetnews*, 14. November 2011, https://www.ynetnews.com/articles/0,7340,L-4147243,00.html.

Hamideh, Abbas [@Resistance48]: #Palestine and #Auschwitz look eerily similar, *Twitter*, 18. April 2019, https://twitter.com/Resistance48/status/1118976137026244623.

Hamideh, Abbas [@Resistance48]: Impressive article on Why "Israel" Has No Right to Exist, *Twitter*, 22. März 2019, https://twitter.com/Resistance48/status/1109078745367937025.

Hamideh, Abbas [@Resistance48]: israel does not have a right to exist, *Twitter*, 19. November 2016, https://twitter.com/Resistance48/status/799983467098468352.

Hamideh, Abbas [@Resistance48]: Same Words … Same Madness, *Twitter*, 13. Mai 2016, https://twitter.com/Resistance48/status/731092829955624961.

Hecking, C./Tauber, A./Werner K./Heiny, L.: Wie der Gaddafi-Clan reich wurde, *stern*, 5. März 2011, https://www.stern.de/politik/ausland/libyen-wie-der-gaddafi-clan-reich-wurde-3668870.html.

Hein, Jan-Philipp: „Inspekteure“ suchen Produkte aus Israel!, *Bild Online*, 30. November 2015, https://www.bild.de/regional/bremen/kundgebungen/inspekteure-suchen-produkte-aus-israel-43598854.bild.html.

Heinrich, Christian J.: Eyes wide shut, *Lizas Welt*, 8. September 2009, https://lizaswelt.net/2009/09/08/eyes-wide-shut-i/.

Herf, Jeffrey: Nazi Propaganda for the Arab World, New Haven/London 2009.

Herzinger, Richard: Johnny Rotten singt in Israel – weil er Punk ist, *Die Welt*, 17. August 2010, https://www.welt.de/kultur/article9039148/Johnny-Rotten-singt-in-Israel-weil-er-Punk-ist.html.

Hirsh, David: Contemporary Left Antisemitism, Abingdon/New York 2018.

Hirsh, David: Defining antisemitism down, *Fathom Journal*, Winter 2013, https://fathomjournal.org/defining-antisemitism-down/.

Hufbauer, Gary Clyde/Schott, Jeffrey J./Elliott, Kimberly Ann/Oegg, Barbara: Economic Sanctions RECONSIDERED, Washington DC 2009.

Human Rights Voices: Durban Watch, http://www.humanrightsvoices.org/EYEontheUN/antisemitism/durban/?l=26&p=3487.

Hundley, Tom: Israel Braces for New Conflict: The Soda War, *Chicago Tribune*, 19. Mai 1992, https://www.chicagotribune.com/news/ct-xpm-1992-05-19-9202140910-story.html.

IAW – Israeli Apartheid Week, http://bds-info.at/kampagnen-aktionen/iaw-israeli-apartheid-week/.

Ilan Pappe destroys BDS, claims its central pillar is not true, https://www.youtube.com/watch?v=IjPJSvTezSo.

Ilhan Omar: Why Advocating for Palestine is Not Anti-Semitic, *Muslim Girl*, 11. November 2018, https://muslimgirl.com/ilhan-omar-why-advocating-for-palestine-is-not-anti-semitic/.

In First, a Spanish State Adopts BDS as Policy, *Haaretz*, 17. Juni 2018, https://www.haaretz.com/israel-news/in-first-a-spanish-state-adopts-bds-as-policy-1.6179434.

International Holocaust Remembrance Alliance: Arbeitsdefinition von Antisemitismus, https://www.holocaustremembrance.com/de/resources/working-definitions-charters/arbeitsdefinition-von-antisemitismus.

Interview mit Barbara Unmüßig: „Der Beschluss geht zu weit“, *Spiegel Online*, 17. Mai 2019, https://www.spiegel.de/politik/ausland/israel-bds-resolution-im-bundestag-der-beschluss-geht-zu-weit-a-1268037.html.

Interview mit Jürgen Trittin: „Ein Klima der Einschüchterung“, *taz*, 16. Mai 2019, https://taz.de/Juergen-Trittin-zur-Boykottbewegung-BDS/!5592992/.

Iskander, Marwan: The Arab Boycott of Israel, Beirut 1966.

Israeli Apartheid Week, *BDS Schweiz*, https://www.bds-info.ch/index.php/de/iaw.

Israeli Apartheid Week, http://apartheidweek.org/.

Jackson, Willy: Wirtschaftlicher Druck auf Israel, *Le Monde diplomatique*, 11. September 2009, https://monde-diplomatique.de/artikel/!585430.

Jacobsen, William A.: University statements rejecting academic boycott of Israel, *Legal Insurrection*, 22. Dezember 2013, https://legalinsurrection.com/2013/12/indiana-wash-u-st-louis-gwu-northwestern-cornell-reject-academic-boycott-of-israel/.

Johnson, Alan: Antisemitism in the Guise of Anti-Nazism. Holocaust Inversion in the United Kingdom during Operation Protective Edge, in: Rosenfeld, Alvin H.: Anti-Zionism and Antisemitism. The Dynamics of Delegitimization, Bloomington 2019, S. 175–199.

Jorisch, Avi: Thou Shalt Innovate. How Israeli Ingenuity Repairs the World, Jerusalem 2018.

Julius, Anthony: Trials of the Diaspora. A History of Anti-Semitism in England, Oxford 2012.

Julius, Lyn: Uprooted. How 3000 Years of Jewish Civilisation in the Arab World Vanished Overnight, London/Portland 2018.

Kamin, Debra: Rihanna and Other Artists Who Play Israel Feel the Pressure, *Variety*, 16. Oktober 2013, https://variety.com/2013/biz/global/rihanna-and-other-artists-who-play-israel-feel-the-pressure-1200729050/.

Kampeas, Rin: Sanders picks critics of Israel, BDS backer to write Democratic platform, *The Jerusalem Post*, 24. Mai 2016, https://www.jpost.com/US-Elections/Sanders-picks-critics-of-Israel-BDS-backer-to-write-Democratic-platform-454820.

Kasnett, Israel: New Irish government rejects effort to boycott Israeli products, *Jewish News Syndicate*, 25. Juni 2020, https://www.jns.org/new-irish-government-rejects-effort-to-boycott-israeli-products/.

Kedourie, Elie: The Bludan Congress on Palestine, September 1937, in: *Middle Eastern Studies*, Vol. 17, No. 1 (Jan., 1981), S. 107–125.

Keinon, Herb: Gilad Erdan to Europe: You fund BDS, a movement aiding terror groups, *The Jerusalem Post*, 22. November 2018, https://www.jpost.com/Israel-News/Gilad-Erdan-to-Europe-You-fund-BDS-a-movement-aiding-terror-groups-572597.

Killy, Daniel: Eine Kandidatin kämpft gegen Israel, *Jüdische Allgemeine*, 12. September 2016, https://www.juedische-allgemeine.de/juedische-welt/eine-kandidatin-kaempft-gegen-israel/.

Klug, Brian: Spare us the analogies, *The Guardian*, 30. Mai 2006, https://web.archive.org/web/20060914152824/http://commentisfree.guardian.co.uk/brian_klug/2006/05/drawing_a_line_in_the_sand.html.

Koopmann, Jan-Paul: Vorsicht, vielleicht verboten, *taz*, 28. November 2015, https://taz.de/Inspektoren-on-tour/!5255916/.

Kopeinig, Margaretha: Antisemitismus: „Geschichte kann sich wiederholen", *Kurier*, 3. Februar 2018, https://kurier.at/politik/inland/antisemitismus-geschichte-kann-sich-wiederholen/309.484.419.

Krauthammer, Charles: Essay: Zionism and the Fate of the Jews, in: Ders.: Things That Matter. Three Decades of Passions, Pastimes and Politics, New York 2013, S. 258–273.

Küntzel, Matthias: „Manifestation der Judeophobie". Über den Bludan-Kongress von 1937, *Mena-Watch*, 26. August 2017, https://www.mena-watch.com/manifestation-der-judeophobie-ueber-den-arabischen-bludan-kongress-von-1937.

Küntzel, Matthias: Nazis und der Nahe Osten. Wie der islamische Antisemitismus entstand, Berlin/Leipzig 2019.

Lang, Alexander: Masal tow, Mick!, *Jüdische Allgemeine*, 26. Juli 2018, https://www.juedische-allgemeine.de/kultur/masal-tow-mick/.

Lantos, Tom: The Durban Debacle. An Insider's View of the World Racism Conference at Durban, in: *The Fletcher Forum of World Affairs*, Volume 26.1, Winter/Spring 2002, S. 31–52, http://dl.tufts.edu/catalog/tufts:UP149.001.00051.00005.

Laster, Samuel: Wollen wir warten, bis aus Hetze Mord wird?, *juedische.at*, http://www.juedische.at/pages/oesterreich/wollen-wir-warten-bis-aus-hetze-mord-wird.php.

Laurin, Stefan: Karneval der Israel-Hasser, *Jungle World*, 23. August 2018, https://jungle.world/artikel/2018/34/karneval-der-israel-hasser.

Lazaroff, Tovah: In huge blow to Israel, Netherlands declares BDS 'free speech', *The Jerusalem Post*, 26. Mai 2016, https://www.jpost.com/Israel-News/Politics-And-Diplomacy/In-huge-blow-to-Israel-Netherlands-declares-BDS-free-speech-455162.

Lazaroff, Tovah: Irish FM: BDS is a 'legitimate political viewpoint', *The Jerusalem Post*, 30. Mai 2016, https://www.jpost.com/Israel-News/Politics-And-Diplomacy/Irish-FM-BDS-is-a-legitimate-political-viewpoint-455467.

Leber, Sebastian: Wie BDS gegen Israel hetzt, *Tagesspiegel*, 18. November 2017, https://www.tagesspiegel.de/themen/reportage/anti-israel-kampagne-wie-bds-gegen-israel-hetzt/20573168.html.

Letter: Over 100 artists announce a cultural boycott of Israel, *The Guardian*, 13. Februar 2015, https://www.theguardian.com/world/2015/feb/13/cultural-boycott-israel-starts-tomorrow.

Levik, Adam: How 30,000 Remaining Palestinian Refugees From '48 Morph Into 5 Million, *The Algemeiner*, 24. März 2014, https://www.algemeiner.com/2014/03/24/how-30000-remaining-palestinian-refugees-from-%E2%80%9948-morph-into-5-million/.

Lewin, Alyza D.: Zionism – The integral component of Jewish identity that Jews are historically pressured to shed, in: *Israel Affairs* 2020, Vol. 26, No. 3, S. 330–347.

Lewin, Tamar: Prominent Scholars, Citing Importance of Academic Freedom, Denounce Israeli Boycott, *The New York Times*, 26. Dezember 2013, https://www.nytimes.com/2013/12/27/education/academic-leaders-denounce-israel-boycott.html.

Lewis, Bernard: Die Juden in der islamischen Welt, München 2004.

Liphshiz, Cnaan: Pro-BDS activist elected head of British student union, *Jewish Telegraphic Agency*, 21. April 2016, https://www.jta.org/2016/04/21/global/bds-promoter-elected-head-of-british-student-union.

List of Universities rejecting academic boycott of Israel, *Legal Insurrection*, 22. Dezember 2013, https://legalinsurrection.com/2013/12/list-of-universities-rejecting-academic-boycott-of-israel/.

Marcus, Kenneth L.: The Definition of Anti-Semitism, New York 2015.

Markl, Florian: „Giftiges Natterngezücht“. Antisemitische Argumentationsmuster in der deutschsprachigen Medienberichterstattung über Israel, in: Grimm, Marc/Kahmann, Bodo (Hrsg.): Antisemitismus im 21. Jahrhundert. Virulenz einer alten Feindschaft in Zeiten von Islamismus und Terror, Berlin/Boston 2018, S. 267–291.

Markl, Florian: BDS-Aktivistin von Berliner Gericht verurteilt, *Mena-Watch*, 8. August 2020, https://www.mena-watch.com/bds-aktivistin-von-berliner-gericht-verurteilt/.

Markl, Florian: Der Ursprung der Israel-Boykottbewegung, in: *sans phrase. Zeitschrift für Ideologiekritik*, Heft 11, Herbst 2017, S. 49–55.

Markl, Florian: Israel-Boykotteure in der Sackgasse, in: *sans phrase. Zeitschrift für Ideologiekritik*, Heft 15, Herbst 2019, S. 5–10.

Markl, Florian: Wenn Antisemiten sich entschuldigen, *Mena-Watch*, 14. Februar 2019, https://www.mena-watch.com/wenn-antisemiten-sich-entschuldigen/.

Matas, David: Aftershock. Anti-Zionism and Antisemitism, Toronto 2005.

Matisyahu auf *Facebook*, 17. August 2015, https://www.facebook.com/matisyahu/posts/10153608853029189.

Matisyahu en el Rototom 2015, 11. August 2015, https://www.facebook.com/rototomsunsplashofficial/posts/10153349930876743:0.

May, David: War by Other Means. A History of Anti-Israel Boycotts, From the Arab League to BDS, Januar 2020, https://www.fdd.org/wp-content/uploads/2020/01/fdd-report-war-by-other-means-a-history-of-anti-israel-boycotts-from-the-arab-league-to-bds.pdf.

Mazzig, Hen: I had to be rushed out of the event at @UCL with security, *Twitter*, 27. Oktober 2016, https://twitter.com/HenMazzig/status/791735692506370048.

Mbembe, Achille: On Palestine, in: Soske, Jon/Jacobs, Sean: Apartheid Israel: The Politics of an Analogy, Chicago 2015, S. VII–VIII.

Megan, Hanna: BDS movement: Lessons from the South Africa boycott, *Al-Jazeera*, 23. Februar 2016, https://www.aljazeera.com/indepth/features/2016/02/bds-movement-lessons-south-africa-boycott-160223072813078.html.

Melman, Lana: Cultural BDS: Artists Are Under Attack, *The Algemeiner*, 5. November 2019, https://www.algemeiner.com/2019/11/05/cultural-bds-artists-are-under-attack/.

Meyerson, Collier: Can You Be a Zionist Feminist? Linda Sarsour Says No, *The Nation*, 13. März 2017, https://www.thenation.com/article/archive/can-you-be-a-zionist-feminist-linda-sarsour-says-no/.

Miller, Abraham H.: The common core of BDS and campus anti-Semitism, *The Hill*, 28. Mai 2015, https://thehill.com/blogs/congress-blog/civil-rights/243239-the-common-core-of-bds-and-campus-anti-semitism.

Millionenzahlungen nach Damaskus, *Der Spiegel*, 30. April 2007, https://www.spiegel.de/spiegel/print/d-51373561.html.

Ministry of Strategic Affairs and Public Diplomacy: Behind the Mask. The Antisemitic Nature of BDS Exposed, September 2019, https://4il.org.il/wp-content/uploads/2019/09/MSA-report-Behind-the-Mask.pdf.

Ministry of Strategic Affairs and Public Diplomacy: The Money Trail. The Millions Given by EU Institutions to NGOs with Ties to Terror and Boycotts Against Israel. An In-Depth Analysis, Mai 2018, http://eipa.eu.com/publicaffairs/wp-content/uploads/The-Money-Trail_English.pdf.

Moor, Ahmed: BDS is a long term project with radically transformative potential, *Mondoweiss*, 22. April 2010, https://mondoweiss.net/2010/04/bds-is-a-long-term-project-with-radically-transformative-potential/.

More pressure for Mid East peace, *The Guardian*, 6. April 2002, https://www.theguardian.com/world/2002/apr/06/israel.guardianletters.

Muir, J. Dapray: The Boycott in International Law, in: *Journal of International Law and Economics*, vol. 9, no. 2, August 1974, S. 187–204.

National Students for Justice in Palestine: About us, https://www.nationalsjp.org/about-nsjp.html.

National Women's Studies Association votes to join international BDS movement, *Jewish Telegraphic Agency*, 30. November 2015, https://www.jta.org/2015/11/30/united-states/national-womens-studies-association-votes-to-join-international-bds-movement.

Nelson, Cary (Hrsg.): Dreams Deferred: A Concise Guide to the Israeli-Palestinian Conflict and the Movement to Boycott Israel, Bloomington 2016.

Nelson, Cary/Greenberg, David: Students are shouting down pro-Israel speakers — and silencing free speech, *The Washington Post*, 7. Dezember 2016, https://www.washingtonpost.com/opinions/students-are-shouting-down-pro-israel-speakers--and-silencing-free-speech/2016/12/07/9211c3b8-bbd7-11e6-91ee-1adddfe36cbe_story.html.

Nelson, Cary: Introduction, in: Ders./Brahm, Gabriel Noah (Hrsg.): The Case Against Academic Boycotts of Israel, Chicago/New York 2015, S. 12–29.

Nelson, Walter Henry/Prittie, Terence: The Economic War Against the Jews, New York 1977.

NGO Monitor: Adalah's Misleading Charges of Racism, https://www.ngo-monitor.org/press-releases/adalah_s_misleading_charges_of_racism/.

NGO Monitor: Analysis of the UN's Discriminatory BDS Blacklist, 13. Februar 2020, https://www.ngo-monitor.org/reports/un-blacklist-analysis/.

NGO Monitor: NGOs, EU „Product Labeling" and BDS Warfare: What Next?, 13. Dezember 2015, https://www.ngo-monitor.org/reports/ngos-eu-product-labeling-and-bds-warfare-what-next/.

Nick Cave: Ich spiele wegen BDS in Israel, *Israelnetz*, 20. November 2017, https://www.israelnetz.com/gesellschaft-kultur/kultur/2017/11/20/nick-cave-ich-spiele-wegen-bds-in-israel/.

Offener Brief von Lorenz Deutsch an Stefanie Carp, 23. März 2020, https://fdp.fraktion.nrw/sites/default/files/uploads/2020/03/25/offenerbriefflorenzdeutschanstefaniecarpwegenachillembembe-ruhrtriennale2020.pdf.

Office of Antiboycott Compliance, https://www.bis.doc.gov/index.php/enforcement/oac.

ÖH Uni Wien spricht sich gegen Israeli Apartheid Week von BDS aus, März 2016, https://www.oeh.univie.ac.at/aktuelles/stories/oeh-uni-wien-spricht-sich-gegen-israeli-apartheid-week-von-bds-aus.

Omar Barghouti: Boykott – Desinvestment – Sanktionen. Die weltweite Kampagne gegen Israels Apartheid und die völkerrechtliche Besatzung Palästinas, Köln/Karlsruhe 2012.

Opposing efforts to delegitimize the State of Israel and the Global Boycott, Divestment, and Sanctions Movement targeting Israel, H. Res. 246, 23. Juli 2019, https://www.congress.gov/bill/116th-congress/house-resolution/246/text?q=%7B%22search%22%3A%5B%22H.Res.+246%22%5D%7D&r=1&s=2.

Ottolenghi, Emanuele: Present-day Antisemitism and the Centrality of the Jewish Alibi, in: Rosenfeld, Alvin H. (Hrsg.): Resurgent Antisemitism. Global Perspectives, Bloomington 2013, S. 424–466.

PACBI: Call for an Academic and Cultural Boycott of Israel, *BDS Movement*, 6. Juli 2004, https://bdsmovement.net/pacbi/pacbi-call.

Palästinensischer Menschenrechtsaktivist: BDS schadet den Palästinensern mehr als Israel, *Audiatur Online*, https://www.audiatur-online.ch/2018/11/28/palaestinensischer-menschenrechtsaktivist-bds-schadet-den-palaestinensern-mehr-als-israel/.

Palästinensische Zivilgesellschaft ruft zu Boykott, Investitionsentzug und Sanktionen gegen Israel auf, bis es internationalem Recht und den universellen Prinzipien der Menschenrechte nachkommt, *BDS Movement*, 9. Juli 2005, https://bdsmovement.net/call#German.

Palestine and Israel supporters clash at university event in London, *Middle East Eye*, 28. Oktober 2016, https://www.middleeasteye.net/news/palestine-and-israel-supporters-clash-university-event-london.

Palestinian Civil Society Call for BDS, *BDS Movement*, 9. Juli 2005, https://bdsmovement.net/call.

Paul, Jonny: Academic union in UK again votes to boycott Israel, *The Jerusalem Post*, 31. Mai 2011, https://www.jpost.com/Diplomacy-and-Politics/Academic-union-in-UK-again-votes-to-boycott-Israel.

Paul, Jonny: Britain's largest academic union cuts ties with Histadrut, *The Jerusalem Post*, 2. Juni 2010, https://www.jpost.com/International/Britains-largest-academic-union-cuts-ties-with-Histadrut.

Peham, Andreas: Hintergrundinformationen zum Verein „Dar al Janub", *Dokumentationsarchiv des österreichischen Widerstandes*, https://www.doew.at/neues/hintergrundinformationen-zum-verein-dar-al-janub.

Pérez-Peña, Richard: Scholars' Group to Disclose Result of Vote on an Academic Boycott of Israel, *The New York Times*, 15. Dezember 2013, https://www.nytimes.com/2013/12/16/us/scholars-group-to-disclose-result-of-vote-on-an-academic-boycott-of-israel.html.

Personengalerie, *BDS Schweiz*, https://www.bds-info.ch/index.php/de/personengalerie.

Pfeifer, Karl: Sedunia: Zweierlei „Recht auf Rückkehr", *haGalil.com*, 4. April 2004, https://www.hagalil.com/archiv/2004/04/sedunia.htm.

Pink, Aiden: Muslim Trailblazer Ilhan Omar Admits She Backs BDS — Now That Election Is Over, *Forward*, 13. November 2018, https://forward.com/news/national/414050/muslim-trailblazer-ilhan-omar-admits-she-backs-bds-now-that-election-is/.

Podemos, un partido pro-iraní y anti-Israel en el Gobierno de España, *ACOM*, 17. Februar 2020, https://a-com.es/podemos-un-partido-pro-irani-y-anti-israel-en-el-gobierno-de-espana/.

Porat, Dina: Definitionen des Antisemitismus. Kontroversen über den Gegenstandsbereich eines streitbaren Begriffs, in Grimm, Marc/Kahmann, Bodo (Hrsg.): Antisemitismus im 21. Jahrhundert. Virulenz einer alten Feindschaft in Zeiten von Islamismus und Terror, Berlin/Boston 2018, S. 27–49.

Procurement Policy Note: Ensuring compliance with wider international obligations when letting public contracts, 17. Februar 2016, https://assets.publishing.service.gov.uk/government/uploads/system/uploads/attachment_data/file/500811/PPN_on_wider_international_obligations.pdf.

Rabinovici, Doron/Speck, Ulrich/Snaider, Natan (Hrsg.): Neuer Antisemitismus? Eine globale Debatte, Frankfurt am Main 2004.

Read, Zen: Roger Waters Voices Support for Israel Boycott, *Haaretz*, 3. Juni 2011, https://www.haaretz.com/israel-news/culture/1.5132282.

Reuter, Adam: BDS has zero impact on Israeli businesses, *Globes*, 9. Oktober 2018, https://en.globes.co.il/en/article-bds-has-zero-impact-on-israeli-businesses-1001255776.

Reuters: Coke Winning Its Way Back Into Arab World, *Los Angeles Times*, 12. Juli 1988, https://www.latimes.com/archives/la-xpm-1988-07-12-fi-5674-story.html.

Riegert, Bernd: Boykott gegen den Song Contest bleibt klein, *Deutsche Welle*, 18. Mai 2019, https://www.dw.com/de boykott-gegen-den-song-contest-bleibt-klein/a-48784344.

Rosner, Shmuel/Fuchs, Camil: #IsraeliJudaisnm. Portrait of a Cultural Revolution, Jerusalem 2019.

Rubin, Barry/Schwanitz, Wolfgang G.: Nazis, Islamists, and the Making of the Modern Middle East, New Haven/London 2014.

SA academics pledge support for Israeli academic boycott, *Voice of the Cape*, 16. Dezember 2015, https://www.vocfm.co.za/sa-academics-pledge-support-for-israeli-academic-boycott/.

Sacks, Jonathan: Future Tense. Jews, Judaism, and Israel in the Twenty-First Century, New York 2009.

Sarna, Aaron J.: Boycott and Blacklist. A History of Arab Economic Warfare Against Israel, Totowa 1986.

Savage, Sean/Richman, Jackson: Pro-Israel Groups Urge University of Michigan to Cancel SJP Conference Featuring 'Vicious' Anti-Semites, *Jewish Journal*, 23. Januar 2020, https://jewishjournal.com/news/united-states/309847/pro-israel-groups-urge-university-of-michigan-to-cancel-sjp-conference-featuring-vicious-anti-semites/.

Savage, Sean: Academics Unpack BDS, Antisemitism at Media Watchdog's Annual Conference, *The Algemeiner*, 9. Dezember 2016, https://www.algemeiner.com/2016/12/09/academics-unpack-bds-antisemitism-at-media-watchdogs-annual-conference/.

Saxe, Leonard u. a: Hotspots of Antisemitism and Anti-Israel Sentiment on US Campuses. Brandeis University, *Maurice and Marilyn Cohen Center for Modern Jewish Studies*, Waltham 2016, https://www.brandeis.edu/ssri/pdfs/campusstudies/AntisemitismCampuses102016.pdf.

Schanzer, Jonathan: Status Update, *Foreign Policy*, 21. Mai 2012, https://foreignpolicy.com/2012/05/21/status-update/.

Schoenberg, Harris O.: Demonization in Durban: The World Conference Against Racism, in: *American Jewish Year Book*, Vol. 102 (2002), S. 85–111.

Schwarz-Friesel, Monika/Reinharz, Jehuda: Die Israelisierung des Antisemitismus, *Mena-Watch*, 21. Februar 2017, https://www.mena-watch.com/die-israelisierung-des-antisemitismus/.

Semitism: Campus Divestment Resolutions in the USA (2005-2020), *Jewish Virtual Library*, https://www.jewishvirtuallibrary.org/campus-divestment-resolutions.

Senor, Dan/Singer, Saul: Start-Up Nation. Was wir vom innovativsten Land der Welt lernen können, München 2012.

Sharansky, Natan: 3D Test of Anti-Semitism: Demonization, Double Standards, Delegitimization, in: *Jewish Political Studies Review* 16 (Fall 2004), S. 3–4, https://www.jcpa.org/phas/phas-sharansky-f04.htm.

Sharansky, Natan: Anti-Semitism in 3D, *The Jerusalem Post*, 23. Februar 2004, https://www.aish.com/jw/s/48892657.html.

Sharon, Jeremy: 80% of US Jews say they are pro-Israel, study finds, *The Jerusalem Post*, 4. Februar 2020, https://www.jpost.com/diaspora/80-percent-of-us-jews-say-they-are-pro-israel-study-finds-616479.

Shepherd, Jessica: Lecturers vote to boycott Israeli universities, *The Guardian*, 27. Mai 2009, https://www.theguardian.com/education/2009/may/27/lecturers-vote-boycott.

Sheskin, Ira/Dashefsky, Arnold: Unites States Jewish Population, 2018, https://www.jewishdatabank.org/content/upload/bjdb/2018-United_States_Jewish_Population_(AJYB,_Sheskin,_Dashefsky)_DB_Final.pdf.

Shwayder, Maya: 134 members of US Congress denounce ASA's Israel boycott, *The Jerusalem Post*, 19. Januar 2014, https://www.jpost.com/International/134-members-of-US-Congress-denounce-ASAs-Israel-boycott-338607.

Sinead O'Connor trying to back out of Israel concert, *Jewish Journal*, 18. Juni 2014, https://jewishjournal.com/news/worldwide/130089/.

Silver, Eric: How Israel sees the boycott, *The Independent*. 5. Mai 2005, https://www.independent.co.uk/news/education/higher/how-israel-sees-the-boycott-495073.html.

Silverstein, Jason: University of Michigan professor refuses to write letter for student to study abroad in Israel, *CBS News*, 18. September 2018, https://www.cbsnews.com/news/university-of-michigan-professor-john-cheney-lippold-refuses-to-write-letter-for-student-to-study-in-israel/.

Slagter, Martin: Jewish groups want University of Michigan to sanction professor, *The Jerusalem Post*, 25. September 2018, https://www.jpost.com/International/Jewish-groups-want-University-of-Michigan-to-sanction-professor-567897.

Spain adopts universal definition of anti-Semitism, *Jewish News Syndicate*, 22. Juli 2020, https://www.jns.org/spain-adopts-universal-definition-of-anti-semitism/.

Spain: cities rescind BDS support after threats from pro-Israel group, *Middle East Monitor*, 29. August 2018, https://www.middleeastmonitor.com/20180829-spain-cities-rescind-bds-support-after-threats-from-pro-israel-group/.

Spanien: Erklärte Gegner des jüdischen Staates sitzen in der Regierung, *Mena-Watch*, 20. Februar 2020, https://www.mena-watch.com/podemos-israel-feinde-in-der-regierung/.

Spanish Court Rules Valencia City Council Violated Constitution by Affiliating With BDS Group, *The Algemeiner*, 17. Juni 2019, https://www.algemeiner.com/2019/06/17/spanish-court-rules-valencia-city-council-violated-constitution-by-affiliating-with-bds-group/.

Spanish courts reverse two pro-BDS municipal rulings, *The Times of Israel*, 13. Februar 2017, https://www.timesofisrael.com/spanish-courts-reverse-two-pro-bds-municipal-rulings/.

Statement by Rototom Sunsplash regarding the performance of Matisyahu, August 2015, https://us4.campaign-archive.com/?u=208eee44bde3bf4f75f9cd29b&id=-4ca8d57aa5&e=[UNIQID.

Statement: BDS-Kampagne gegen Pop-Kultur, 23. August 2017, https://www.pop-kultur.berlin/statement-bds-boykott-kampagne/.

Steinberg, Gerald: No, Omar Barghouti is not a co-founder of the Israel boycott movement BDS, *The Jewish Chronicle*, 8. Oktober 2019, https://www.thejc.com/comment/opinion/no-omar-barghouti-is-not-a-co-founder-of-the-israel-boycott-movement-bds-1.489828.

Stenographisches Protokoll. 12. Sitzung des Nationalrates der Republik Österreich. XXVII. Gesetzgebungsperiode, Donnerstag, 27. Februar 2020, https://www.parlament.gv.at/PAKT/VHG/XXVII/NRSITZ/NRSITZ_00012/fnameorig_801693.html#RU_212746.

Sydow, Christoph: Kein Staat, keine Arbeit, keine Perspektive, 29. Juli 2019, https://www.spiegel.de/politik/ausland/palaestinenser-im-libanon-kein-staat-keine-arbeit-keine-perspektive-a-1279532.html.

Talmon, Jacob Leib: The New Anti-Semitism, in: *The New Republic*, 18. September 1976, S. 18–23.

Thaidigsmann, Michael: Urteil lässt Israel-Gegner jubeln, *Jüdische Allgemeine*, 12. Juni 2020, https://www.juedische-allgemeine.de/politik/urteil-laesst-israel-gegner-jubeln/.

Theodorou, Angelina E.: 64 countries have religious symbols on their national flags, *Pew Research Center*, 25. November 2014, https://www.pewresearch.org/fact-tank/2014/11/25/64-countries-have-religious-symbols-on-their-national-flags/.

Toameh, Khaled Abu: Palästinenser: Gräueltaten, über die niemand spricht, *Mena-Watch*, 18. Februar 2018, https://www.mena-watch.com/palaestinenser-die-graeueltaten-ueber-die-niemand-spricht/.

Töchter geächtet, *Der Spiegel*, 17. März 1975, https://www.spiegel.de/spiegel/print/d-41599873.html.

Trading Away Peace: How Europe helps sustain illegal Israeli settlements, Oktober 2012, https://www.fidh.org/IMG/pdf/trading_away_peace_-_embargoed_copy_of_designed_report.pdf.

Tschechien verurteilt BDS-Bewegung, *Jüdische Allgemeine*, 23. Oktober 2019, https://www.juedische-allgemeine.de/juedische-welt/tschechien-verurteilt-bds-bewegung/.

U.S. Departement of State: Defining Anti-Semitism, Office of International Religious Freedom, https://www.state.gov/defining-anti-semitism/.

U.S. Departement of State: Defining Anti-Semitism. Fact Sheet, Special Envoy To Monitor and Combat Anti-Semitism, 8. Juni 2010, https://2009-2017.state.gov/j/drl/rls/fs/2010/122352.htm.

U.S. Names on Arab League's Blacklist, *The New York Times*, 27. Februar 1975.

UK Supreme Court rules against government attempt to curb BDS, *Middle East Monitor*, 29. April 2020, https://www.middleeastmonitor.com/20200429-uk-supreme-court-rules-against-government-attempt-to-curb-bds/.

UN-Generalversammlung: Resolution 194 (III). Palästina: Zwischenbericht des Vermittlers der Vereinten Nationen, 11. Dezember 1948, https://www.un.org/depts/german/gv-early/ar194-iii.pdf.

United Nations General Assembly: Resolution 194 (III). Palestine – Progress Report of the United Nations Mediator, 11. Dezember 1948, https://unispal.un.org/DPA/DPR/unispal.nsf/0/C758572B78D1CD0085256BCF0077E51A.

United Nations: World Conference Against Racism, Racial Discrimination, Xenophobia and Related Intolerance. Draft Resolution. Proposal made by the Group of 21, A/CONF.189/PC.3/7, https://documents-dds-ny.un.org/doc/UNDOC/GEN/G01/145/70/PDF/G0114570.pdf?OpenElement.

University and College Union: Circular UCU/31, 4. Juli 2007, http://www.ucu.org.uk/circ/html/ucu31.html.

University and College Union: Join UCU, https://www.ucu.org.uk/join.

University of Johannesburg petition: South African academics support the call for UJ to terminate relationship with Israeli institution, September 2010, https://web.archive.org/web/20100927171559/http:/www.ujpetition.com/2010/09/south-african-academics-support-call.html.

University of Michigan: Statement regarding CSG vote on resolution A.R. 7-019, 14. Dezember 2017, https://publicaffairs.vpcomm.umich.edu/resolution-regarding-divestment/statement-regarding-csg-vote-on-resolution-a-r-7-019/.

University Statements Rejecting Divestment and the Academic Boycott of Israel, *Jewish Virtual Library*, https://www.jewishvirtuallibrary.org/university-statements-rejecting-bds.

UNRWA: EU und UNRWA gemeinsam für Palästina-Flüchtlinge, November 2017, https://www.unrwa.org/sites/default/files/content/resources/eu_unrwa_partnership_deu_nov_2017.pdf.

UN-Sicherheitsrat: Resolution 95 (1951), https://undocs.org/S/RES/95(1951).

US-Jurist Dershowitz: „Antisemitismus von Black Lives Matter nicht ignorieren", *Mena-Watch*, 22. Juli 2020, https://www.mena-watch.com/antisemitismus-nicht-ignorieren/.

Uthoff, Jens: BDS trotzt mal wieder dem Pop, *taz*, 22. Mai 2018, https://taz.de/Antizionisten-gegen-Berliner-Festival/!5507290/.

Wais, Rudi: Wie Sodastream den Frieden zwischen Juden und Palästinensern fördern will, *Augsburger Allgemeine*, 30. Dezember 2019, https://www.augsburger-allgemeine.de/politik/Wie-Sodastream-den-Frieden-zwischen-Juden-und-Palaestinensern-foerdern-will-id56337566.html.

Weber, Julian: Autoritär und herrisch, *taz*, 16. August 2018, https://taz.de/BDS-Aktivisten-stoeren-Pop-Kultur-Festival/!5528677/.

Weingardt, Markus A.: Deutsche Israel- und Nahostpolitik. Die Geschichte einer Gratwanderung seit 1949, Frankfurt am Main 2002.

Weiniger, Otto: Geschlecht und Charakter. Eine prinzipielle Untersuchung, Wien/Leipzig 1920.

Weinstock, Nathan: Der zerrissene Faden. Wie die arabische Welt ihre Juden verlor 1947–1967, Freiburg/Wien 2019.

Weinthal, Benjamin: Vienna hotel cancels BDS talk by South African terrorism financier, *Jerusalem Post*, 28. Juni 2017, https://www.jpost.com/BDS-THREAT/Vienna-hotel-cancels-BDS-talk-by-South-African-terrorism-financier-498201.

Weiss, Alexia: BDS oder: Antisemitismus in neuen Kleidern, *Wiener Zeitung*, 3. März 2016, https://www.wienerzeitung.at/meinung/blogs/juedisch_leben/804300_BDS-oder-Antisemitismus-in-neuen-Kleidern.html.

Weiss, Martin A.: Arab League Boycott of Israel, Congressional Research Service, 25. August 2017.

Weit gekommen, *Der Spiegel*, 6. Dezember 1975, https://www.spiegel.de/spiegel/print/d-41119584.html.

Wertheim, Peter: The Role of Governments in the Assault on Israel's Legitimacy. Part I – Israel among the Nations, in: Ryvchin, Alex: The Anti-Israel Agenda. Inside the Political War on the Jewish State, Jerusalem/New York 2017, 79–103.

Wien macht anti-israelischen Aktivisten einen Strich durch die Rechnung, *Israelnetz*, 22. März 2019, https://www.israelnetz.com/politik-wirtschaft/politik/2019/03/22/wien-macht-anti-israelischen-aktivisten-einen-strich-durch-die-rechnung/.

Winer, Stuart/Ahren, Raphael: EU: Israel spreads 'disinformation' by alleging we fund terror-tied BDS efforts, *The Times of Israel*, 17. Juli 2018, https://www.timesofisrael.com/eu-accuses-israel-of-disinformation-campaign-on-boycott-funding/.

Wissenschaftlicher Dienst des Deutschen Bundestages: Antisemitismus-Definitionen und ihre Bedeutung für die Bekämpfung von antisemitischem Denken und die Verfolgung antisemitischer Straftaten, 26. Februar 2013, https://www.bundestag.de/resource/blob/410244/c29bae37441 1d0de01cf0b416f2c8cfc/WD-1-009-13-pdf-data.pdf.

World Conference against Racism 2001, https://en.wikipedia.org/wiki/World_Conference_against_Racism_2001#Draft_text_prior_to_the_conference.

World Forum against Racism: NGO Forum Declaration, http://i-p-o.org/racism-ngo-decl.htm.

Wren, Christopher S.: Egypt to Obstruct Arab League's Shift, *The New York Times*, 8. April 1979.

Zieve, Tamara: EU Parliament votes in favor of adopting antisemitism definition, *The Jerusalem Post*, 1. Juni 2017, https://www.jpost.com/Diaspora/EU-Parliament-votes-in-favor-of-adopting-antisemitism-definition-494479.

Zur Einreiseverweigerung der US-Abgeordneten, *Botschaft des Staates Israel*, 16. August 2019, https://embassies.gov.il/berlin/NewsAndEvents/Pages/Zur-Verweigerung-der-Einreise-der-US-Abgeordneten-Tlaib-und-Omar.aspx.

Mit freundlicher Unterstützung von

Junges Forum der Deutsch-Israelischen Gesellschaft

Fakultätsvertretung Human- und Sozialwissenschaften der Universität Wien

Fakultätsvertretung GEWI der Universität Wien

mena-watch
Der unabhängige Nahost-Thinktank

Die Deutsche Nationalbibliothek verzeichnet diese Publikation in der Deutschen Nationalbibliografie; detaillierte Daten sind im Internet über https://portal.dnb.de/ abrufbar.

Inh. Dr. Nora Pester
Haus des Buches
Gerichtsweg 28
04103 Leipzig
info@hentrichhentrich.de
http://www.hentrichhentrich.de

Lektorat: Simon Raulf
Gestaltung: Gudrun Hommers
Druck: Winterwork, Borsdorf

1. Auflage 2020

Printed in Germany
ISBN 978-3-95565-396-5